戦争の罪と罰

特攻の真相

畑中丁奎

芙蓉書房出版

まえがき

　本書が世に出るきっかけとなったのは、元特攻隊員である芝田徳造立命館大学名誉教授から戦争体験談を伺ったことによる。筆者はそれまで独学で歴史を勉強してきたのであり、歴史学者に師事したことはない。

　芝田教授は障害者スポーツが専門で歴史学者ではないが、二〇一二年に京都市中京区の職員会館かもがわで約一四〇人の市民を前にして特攻の体験談を初めて公にした。その後、筆者は取材をお願いして話を伺える機会を得た。芝田教授は志願により少年飛行兵となり、特攻隊員となったが、出撃する飛行機がなくなり生き延びることになった。二〇一二年まで長らく特攻の体験談を公にできなかったのは、共に国のために死のうと戦友に誓ったにもかかわらず、「死んだ者がいるのに、自分はおめおめと生きている。その負い目がある。それは今もずっとある」からであることを筆者に語っていただいた。

　若くして亡くなった特攻隊員は悲劇ではあるが、生き延びた特攻隊員も悲劇であった。一緒にお国のために死のうと誓った亡き戦友との約束を守れなかった後ろめたさと罪悪感を抱えて戦後を生き永らえなければならなかった。

　しかも戦前は神鷲と称えられながら戦後は一転して軍国主義・精神主義の象徴と見做《みな》され、世間から白眼視された。その上、若くして兵役に就いたために終戦後は社会保障をなんら得られることもなく世間に放り出された。職業訓練を受けることもままならなかったために職にもありつけず、生活は困窮を極めた。ある者は身を持ち崩し、「特攻くずれ」と世間から批判された。芝田教授は幸いにも走ることが得意であったことから自らの足を頼りに陸上競技を通して未来を切り開くことができたが、戦後、最も辛い思いをしたのは元特攻隊員ではなかろうか。

かつて国のために命を擲《なげう》とうとした若者が、その後なぜゆえにこのような責苦を味わなければならないのか。筆者は仕事の傍ら独学で勉強してきたのだが、それでも、戦時中の指揮官及び歴史家の多くが真相を語っていないことに平時から不満を抱いていた。なぜなら、真相を隠すことで、戦時における罪が最も立場の弱い者にのしかかるからである。これほど酷いこともあろうか。

当時の軍関係者や学者に比べ筆者は浅学である。しかし、戦前から現代にいたるまでの綿々と続く危機に対する意識は人一倍ある。戦後七〇年程経った後も抱える芝田教授が抱える苦悩は何であろうか。今まで積み重ねてきた知識と特攻の問題を重ねた時に、これは過去の問題だけではなく、現代社会に生きる我々にとっても重大な問題あることに気付いたのである。

映画、テレビ、出版物において特攻を賛美する者は絶えず、一方で特攻を無謀な自爆攻撃と簡単に決めつける者も多い。特攻は複雑である。いくら特攻の書を読んでもその感想は変わらない。三村文男の『神なき神風　特攻五十年目の鎮魂』(テーミス社)では、「帝国陸海軍の栄光とは何か、特攻である。汚点とは何か、特攻である」(二三頁)と述べている。特攻が栄光であり、汚点であるという両極面の側面を持っていることを筆者を含めた戦後世代のどれだけが理解できるであろうか。

筆者はこの両極面を容易に理解し易くするために、特攻を次の三点に分類した。
①特攻を自ら進んで行った場合
②特攻を命令及び特攻作戦を計画した場合
③特攻を刑罰として用いた場合
まず、③についてであるが、二〇一二年八月一四日に放送されたNHKスペシャル「戦場の軍法会議～処刑された日本兵～」では、特攻について新たな事実が発覚した。太平洋戦争末期の南方戦線における軍法会議の多くの記録・資料は終戦後証拠隠滅のため軍によって焼却され、関係者の多くも口を閉ざしたためにその実態は長らく分からずにいた。しかし同番組のスタッフによる長年に渡る取材により様々な重要な真実が明るみに出た。

特別裁判所である軍法会議は軍人による判士四名、法務官一名で構成されるが、昭和一七年、東条政権の下で、文官として専門的見地より一定の独立性を保っていた法務官を法務将校として軍人扱いするようになった。これにより軍法会議では軍の意向が反映されやすくなった。そのため、逃亡罪を犯した軍人に対して軍法会議にかけず処刑するという違法行為が常態化し、また死刑に値しない罪状であっても死刑に処すなど退廃化していった。

その中、一六名の逃亡兵に対して「国辱の汚名をそそがんとす」ために、軍法会議によって処罰するのではなく、特攻が処刑代わりとして用いられたのである。これは明らかに、特攻が志願によるものか命令によるものかという問題とは次元が異なっており、この時の裁判官がその地位を利用して違法行為を行ったのであり、公権力の乱用罪が適用されるのは言うまでもない。また、特攻を処刑代わりにするということは、国家のために純粋な心で志願して散華した特攻隊員を冒瀆するものでもある。これは、「悠久の大義」のために死んでいった英霊が、罪人と同じ立場に肩を並べてしまうことになる外道の行為であり、大言壮語を並べる軍上層部が特攻をどのように見做していたのかを示した例である。③は戦史を見直す上で許されざる行為である。

特攻において主たる問題となっているのは①と②のケースによるものである。

本書では特攻は志願によるものか命令によるものかという問題だけではなく、そもそも特攻の作戦が果たして作戦として成り立っていたのかを検証する。筆者は特攻で死んでいった者を哀悼する。靖国や知覧、建長寺正統院等に参拝して戦没者を哀悼してきた。しかし、これと②のケースを混同してはいけない。これは殺人者と被害者を混同してしまうほどの危険性がある。戦前の軍隊において上官は絶対的権力者であり、兵は絶対的服従者であった。命令者と服従者を一括りにしてはいけない。

①のケースにおいては、心ある優れた作家によって記された著作物が数多く存在するので本書ではこのことについての言及はこれらの著作物に譲り、専ら②のケースについて論ずる。②のケースを追及することは特攻の全容を知る上で必要不可欠であると同時に、これは現代に生きる私達にとっても無関係なことではない。特攻は過去の歴史的な出来事だけではなく、現代社会に生きる我々にも起こりうる悲劇である。戦後、およそ七〇年間日本は平和であった。そして目覚ましい経済発展を遂げた。この時代に生まれ育った世代は一見して幸福かもしれない。しかし、私達が歴史に真摯に向かい合うことをしなければ悲劇の歴史は繰り返されてしまう。

本書を一読していただければ、自分達の世代が、かつて先祖が経験した最も不幸な世代になりつつあることを実感していただけるであろう。本書は、現代人への警世の書である。同時に、このことが特攻で死んでいった英霊達への供養となることを固く信じて疑わない。

戦争の罪と罰―特攻の真相◆目次

まえがき　1

第１章　特攻は志願か命令か　11

「全ての特攻命令者・協力者を殺人罪で告発する」三村文男の遺言／婚約者を特攻で失った斎藤民子の悲しみ／「志願」を装った「命令」／生還者の負い目と生還者を罰した振武寮／菅原道大司令官の責任／特攻が命令された事例／杜撰な作戦／編成で特攻隊員に／人か爆弾か／「大和」による最大規模の特攻／「大和」特攻の生還者・大村茂良の慰霊／トップダウンによる特攻命令／心理調査が示す真相／特攻に命懸けで反対した指揮官・吉田穆

第２章　人類史上稀に見る残酷な特攻兵器　61

特攻兵器の実相／粗悪な兵器・「剣」（「藤花」）／「剣」を航空審査で認可しなかった高島亮一・竹下福壽両パイロットの英断／人間魚雷・「回天」／水雷の専門家・鳥巣建之助は大本営の作戦に反対／人間爆弾・「桜花」／「桜花」搭乗員の本音、高谷義人達の回想／「桜花」を提唱した岡村基春と大田正一の末路／「桜花」に反対していた雷撃の名手・野中五郎の悲劇／許されざる兵器・「伏龍」

第3章　特攻以外の攻撃方法はなかったか―反跳爆撃　95
「必死」と「決死」の違い／反跳爆撃の名手・岩本益臣大尉の反発／体当り攻撃は至難／反跳爆撃を特攻の訓練に用いた二〇一空／特攻に反対した名パイロット達、坂井三郎と岩本徹三

第4章　最初の特攻指揮官・大西瀧治郎　107
日本社会を形作った大西瀧治郎／大西が第一航空艦隊司令長官に任命された理由／最初の特攻隊長・関行男は用意周到に計画されて任命された／名パイロット・菅野直大尉は最後まで特攻に反対／指揮官・玉井浅一の罪／二〇一空、万全の特攻体制／大西の心変わり／飛行隊長・岡嶋清熊少佐の抵抗／大西、特攻狂へ変貌／大西「和平」説を検証／大西の精神状態／大西瀧治郎と特攻以外の戦法を採り続けた美濃部正／連合艦隊参謀長の特攻命令に反対した美濃部正／海軍航空育ての親である大西瀧治郎による子殺し

第5章　特攻が初めて行われた捷一号作戦　153
追いつめられた日本／フィリピンでの史上空前の決戦／栗田健男長官の敵前逃亡に

より全てが無に／かくして日本の敗戦は決定的に

第6章　海軍特攻の生みの親は嶋田繁太郎 …… 167
特攻の下準備をした嶋田繁太郎／特攻兵器を次々と発案した黒島亀人／黒島亀人を抜擢した嶋田海相／自らの罪を反省しなかった嶋田繁太郎と黒島亀人

第7章　特攻の創始者は東条英機 …… 179
東条と嶋田は二位一体／独裁者・東条、特攻を提唱／奇襲攻撃を好む東条／東条の腹心・富永恭次による特攻推進／隠然たる影響力を持つ東条／富永恭次の敵前逃亡／大本営、富永を罰さず／東条の盟友・後宮淳による特攻推進／航空の素人・後宮淳を支えた面々／特攻を決定した「市ヶ谷会議」―現場のパイロットは反対していた

第8章　継続された特攻―統制派による特攻編 …… 207
上に甘く下に厳しい軍上層部／梅津美治郎、特攻作戦を踏襲／寺内寿一司令官、特攻を承認／消えた大陸指／小磯新体制、東条体制と変化なし／徹底抗戦の梅津派、陸軍を牛耳る／河邉兄弟による破滅の特攻／国民義勇戦闘隊　全国民が特攻隊員に

第9章　継続された特攻―海軍による特攻編　233
米内・及川体制も特攻作戦を継続／元特攻隊員・神津直次による米内光政、井上成美批判／大西瀧治郎を重用した米内光政／特攻作戦を指示した及川総長と軍令部／特攻体制の完成／本土決戦により全国民は特攻を行って散る

第10章　免責された戦犯たち　257
歴史的観点から特攻の命令者・計画者を裁く／責任から逃れようとするかつての軍上層部／特攻の命令者を裏付ける研究会／海軍の恐るべき組織防衛／豊田副武の醜い言い訳／責任を追及できなかった戦後

第11章　皇族による責任　283
伏見宮の責任／侍従武官・城英一郎による提唱／裕仁天皇の意向

第12章　忘れ去られた皇道派　293
戦没学生・上原良司の軍首脳部批判／真崎甚三郎は二・二六事件に関与していない―血なまぐさい陰謀事件を抑え続けた皇道派／誇り高き軍人・真崎甚三郎―真崎を慕った山口富永の述懐／邪魔者・真崎甚三郎を処刑せよ／日本の英傑・真崎甚三郎

／蒋介石が和平交渉を唯一頼りにした人物／救国の皇道派内閣案―特攻を止めることができる可能性があった

あとがき　313

主要参考文献　316

※文献の旧漢字及びカナ使いは読者が理解しやすいように、適宜、常用漢字とひらがなに書き替えた。また、文献の再掲示には副題は省略した。

第1章
特攻は志願か命令か

「全ての特攻命令者・協力者を殺人罪で告発する」三村文男の遺言

筆者は前出の三村文男と生前交流があった。亡くなられた時には、次の「三村さんを悼んで」の追悼文を市民団体に寄稿した。

近年、「平和」に関する意識、あるいは「平和」を維持する力が弱体化しています。それに伴ってそれまで固く口を閉ざしていた戦争体験者が自ら凄惨な過去を振り返り、戦時のことを語り出すことが増えたこととは決して無関係ではないでしょう。戦線に赴いてはいないものの戦争で同級生を亡くした残壊の念から、戦争と戦後の日本社会を鋭く批判した故・三村文男さんが私に語ってくれたことを記すことで「平和」に対する認識を深めていただければと思います。

三村さんは神戸市長田区で開業医を営んでいたのですが、同じ神戸市長田区出身の私は三村さんの著作を読了した折そのことを知り、アポを取っていろいろとお話をお伺いすることができました。三村さんは医業に携わる傍ら、晩年に戦死者・英霊達への追悼の書として、いずれもテーミス社から『神なき神風　特攻五十年目の鎮魂』、『米内光政と山本五十六は愚将だった　「海軍善玉論」の虚妄を糺す』、『痛恨昭和の反省と鎮魂　友よやすらかにもうすぐゆくよ』の三冊を出版しています。特に、最後の一冊は出版されてからおよそ三か月後に三村さんが亡くなったため、タイトルの通り遺作となりました。この新刊を三村さんは気前よく送ってくださり、私がお礼の電話をした時には持病を抱えていたものの元気にお話をされ、再訪する約束をしたのですが残念ながら実現しないうちに急逝されました。三村さんは非常に聡明な方で、しかも若いころに柔道で体を鍛えただけあって高齢であるにもかかわらず亡くなる前まで医業をつづけていたことには感服いたします。三村さんがこの三作の歴史書を記した動機は、三村さんが監修した母校の神戸一中（現神戸高校）の卒業五十周年記念文集である『神中外史　くすの木の下で』に詳しく記されています。三村さんは、神戸一中時代の親友を戦争で亡くしています。特に、同じ柔道部であった田路嘉鶴次さんは三村さんの卒業アルバムの寄せ書きで名前の下に「30」と書いているのですが、これは同書に掲載されていますが、見る者をギョッとさせるほどの悲愴さで書かれています。この意味は田路さんが親友の三村さんに送った手紙によると、「僕は三十までに死ぬ。そう覚悟をきめたのだ。海軍に入って国の為に戦うからには、三十まで生きることはない。もし万一三十をこえて生きのびることがあったなら、大人物になっているだろう。だが、その可能性は無いのだ」という理由で30と書かれているのです。

将来が渇望されている文武両道に秀でた優秀な若者が三〇歳まで生きることができない。こういう現実が存在していたのが戦争であり、それはそれほど遠くない過去のことです。三村さんは戦争だけではなく、多くの同級生を犠牲にして築き上げた平和な現代社会が退廃していることも嘆いていました。その謹厳に生きてきた三村さんも亡くなってしまった今、「平和」であること、「平和」であり続けることの重みをひしひしと感じています。

筆者は、三村文男の『神なき神風』で、三村文男が神戸市の長田区で開業医を行い、旧神戸一中（現神戸高校）の出身であることを知った。筆者とは同郷の人であり、また私の出身校が旧神戸一中と定期戦を行うなど親交の深い旧神戸二中（現兵庫高校）であることから地縁のある人だと知った。国を思う故に自ら特攻を志願して若き命を散らすことは、確かに一部は事実で英雄的行為だが、実際はそれは一部でしかなく、他の醜い部分を全て隠し美化したものでしかないのであるということを『神なき神風』における「帝国陸海軍の栄光とは何か、特攻である。汚点とは何か、特攻である」（一三頁）という言葉から知らされた。

特攻は、小説やテレビドラマ、映画で美化されている。しかも、志願により特攻が誕生し、全て志願で特攻が行われたという捏造を持ってなされている。なぜ、これらのメディアが特攻の「志願」にこだわるのであろうか。それは軍人勅諭で「下級のものは上官の命を承ること実は直に朕が命を承る義なりと心得よ」と明文化されているため、特攻が「志願」でなく「命令」により強制的に実施したとなると、軍上層部及び天皇の責任まで行き着いてしまうからである。このことは、陸軍中央部でも話し合われており、『戦史叢書　比島捷号陸軍航空作戦』（防衛庁防衛研修所戦史室著）に記されている（三四四〜三四五頁）。この『戦史叢書』（全一〇二巻）は政府が公刊した史書であるため、公式の見解となっている。したがって戦史の研究には必須の文献である。

同書によれば、陸軍中央部は特攻隊の編成において激論を交わしており、中央が責任を持って計画的に実行するために特攻隊を軍の正規兵として編成するという「甲案」と第一線指揮官が臨機に定める非正規兵として編成する「乙案」との二案が争われた。「技術生産教育等の不振を、第一線将兵の生命の犠牲によって補うことを中央部、特に天皇の名において命令することは適当でないという理由」によって「乙案」の採用が決まったのである。したがって、形式上、軍は特攻を命令しないことを決定していたのだが、実態はこれと違っていた。自身に責任が及ばぬよう巧みに特攻を発案し、計画し、命令したのである。三村文男のように「全ての特攻命令者・協力者を殺人罪で告発する」(三村文男『神なき神風』八七頁)、「戦後特攻を肯定し、弁護する人たちを事後従犯として告発する」(同書)という強い姿勢がなければ、戦後およそ七〇年も経ているのに、これらの人間を追及できない現状に、情けなさや失望を覚えざるをえない。これでは、何のために特攻で多くの若者が犠牲になったのか、英霊達が浮かばれない。なぜなら、特攻の発案者・命令者の多くは、戦後も戦前のことを反省することなく生き長らえ、再度同じような悲劇が繰り返されるような体制作りに一働きしているからである。歴史家の戸高一成の次の言葉は切実に感じる。

「最大の罪は、特攻に行く青年を、指揮官が『俺もあとに続くから』と送り出していることです。しかしほとんどの指揮官は、八月十五日の終戦を迎えるとそんな約束などすっかり忘れて、『戦後復興に力を尽くすほうが大事だ』と言い出す。そういう人々がつくった戦後とはすなわち、命を懸けた約束を破ってもいい、嘘をついてもいい戦後ではないですか。これ

が戦後の日本をダメにしている」（『文藝春秋』二〇〇五年一一月号、三二三頁）

婚約者を特攻で失った斎藤民子の悲しみ

特攻は多くの若くて優秀な人物を失わせ、遺族に深い傷を残した。筆者が取材を行った斉藤民子は、婚約者である片岡力を特攻で失った。片岡力は沖縄海軍航空隊第九五一空に配属され、夜間雷撃隊となり特攻攻撃を命令された（第九五一空を指揮した第一三一海軍航空隊の戦闘詳報第十五号には、作戦方針にはっきりと「特攻攻撃」が記されている）。生き残った元部下によれば、片岡は部下に対して一切鉄拳制裁を行わなかったという。海軍では鉄拳制裁が当たり前であり、逆に言えば鉄拳制裁を行わなかった軍人がほとんどいなかったことを考えるといかに強い信念と優しさを持つ人物であったかが分かる。

大尉である片岡は飛行士として特攻部隊の一切を指揮した。片岡大尉は夜間での低空飛行攻撃を行うために瞳孔を開かせるヒロポンを注射して出撃している。生きるか死ぬかの戦争はきれいごとで済まされない。しかし、圧倒的な米軍の物量の差から撃ち落されてしまった。直掩機がいなかったために同隊の戦死者名簿にはおよその戦死場所と時間しか記されていない。あまりにも無念な最後であった。

戦後七〇年ほど経っても斉藤民子は元婚約者の片岡力の戦死を毎日嘆き悲しんでいる。そして、同時に「このような戦争は二度と絶対に起こしてはいけない」と心から叫んでいる。この悲痛な気持ちを現代の日本人のどれだけ多くが共有できようか。

もし同じ悲劇が近いうちに起こされたなら、これほど英霊の死を無駄にするものはない。なぜなら、祖国の未来を信じて殉死した結果、その祖国が築いたものが彼らの純粋な希望を打ち砕く醜い物質主義で、その物質主義が高邁な精神性を腐らせ、再度同じ悲劇が繰り返されるなら、これほど英霊の死を侮辱するものはないからだ。このようなことにならないため、戦争を知らない戦後世代は虚飾に満ちた特攻のロマンを打ち砕いて真実を見つめなければならない。

「志願」を装った「命令」

戦死した特攻隊員と寝食を共にした元第一四期海軍飛行飛行予備学生の杉山幸照は次のように回想する（予備学生とは軍の予備士官として採用された大学生のこと。戦死した特攻隊員の大半がこの予備学生や少年兵であった）。長くなるが、特攻隊員のありのままの様子と声なき声を代弁している。

「昭和二十年の春、手折りの紙飛行機のごとく、最も多く特攻機が鹿屋特攻基地から飛ばされた。野里小学校の仮宿舎の中で、出撃の順番を待つ同期の搭乗員たちの、ひきつった蒼白な顔を、私は今でも、一人一人克明に思い出すことが出来る。すでに、拒否することも許されず、脱走することも出来ない。

生命あふれる肉体をもちながら、ただ国家のためにというだけで、死の順番を待っている若者の心境を、何人が想像し、理解することが出来るだろうか。

特攻隊員が、現地で特別待遇をうけ、特別の寝食を与えられていたと、想像されている人々が多いのに私は驚く。特攻隊員の宿舎は、一言でたとえれば、屠殺を待つ牛の群れであり、生き地獄だったと評しても過言ではなかった。

明日、神になることが約束されている特攻隊員を、なぜ、あのように遇したのか、私は今でも分からないのだ。宿舎の屋根は、穴だらけで、雨水が飛び散り、毛布を抱えて、雨を避けながら、部屋の片隅にかたまって仮眠する哀れな特攻隊員たちの姿を、人々は想像出来るだろうか。

海軍の参謀たちは、すべて兵学校出身者であり、特攻隊員のほとんどすべては、予備学生と、予科練生である。海軍では、兵学校出身者以外は、軍人扱いをしないばかりでなく、人間としても軽視した。優しさなど、一かけらも見せず、ののしり罵倒するだけであった。今、戦没せる友を偲ぶは、誠に、怒髪天を衝く思いが走る。

私がこのように、今でも、彼ら海軍上層部の連中を許せないのは、亡き友の真情を察する以外何物でもない。私が、悲憤を感じ、機会あるごとに訴えていることは、真の戦争の責任をこそ問われるべき連中が、戦没者の慰霊祭の際は、必ず出没し、英霊にぬかずき、涙を流し、今となって、特攻隊員の勇敢さをほめたたえ、遺族をねぎらっているあの偽善の姿である。あのずうずうしさには、身震いさえ感じる。

階級が、参謀だからといって、真の戦争責任者であり、特攻隊員たちを、あのように扱った連中を、未だに招待している主催者たちの無神経さと、非常識には、私は、あきれ果てている。英霊は、今は、神となって、すべてお見通しなはずである。恥を知るべきであり、ましてや、特攻隊員の真情についてなど、講演で語るべきではない。このような輩が生きている限り、天に眠る戦没者たちは、そのつど、切歯扼腕して安眠は出来ない。〔中略〕
予備学生は、軍人精神がまるでなく、飛行技術も未熟だとののしられながら、離陸すらやっとの整備不良の零戦で出撃させられたのである。その狂機に乗って、うつろな瞳で、空を凝視しながら、「行って来るぜ」と合図した友の顔を、忘れることが出来ようか。後に残された家族のために、後世のため祖国のために、すべての友が、ただ、それだけを願って、命令のまま、帰りの燃料も持たされず、ひたすら、西へ西へと針路をとって行ったのである。零戦の腹に、針金でくくりつけられた五百キロ爆弾は重く、このような離陸の練習を、一度もしたことのない友らは、気力だけで飛び上がったのである。真実を語り継いでこそ、反省も生まれる。美化、神化もありがたいが、真実こそ歴史である。〔中略〕
私たちが、日清、日露の戦争を、遥か過去の歴史の一コマのように感じるごとく、太平洋戦争も、間もなく、そのようになって行くであろうが、神風特別攻撃隊だけは、神話ではなく、大学の学窓より、ひきずり出された学徒たちが、紙屑のように、軍国主義に利用され、殺された、という事実を、せめて、日本人だけでも、知っておいてほしいのである」（杉山幸照「悪夢の墓標　私は訴える死者の代弁として」『別冊一億人の昭和史　特別攻撃隊　日本の戦史別巻④』一九〇〜一九一頁）
生き延びた元特攻隊員の中には、死んだ僚友たちの遺族の弔問に行った際、政府の発表した華々しい戦果とは違う実相を伝えることがある。遺族としては、華々しく国のために散ったと信じるほうが気が楽であり、元特攻隊員たちの胸中は大変苦しいものがある。しかし、虚飾からは何も生まれず、真実によってしか未来は開けず、また英霊も慰安されない。元特攻隊員のこうした努力は涙ぐましいものがある。

特攻が自発的になされた例は確かに数多く存在する。軍部の組織的な特攻に関しても、軍部の求めに対して「志願」を名乗り出た者は多い。国家を救おうと思って自ら名乗り出たのである。しかし、問題はその中身であった。「志願」のあり方が問題であり、また、「命令」であった場合も数多くあったのである。

特攻は前述した「乙案」により、形式上は希望者を募ったり、「熱望する・希望する・希望せず」と書かれた紙を渡されて本人の意思を問うことが多かった。しかし、戦局が逼迫し、多くの兵が戦死していく中、若い軍人が希望せずに丸を付けるということは中々できない状況にあった。元特攻隊員の大貫健一郎は、昭和一九年一〇月六日に、陸軍航空総監兼本部長の菅原道大中将が直々出向いて航空訓練生に対して次の訓示を行ったことを回想している。

「国の存亡の時である。命を投げ出して国を守らなければならぬ」「そこで、おまえたちにはある任務についてもらいたい。特殊な任務だが、うまく果たすことができれば敵を殲滅できる新任務だ」「ただし、特殊任務を遂行する以上、絶対に生還はできない」（大貫健一郎・渡辺考『特攻隊振武寮　証言　帰還兵は地獄を見た』三三～三四頁）

菅原は中将であり、航空分野の大御所にして最高責任者である。末端の兵士からすれば雲の上の存在であり、そのような巨大な権威を持った上官からこのような訓示が行われた後に、果たしていかなる駆け出しの軍人が希望せずに丸を付けることができるであろうか。学徒出身者は菅原中将を訪ね、この特殊任務が特攻であることを聞き出し、「希望せず」に当初は丸を付けるが、同僚が「菅原閣下自ら訓示に来ているのに、それを無下にしてよいのか」（同書）と言って、これを取り消して「熱望する」に全員が丸を付けているのである。軍の世界においては階級が絶対にものを言う。菅原中将が直接昭和一九年一〇月六日に特攻を募りに来たことは、特攻を作戦として誰が推進したのかを追及するのに重要なことであり、このことは後に検証していく。

戦後世代の中には、特攻を行いたくないのならば、単に特攻に「希望せず」に丸を付ければよかったのではないかと思われる方がいるかもしれない。しかし、「希望せず」に丸を付けた場合には、どのようなことが起こるのかを知らなければならない。海軍の甲飛一三期の清水嘉一は次のように回想している。

「いざ［筆者注：特攻隊の］募集をしたところ、誰も応募しませんので、教員達が困って、割当の人数を確保しなければならないのだと私は考えました。この割当の人数を確保しなければならないので、練習生全員に我々はお前たちにこのような教育（特攻隊に希望しないような精神）をしてきたのではないと言って、割当の人数を確保するまで毎晩、毎晩野球のバットでお尻を思いっきり叩かれましたが、私はガンとして希望しませんでした。十九年十二月の初旬頃ではないかと思いますが、神雷特別攻撃隊の募集がありましたので今度募集に参加しないと今度はどのような制裁があるかわかりませんので、心に無い希望を書いて応募した」（文藝春秋編、協力・元神雷部隊戦友会有志『人間爆弾と呼ばれて　証言・桜花特攻』四三三～四三四頁）

その場合には容赦のない制裁が待っていたのである。軍隊における罰直は苛酷極まりなく、激痛のあまり気絶することも多い。その場合には水をぶっかけられ、意識を取り戻させた後に再度罰直が続けられるのである。この特攻隊の「割当」については後述する。

同じく、元海軍飛行予備学生第一四期の水本均の回想によれば、昭和二〇年一月に徳島にいた時、Y分隊長が搭乗志望機種の提出を求め、機種を黒板に書いていき、最後に特攻機と書いて「特攻機に乗りたい者は志望するように」（海軍飛行予備学生第十四期会編『あゝ同期の桜　かえらざる青春の手記』二三八頁）、「自分で最も最適と思う機種を選べ。飛行に適正なしと悟った者は、地上勤務でもよろしい」（同書）と説明した。一四期生は艦攻、艦爆などと機種を思い思いに選んで書いたが、その日の夜、「Y分隊長の怒声による総員起こしがかかった。「貴様らの根性に俺は泣いた。特攻機を志望しない者が意外に多い。なかんずく、陸上勤務志望とは何か。精神がたるんどる。叩き直してやる」。かくて全員修正〔筆者注：修正とは鉄拳制裁のことで罰直と同じ〕された後、飛行場一周かけ足。へとへとになってやっと寝る。その翌夜は、海兵出身士官による総員起こし、修正。その翌夜は先輩予備士官。さらにその翌夜は十三期による総員起こし、修正である。彼等に言わせると、「十四期は徴兵上りで、兵隊根性が抜け切れていない。勇気がない。そのうえ理屈が多い。そんなことでは、一人前の海軍士官になれない。特攻機を志望しなかった者は、徳島から卒業させない。いつまでも予備学生にとどめる」ということであった。毎晩、起こされ、なぐられ、そのうえ楽しい外出も禁止である」（同書、二三九頁）、と特攻の選択は形式上は本人の「自由な意志」によると見せかけているが、実際には「自由な意志」など認められなかった。そこで水本均は、「私たちの前に残されていた道はただ一つ、特攻隊員になることだけであり、この道を拒否することは、不可能だった」（同書）ことを悟っていた。

周囲の者も特攻を希望しない者に対して冷たく、鈴鹿海軍航空隊に所属した田浦研一は次のように回想している。

「鈴鹿航空隊を去る前夜「特攻隊の欄」に「熱望せず」と書いた友人に対して歯が折れるほど暴力を振るったグループがいたことを後で知った。またわれわれが小松空の七〇八飛行隊に移り訓練に明け暮れていた頃、偵察練習機「白菊」（通称赤トンボ）に二五〇キロ爆弾を抱いて出撃した同期の話を聞いた。彼は東北出身のS君だったが出撃寸前まで「死にたくない」を連発して飛び立っていったことを戦後ある会で聞いた。その時の話でも彼は「潔くなかった」ことが大きな話題になった」（『人間爆弾と呼ばれて　証言・桜花特攻』五二四頁）

超鈍足の練習機での特攻は成功する可能性がほとんどなく、あえなく戦死している。この戦時下において、特攻に「希望せず」に丸を付けて提出することは並大抵のことではなかった。それでも、この状況下においても敢えて「希望せず」に丸を付けて出す者もいた。しかし、結果はいかに「希望せず」に丸を付けようとも特攻隊に転出されたのである。

片山啓二は、「希望せずに丸をつけた奴らも多かったのです。しかし俺は希望せずだったのに指名されてしまったという同期生が何人もいました」（『特攻隊振武寮　証言　帰還兵は地獄を見た』七五頁）と証言している。この証言からも分かるように、紙による希望調査はあくまで形式的なものにしか過ぎなかった。

特攻が、現場の兵の「志願」によってなされたのならば、自らの意志によって特攻を取り止めても問題はないはずである。これが大本営の「命令」によるものならば、これに反することは統帥違反となり、重罰を科せられてしまう。しかし、軍上層部は特攻の生還者に対して、まるで統帥違反とも言わんばかりの厳しい処置を取った。

例えば、高木俊朗の『陸軍特別攻撃隊』（全三巻）では、陸軍の特攻隊の佐々木友次伍長が生還した時、既に天皇に戦死を上奏してしまったために、第四飛行師団の猿渡篤孝参謀長は、「天皇陛下にも体当りを申上げてある。軍人としては、これにすぐる名誉はない。きょうこそは必ず体当りをしてこい。必ず帰ってきてはならんぞ」（同書、第二巻、八四頁）と佐々木伍長に言い、生還した佐々木伍長が伍長という低い階級の立場ながら、「私は必中攻撃でも死ななくてもいいと思います。その代り、死ぬまで何度でも行って、爆弾を命中させます」（同書、一五七頁）と主張した時には、「今度は必ず、死んでもらう。いいな」（同書）と言い放ち、佐々木伍長が激しい疲労から休養を申し出た時には、「いかん。絶対に許さんぞ。すぐに、鉄心隊について出発しろ。目標はレイテ湾の艦船だ。船はどれでもいい。見つけ次第、突込め。今度帰ったら、承知せんぞ」（同書、二三九頁）と休養を認めさせず、何度も生還する佐々木伍長に、「この臆病者。よく、のめのめと帰ってきたな」「貴様は特攻隊なのに、ふらふら帰ってくる。貴様は、なぜ死なんのだ」「出撃したら、絶対に帰ってくるな。必ず死んでこい」（同書、三〇八〜三〇九頁）と怒鳴りつけている。

それでも、強靭な精神力を持って佐々木伍長は終戦まで生き延びた。そもそも後述するように佐々木伍長の所属した万朶隊は編成によって特攻部隊となったのであり、特攻は本人の意志とは関係なく軍の命令であった。高木俊朗は佐々木友次を直接取材してこのことを書いている。

同書は菊池寛賞を受賞しており、特攻秘史とも言うべき労作である。それにもかかわらず、特攻隊員を冒瀆していると度々批判されてきた。同書の史実における誤認も指摘されている（深堀道義『特攻の真実　命令と献身と遺族の心』）。しかしながら、同書ほど特攻に関して取材した書は他になく、本書では数多く引用させていただいている。

生還者の負い目と生還者を罰した振武寮

特攻が「志願」であることをことさら美化するのならば、「振武寮」の存在を考えて欲しい。林えいだい『陸軍特攻・振武寮』によれば、一九四五年、沖縄戦での敵機の本土来襲に備えて発足した第六航空軍は特攻作戦を遂行したが、悪天候や航空機の故障により帰還した特攻隊員達に対して、福岡高等女学院を接収して寄宿舎にした「振武寮」に住ませ、特攻隊再出発のための精神教育を行っている。そこでは、引き返してきたことの反省文と、「生きて帰ったお前たちには、飯を食べる資格がない！」といって上官から暴行まで受けている（六〜七頁）。林えいだいが取材した多くの特攻生還者が上官から処罰としかいいようのない精神的・身体的苦痛を受けており、中には、これを苦痛に思い自殺を図る者がいたり、あまりの苦痛から上官に暴行を加えたりする者が出てきたり、第六航空軍自体に自爆したいと思う隊員が出てくるありさまである。

生還したために振武寮に閉じ込められた元特攻隊員の大貫健一郎も、作戦参謀の倉澤清忠少佐から、「なんで貴様ら、帰ってきたんだ。貴様らは人間のクズだ」（『特攻隊振武寮　証言　帰還兵は地獄を見た』二〇六頁)、「おまえら、軍人のクズがよく飯食えるな。命が惜しくて帰ってきたんだろうが、そんなに死ぬのが嫌か」(同書、二一〇頁)、「卑怯者。死んだ連中に申し訳ないと思わないか」(同書)、「おまえら人間のクズだ。軍人のクズ以上に人間のクズだ」(同書)、「おまえらは絶対特攻を解かないからな。必ず再出撃させて死んでもらう」(同書、二一四頁)と、数々の厳しい叱責を受けたことを語っている。この大貫健一郎は、戦闘指揮所で上官から弾が二発詰まった拳銃を手渡され、不時着時には、「天皇陛下の大事な飛行機は万が一にも敵に渡ってはいけないから、必ず燃やせ。その後は不時着の責任をとって自決しろ」(同書、一四一頁)と申し渡されている。戦争末期の総力戦下、志高く優秀な兵隊、神鷲を徒に死なせるようでは神風が吹くはずがない。この時の軍上層部がどれだけ兵隊の命を軽視していたかを物語っている。

特攻で死ぬことができなかった者が皆死んでいった英霊達への負い目、後ろめたさを抱えていることは多くの証言から明らかだ。筆者に特攻の体験談を語っていただいた芝田徳造教授もその一人である。芝田教授は、弱冠一七歳にして、自ら志願して海軍飛行予科練習生の試験を受け、甲種飛行予科練習生(一三期)となった。戦争末期には練習機である「赤とんぼ」まで特攻に用いたために特攻に使える飛行機が一切無くなってしまった。そのため、やむをえず特攻で出撃することなく終戦を迎えるこ

若き日の芝田徳造

とになった。自らの戦争体験を公にしたのは二〇一二年二月一二日が初めてであった。それは、特攻で戦死していった仲間達に対して、「特攻隊として死ねなかったことへの負い目」を戦後もずっと持ち続けてきたからである。

終戦から七〇年程経っても、芝田教授をはじめかつての特攻隊員達は生き残ったことに対して苦しみ続けているのである。その苦悶は当事者でなければ計り知れない深いものがある。

菅原道大司令官の責任

特攻が本当に志願によってのみ行われたとするなら、なぜその者達の崇高な気持ちを踏み躙るような振武寮を設ける必要があったのか。この特攻を指揮した第六航空軍の軍司令官は菅原道大だが、帰還した隊員たちに対して、「貴様ら、その態度は何ということだ！　それでも軍人か！　何で生きて帰ってきたかっ！」「貴様たちは、そんなに死ぬのが怖いのかっ！」と厳しく非難している（『陸軍特攻・振武寮』二二九頁）。

これらの暴言・暴行は、高木俊朗の『特攻基地　知覧』にも記されており、飛行機の老朽化などにより事故を起こして帰還した特攻隊員の木原宇一、後藤博司、川合平三、片山啓二、三嶋茂の五少尉に対して、倉澤参謀は「貴様たち、なんで帰ってきたか」（『特攻基地知覧』八八頁）と叱責している。同様に、竹下重之少尉、島津等少尉ら五名の特攻隊員が帰還して菅原道大軍司令官に報告した時には、菅原は「貴官らは、どうして、生きて帰ってきたか」（同書、一三三頁）と長時間叱責してこの五名を外出禁止の振武寮に入れ、隊員は毎朝倉澤参謀から

「死ねないようないくじなしは、特攻隊のつらよごしだ。国賊だ」（同書、一三四頁）と罵られるのである。

特攻隊員を鼓舞し、生還者には厳しい叱責を浴びせた菅原道大をはじめ第六航空軍の高級軍人は特攻隊員の後を追うこともなく、戦犯責任を負わずに戦後生き延びている。

終戦時に特攻を指揮した海軍の第五航空艦隊の宇垣纏司令長官は特攻出撃を行って自決した。終戦が決まってからの特攻は様々な問題を含むが、宇垣なりの責任を取ったのだ。同じく海軍の第一航空艦隊司令長官、軍令部次長として特攻を指揮した大西瀧治郎は割腹自殺をして責任を取った。

第六航空軍高級参謀の鈴木京大佐は終戦の報せを受けて、宇垣長官の特攻出撃を報告した後、菅原に「軍司令官閣下もご決心なさるべきかと思います。重爆一機、用意をいたしました。鈴木もおともをします」（同書、一九三頁）と、意見を述べた。これに対して菅原は、「海軍がやったとしても、自分は、これからのあと始末が大事だと思う。死ぬばかりが責任をはたすことにならない。それよりは、あとの始末をよくしたいと思う」（同書、一九四頁）と返答し、鈴木をあきれ果てさせている（高木俊朗が鈴木京から直接聞いた逸話。伊藤正徳の著作では特攻を進言したと書いてあるために論争がある〔深堀道義の前掲書など〕。生前に高木俊朗も同書のあとがきで伊藤正徳を批判している）。

前述した戸高一成の言葉を思い出してもらいたい。菅原道大は果たして多くの特攻隊員の死に見合う「あと始末」を戦後行ったのであろうか。

菅原は、戦後、特攻戦死者名簿を書き、特攻平和観音を祀った。当時の最高責任者として、

女子学生の見送りを受けて出撃する特攻機（毎日新聞社提供）

これらの慰霊行為は当然のことと言えよう。しかし、高木俊朗が菅原に何度取材しても、あくまでも「特攻は志願」であったことを強調し、その真相を最後まで告白しなかった。菅原は晩年、三男に「次長〔筆者注：昭和一九年三月に航空総監部兼航空本部〕に就任した時には、もう特攻は決っていた」（『特攻の真実　命令と献身と遺族の心』一五〇頁）とふと語っており、特攻が軍上層部の命令により決まったことを告白している。しかし、誰がどのように特攻を決定していたのかは一切公にしなかった。

『特攻の真実　命令と献身と遺族の心』は、菅原の実子である深堀道義の労作である。深掘りは、高木俊朗の『陸軍特別攻撃隊』には誤認があり反戦反軍風潮に乗った「作意」（同書、三三三頁）的な書と批判する。しかし、前述した菅原道大の特攻隊員への対応は他の著者によっても言及されている。軍の要職にあった菅原が特攻を推進し、指揮したことは史実であり、もし本人が反対していたにもかかわらず命令によって実行したのならば、その命令者を公にしていただきたい。ことは人の生死に関わる最重要事項である。詳しくは後の章で考察するが、陸軍航空の大御所であった菅原道大が特攻を計画・指揮した一例をここで挙げる。

昭和二〇年三月、沖縄の防衛のために急遽編成された第百飛行団は菅原が長官を務める第六航空軍の指揮を受けることになった。第六航空軍は部隊訓練も十分に行われていない同飛行団に特攻隊の編成を命じた。しかし、同飛行団長の土井直人中佐は無駄死を懸念し、これに反対した（生田惇『陸軍航空特別攻撃隊史』ビジネス社、一七五頁）。ところが、第六航空軍は土井飛行団長の反対意見を突っ撥ねた。しかも、土井中佐はすぐさま罷免され、明野教導飛行師団に転出された。第六航空軍は現場の特攻反対意見を聞かなかったばかりか、反対者を排除したのだ。

このような重大な真相を隠すことは、自分の罪を認めず責任逃れをしているのと同じである。菅原道大のできる最大の供養は、当時の最高責任者の一員として入手し得た機密資料及び見聞きしたことを全て公表し（特攻に関する多くの機密資料は終戦後、占領軍が来る前に焼却処分されている）、後世にこのような悲劇が二度と起こらないようにすることであった。自分の罪を隠せば被害者となった特攻隊員達に詫びたことにならない。菅原道大が大事な史実を告白することなく墓場に持って行ってしまったことで、特攻の真相を究明するために、筆者を含む多くの外部の者が膨大な費用と時間を費やさざるをえないことになってしまったのである。本来このような書は当時の関係者が記さなければならないものだ。

特攻が命令された事例

これらのことは、国により強制的に特攻が行われたことを物語っている。特攻が命令・強制された例は他に数多くある。最初に特攻の命令を受けたのは、実は最初に特攻を行った「敷島隊」の関行男、大黒繁男、永峯肇であった。「敷島隊」の隊長の関行男が海軍上層部によって巧妙に選ばれ、特攻隊員に指名されたことは第4章で論ずる。

大黒繁男上飛は、当時隊長であった横山岳夫元大尉自身が、「彼［筆者注：大黒繁男」を選んだのは隊長である私です」（森史朗「神風特攻「敷島隊出撃」の真実」『文藝春秋』二〇一四年一月号、一三五頁）と認めている。横山大尉の指名に対して、大黒上飛は「承知しました」（同書）と一言言っただけであり、自ら特攻を願い出たのでは決してない。横山は門田隆将の取材では、大黒を部屋に呼んで、「直接、私が言いました。おまえ、行け」と命令したことを回想している（門田隆将『太平洋戦争　最後の証言　第一部　零戦・特攻編』一〇〇頁）。永峯肇飛行兵長の場合は、司令部に呼び出され宿舎に戻ってきた時に、「上原定夫上飛曹が『指名されたのか』とただすと、『はい、指名されました』と青ざめた顔色で答え、唇も白く乾いて言葉を出すのが精一杯という状況であった」（「神風特攻「敷島隊出撃」の真実」一三六頁）のである。戦後かつての軍上層部はあたかも特攻が現場から自然と湧き起ったかのように主張したが、最初の特攻からして実態は全く違っていたのである。

海軍の高橋経夫は、分隊長から「貴様、七二一空へ行け」（平木国夫『くれないの翼』一六七頁）と、特攻部隊である七二一空へ配属された。また、伊東一義の回想によれば、航空機を単に輸送した航空兵が、「お前たちは特攻隊やぞ」「命令が出とる」といきなり特攻隊員にされたという（『太平洋戦争　最後の証言　第一部』三〇〇頁）。これは明らかな命令による特攻である。

海軍の五五三空に所属した斎藤成光の回想によれば、上官の分隊士から呼ばれ、「甲飛十期は成谷、久保、斎藤と三人いるが、今度沖縄特攻に三人のうち一人を選びたいが……」（甲飛十期会『散る桜　残る桜　甲飛十期の記録』五六一頁）と言われた。そこで、斎藤は成谷広一と相談し、成谷は一人息子で斎藤は三人兄弟なので、斎藤が特攻を申し出ることに決めた。斎藤は上官に特攻を申し出たが、特攻に選ばれたのは成谷であった。成谷はあえなく特攻で戦死している。海軍では特攻を募集する時に一人息子の者は外したと主張されている。しかし、この場合には海軍が表立って唱えたこととは全く異なる。

日本の撃墜王である坂井三郎は、『零戦の真実』で、海軍第一航空隊所属の中攻隊の一機が被弾して敵地に不時着し、その後帰還したところ、軍令部は既に戦死と認定したために生還を認めず、自爆することを再三に渡って指令し、自爆を決行させたことを記している（同書、三五二～三五四頁）。これは特攻が強制されたことを示している。

二〇一空飛行長の中島正少佐は、「このたびの攻撃には、全員が双手をあげて賛成するものと思う。これから体当り攻撃隊員たちは当方より指名する。異存のある者は手を挙げろ！」（森史朗『敷島隊の五人　海軍大尉関行男の生涯』光人社、四九二頁）とパイロットに言っている。上官の命が絶対である軍において手を挙げて異論を唱えることはできない。また歴戦のパイロットである角田和男は、上官の中島正二〇一空飛行長が、「直俺隊は帰らなくて宜しい、攻撃隊と一緒に突っ込め」（角田和男『修羅の翼　零戦特攻隊員の真情』三二二頁）と命令しているのを聞いている。直俺隊は特攻機を敵陣まで誘導し、特攻機の戦果を本部に報告する重要な役目を担っている。直俺隊を特攻に用いてしまえば、何のために命を懸けて特攻を行うのか、誰がその栄光を本土に語り伝えてくれるのか、死んでいく者がこれでは浮かばれない。

この大事な直俺隊を特攻に用いるといったことは「命令」以外に他ならない。大戦果を挙げた最初の特攻隊である「敷島隊」の直掩を行ったのは、撃墜数八七機の「ラバウルの魔王」こと西沢広義飛曹長であり、特攻の成功に名パイロットの西沢が大きく貢献しているのである（直掩の間にもグラマン二機を撃墜している）。この西沢は特攻の直掩が終わった後、戦果を報告した中島飛行長の強い指示により愛機の零戦を特攻用に基地に置いて行かなければならなかった。そのため、ダグラス輸送機に便乗して帰還する最中にグラマンに撃墜され戦死している。激戦地のフィリピンを輸送機で移動することは危険であったのだが、零戦に乗って帰還していたならば、かえってグラマンを返り討ちにしていたことだろう。中島飛行長が特攻を第一にしたことで世界に誇る撃墜王の西沢が犠牲になったと言える。

同隊所属の奥井三郎は中島飛行長が、「おれは死なない。神風特別攻撃隊の記録を後世に残すために内地に帰る」（御田重宝『特攻』一〇二頁）と言ったことを聞いている。中島飛行長は特攻隊を募った時には「俺も後から行く」（金子敏夫『神風特攻の記録』一八三頁）と言った。この中島少佐は本土に帰った後、残虐な特攻兵器「桜花」による神雷部隊の作戦主任を務めた（階級は中佐に昇進）。そして、特攻に失敗して帰還した部隊を叱責している（『特攻』五〇五～五〇六頁）。しかも、この時の特攻の標的は基地であった。このことは後述する。他人の命は惜しくなくとも、自分の命は惜しい。指揮官のこのような姿勢が日本を惨めな敗戦へと導いたことを忘れてはいけない。

角田和男は、この他にも高雄の基地で、指揮官が「任務達成後燃料不足ならば帰って来なくとも宜しい」（『修羅の翼　零戦特攻隊員の真情』三七九頁）という命令を下したり、角田がマニラのニコラス飛行場で不時着した際には、「当地で今編成中の特攻隊に一名欠員ができたので、この中から一名選抜して特攻隊員として残すように」（同書、四一四頁）と命令されたために、自身が特攻隊員になったことを語っている。

パイロットの間では、特攻の中心となっていたセブやマバラカット（中島正飛行長が指揮していた）に不時着することはタブーとされていた。特攻機として使われてしまうためである（『散る桜　残る桜　甲飛十期の記録』三三五頁）。最初に特攻隊員となった同期を見て、日野弘高は「自分は戦闘機乗りだ。戦闘機乗りは、それにふさわしく、華々しい空戦で最後を飾りたい。いまここで特攻出撃しようとしている同期生には誠に申し訳けないが、爆弾をしばりつけて敵艦に飛び込む、そんな死に方は、とても私にはできない」（同書、三三四頁）と思ったことを回想しているが、甲飛十期会はこれを「搭乗員の特攻に対する一般的な考え方」（同書）としている。この時、日野は特攻隊員の宮原田賢に「貴様も特攻に使われるといけないから、目につくところにいるな……」（同書）と忠告されている（御田重宝『特攻』によると、「二〇一空の玉井副長だ。視線を合わさないようにしろ」「玉井副長と視線を合わせると君も特攻に編入されるぞ」と宮原田は忠告している。同書一八頁）。

マバラカットにいた笠井智一は、特攻隊員が待機している時に、特攻隊員が「蛇の生殺しは困る、たまらん、早く殺すなら殺してくれということもさかんに言うた」（『特攻生き残り３２年目の証言」『文藝春秋』一九七七年九月号、三〇〇頁）ことを回想している。特攻隊員達が心底に納得して「志願」を行ったならば、「殺すなら殺してくれ」という言葉は出てこないはずである。ちなみに笠井自身は、現地で特攻隊員の募集が行われた時には菅野直大尉と共に本土へ飛行機を取りに行っており、特攻に「志願」するのかどうかを一度も聞かれることがなかった（同書）。

角田和男はその他にも、爆装機がリンガエン湾内の艦船攻撃に出た時に特攻を行わず爆弾を落として輸送船に命中させ、見事に生還した者に対して上官は褒めるどころか、「特攻に出た者が何で爆弾を落としたか」（『修羅の翼　零戦特攻隊員の真情』四六二頁）と叱責したり、玉井浅一司令（副長より昇進）がエンジンの不調で特攻を止めて引き返してきた者に対し、「特攻に出たものが少しくらいのエンジン不良でなぜ帰って来るか、エンジンの止まるまでなぜ飛ばないか」（同書、四七一頁）と面罵したことを記している。

この玉井司令は特攻戦死を公表されたが、生還した磯川質男に何回も特攻を命じ、二〇一空のパイロットが内地に引き揚げる時には、「貴様は、特攻で死んで貰わなければならない」と命じて内地に帰さなかった（『散る桜　残る桜　甲飛十期の記録』三五八頁。ただし同書では「某指揮官」が命じたとなっている。この「某指揮官」が「玉井」であると生出寿は特定している（『特攻長官大西瀧治郎』九一頁）。ただし直接このように言ったのは指示を受けた要務士で（『神風特攻の記録』二二〇頁）、その後、磯川の上司である分隊士の要請により内地に帰還できた）。甲飛十期会は、「磯川に対するこの処遇を、十期生は自分たち全体に対する処遇として受け取った。そして、指揮官ひいては特攻そのものに対する不信感を強く植えつける一つの原因となった」（『散る桜　残

る桜　甲飛十期の記録』三五八頁）と主張する。

玉井司令ら指揮官は、「二十年一月六日クラーク基地で、『あとに残って最後まで戦い、比島に骨を埋める』覚悟を述べた指揮官たちが、なんと搭乗員より先に台湾に引き揚げていて、輸送機から降りた搭乗員たちの前に現われるという放れ業をやって、不信と顰蹙を買った」（『散る桜　残る桜　甲飛十期の記録』三五八～三五九頁）という醜態を晒した。特攻隊員には「俺たちも後に続く」と言っていたにもかかわらず、玉井浅一・中島正は戦後、特攻隊員の後を追うことはなく、また自身の罪を免れようと偽証を行った。このことは第4章で言及するが、特攻において現場で命を捧げた兵と指揮官との間に軋轢があることも事実である。中島正は戦後、元一三期予備学生たちの集まりで、特攻を命じたことを非難され、吊るし上げにあった。特攻の問題を語る時に、このようなことは醜悪なものとして意図的に隠されることが多い。しかし、この醜悪なるものもまた事実・真相であった。

杜撰な作戦

本書では特攻の命令者だけではなく、特攻の作戦が成り立っていたのかも考察するが、作戦を成功させるためには敵情を把握することは絶対に必要である。孫子の兵法書にもあるように敵の情勢を知らずに立てた作戦は必ず無謀なものとなる。

特攻を次々と繰り出した二〇一空を指揮したのが大西瀧治郎中将が長官を務める第一航空艦隊であったが、実は大西長官や作戦を練る参謀（幕僚）達は敵情を正確に把握していなかった。

そこで、現場のパイロットの美濃部正は大西に直接、「一航艦幕僚にも実際にレイテ湾口の戦線を視察して、その上で作戦を立ててほしい」(森史朗『特攻とは何か』二七二頁)と要請し、大西はこれを受け入れて一航艦先任参謀の猪口力平大佐に前線視察を命じている。

前線視察を何度も行っていた美濃部は特攻に反対した最も優れたパイロットの一人だが(詳細は第4章)、アメリカ軍の無数の戦闘機群と戦艦が待機しているレイテ湾の前線視察を行うことは命懸けであり、高度な操縦技術がなければ不可能であった。この時、美濃部と同行することになった猪口先任参謀は勝手に前線視察を行わずに逃げて帰っている(同書、二七四頁)。敵情が分からずに、特攻の作戦を練れば杜撰なものになるのは当然のことである。命を懸けた特攻隊員は勇敢この上ないが、これに命令を下す指揮官が無知ではどうしようもない。特攻が悲劇的な末路を辿ったのは指揮官に起因する。

大岡昇平の『レイテ戦記』(全三巻)には、第二十三師団所属の加藤美納一等兵が輸送船に乗ってレイテ島へ行く命令を与えられた様子が描かれている。

「沖合で集合中、何気なく船首をあけてみると、ダイナマイトの束が詰っていたので驚いた。任務は糧秣の揚陸だったが、状況によっては最寄りの敵艦船に突込めといわれていた。加藤一等兵は『こりゃあかん、特攻や』と思った」(中巻、四二一頁)

この輸送船はベニヤ張りの通称㋩船艇という特攻兵器であった。この場合、特攻が本人の意志と全く関係のない命令であったことは言うまでもない。この頃、レイテ島では深刻な食糧難に陥っていた。日本の戦死者の過半数は餓死者である。兵隊は食料がなければ生きてはいけない。食料輸送は作戦を遂行していく上で必要不可欠な任務であり、歴史上どこの国においても食料補給ができないで勝利した国はない。この最重要任務を敵遭遇の不測の状況によって変更させて、成功するかどうか極めて危うい船艇に特攻を行わせるというのは下策である。緻密な作戦とはとても言えない。

前出『特攻基地　知覧』には前線にいたパイロットの根本正良が高木俊朗に寄せた手紙が掲載されている。

「特攻隊は志願でなく、命令でおこなわれました。『志願者、一歩前へ』ということもありましたが、これは間接的命令にすぎません。このような形式だけの志願さえもなかったこともあります。一部隊が数度の戦闘で、残存六機となり、部隊として行動できなくなると、『残余は特攻隊』と命じたことです。再三の激戦で、ようやく生残ると、『特攻隊』です。『ああ、おれも特攻隊にまわされたよ、〝全員特攻隊〟だ。ああ、もう一度でいい、内地を見たかったなあ』という恨みや嘆きの声を、野戦の浴場などで、再三、聞いたことがあります」（二八七〜二八八頁）

特攻が命令によってなされたばかりか、「残余は特攻隊」というのは作戦として杜撰極まりないものであり、兵士の生命を軽んじたこの上官の責任は極めて重い。同書には、他にも元特攻隊員が特攻の命令を告白している。

昭和二〇年二月一日、一二名が部屋に呼ばれ、部隊長の佐藤少佐が、「このたび諸君は昭南［中略］の第三航空軍に配属されることになった。これは大本営の命令で、特別任務につくのである。わが部隊としては、特に操縦技術の優秀な者として、諸君を選んだ。任務は重大である。国家のために一命をささげ、航空軍人の本分をつくしてもらいたい」（同書、一一七頁）と命令したことを元特攻隊員の河崎広光が語っている。この「特別任務」は「特攻」のことであり、河崎は深い衝撃を受けている。重要なことは、「大本営の命令」で特攻の命令が行われたことである。

編成で特攻隊員に

大本営が現場の意向を聞かずに特攻を命じた例がいくつかある。六十二戦隊の新海希典戦隊長は大本営から「特攻を出せ」と命令を受けている(『太平洋戦争　最後の証言　第一部』二三一頁)。新海戦隊長は成算がないと反対したが、大本営が命令を下したために前線に出撃して戦死している。その後、六十二戦隊では、「うちの部隊は、すべて特攻に指定された」(同書、二四六頁)と訓示されている。大本営の命令により部隊ごと特攻隊にされたのだ。

同じく特攻部隊として発足した第四御盾隊は、志願によって特攻隊員を募ったのではなく、指名によって編成された。例えば、有山俊明一飛曹は、ある日突然に隊長から特攻隊に指名された(『くれないの翼』二一二頁)。「志願」という形式も踏まなかったこの特攻部隊の兵舎は荒んだのであった。

特攻隊とは縁遠い存在である飛行機の練習生と教官で構成される第十航空艦隊では、部隊ごと特攻隊への編成を命じられている。上官から特攻隊への編成を命じられる様子が永末千里『白菊特攻隊　還らざる若鷲たちへの鎮魂譜』に詳しく記されている。同航空艦隊の参謀は、「第十航空艦隊は全保有機をもって『神風特別攻撃隊』を編成し、『体当たり攻撃』を実施する」（同書、八頁）と命令を下している。特攻の志願者を募ったのではなく、飛行隊がそのまま編成によって特攻部隊になったのだから恐ろしい。飛行機の操縦が未熟な練習生と練習生を育てる教官が超鈍足・低性能の練習機で特攻を全員行わないといけないのだから残酷極まりない。参謀がこのような命令を下すことができたのは、大本営が編成による特攻部隊を定めたからに他はなく、このことは第９章で考察する。

　このように特攻の編成はいたるところで見られており、フィリピンで飛行機を全て特攻に用いた二〇一空は戦場を台湾に移したが、台湾では特攻隊員の募集は行わず、台湾にいるパイロットは否応なしに特攻隊員に編成された。そのために、予備士官の中尉は中島正二〇一空飛行長に「特攻編成から抜けさせてくれるよう直訴し、怒った中島に顔が紫色に腫れ上がるほど殴られても屈せず、のちに内地に転勤していった」（神立尚紀『特攻の真意　大西瀧治郎　和平へのメッセージ』二五五頁）のである。特攻の編成を抜けるのは至難のわざであった。

　しかしながら、当時の関係者は、特攻が「志願」であることをことさらに強調しており、正木博元少将は高木俊朗を非難した。そこで、昭和一九年七月にいち早く特攻隊の編成を命じられた陸軍の鉾田教導飛行師団の福島尚道元大尉は次のような反論を行っている。

　「正木閣下のお言葉との事ですが『特攻隊員を冒瀆する』という戦死者の英霊を盾として自己を弁護し、真実を闇の彼方に葬り去ろうとする事は、鉾田関係者は承服できません。《特攻隊員は志願では絶対なく、全くの指名であった。特攻精神などというものは事実存在しなかった。これらは軍部の案出した架空の宣伝文句に過ぎない。万朶隊長岩本大尉も、富嶽隊長西尾少佐も、特攻攻撃には全く反対であり、命令には服従はしたが、忿懣やるかたなかっ

た》という事実は抗弁の余地のない真実であります」（『陸軍特別攻撃隊』第三巻、三八五頁）

第三陸軍航空技術研究所長の正木博少将は、第3章で述べるように、現場の鉾田飛行師団が体当り攻撃に強く反対したにもかかわらず、強硬に特攻を主張したのである。『戦史叢書　陸軍航空兵器の開発・生産・補給』では、正木博所長が、昭和一九年五月頃、体当り爆弾である「桜弾」の研究を行い、同年七月一一日には「棄身戦法による艦船攻撃の考察」を起案したことが記されている。さらに、同月に正木所長は九九式双軽などの機体に爆弾を固着させ、特攻専用機に改修させることを陸軍航空審査部に提案している（高島亮一「旧陸軍少佐の証言［第1回］回想—キ115剣」『航空ファン』一九九三年一月号、文林堂、一七〇頁）。航空審査部に属したパイロットの高島亮一は次のように憤慨している。

「航空研究所の者達は、自ら飛行機に乗って攻撃することはなく、また、飛行機を操縦したこともないあの研究所の所長が、なぜこんな飛行機で、パイロットに死を強制する提案をするのか？　地上にいてまったく戦わない者が、空で命を懸けて戦う者を何と思っているのだろうか？」（同書、一七一頁）

この正木少将は詳しくは第7章で取り上げるが、同月に行われた「市ヶ谷会議」で陸軍中央が特攻を決定したことを知っていた。それにもかかわらず、正木元少将は戦後このことを秘した。公にできないことを行って特攻隊員を冒瀆したのは誰か。当時の関係者が兵の命を左右した重要なことを語らず、それを他人が追及した時に批判するのは卑怯である。福島元大尉の意見は、特攻の編成を命じられた現場の兵隊の率直な意見である。特攻の編成が命じられれば、その部隊から必ず特攻隊を出さなければならなかった。兵士の「志願」とは一切関係ない。編

米空母に突入する第5神風特攻隊銀河隊機（毎日新聞社提供）

成の恐ろしさである。特攻に反対しながらも特攻を行った岩本大尉については第3章で述べる。

人か爆弾か

これらは、特攻が強制的に行われたことを示している。戦史において、戦場で敵軍を破るために自爆攻撃を行った事例は多くある。しかし日本においては、特攻がベルナール・ミローの言う「あらかじめ熟慮されていた計画的な死」（『神風』三二頁）であったことが特有であった。

特攻が作戦の一部であったことから軍の命令下で行われたのは間違いないことだが、この作戦が深謀遠慮に基づいたものならまだ救いようがある（特攻が人命を軽んじたことからこのようなことはありえないのだが）。しかし、実態はこれとはかけ離れたものであったことが大きな問題なのである。前述したように、特攻を失敗した者達への軍の仕打ちはその一つだが、戦争末期には特攻隊員は爆弾の一つであるかのように扱われた。

これは特攻の標的に表れている。残酷な特攻兵器「桜花」（詳細は第2章）で敵の飛行場に特攻を行うことが上官により命令されている。第七二一航空隊（神雷部隊）の岡村基春司令に「この攻撃目的［筆者注：飛行場］は、敵の航空機の発着を一時的に不能にさせ、敵機動部隊に対し、わが軍の総攻撃を決行するのだ。わかってくれ」（『人間爆弾と呼ばれて　証言・桜花特攻』一九三頁）と命令されたのは、勝村幸治一飛曹と山崎三夫上飛曹である。勝村自身は回想で述べてはいないが、周囲の者はこの時反発していたことを記している。同じ出撃部隊であった武田剛吉は、この時岡村司令に勝村一飛曹は、「地面と心中する気にはなれません！」（「丸」編集部編『人間爆弾「桜花」発進　桜花特攻空戦記』光人社NF文庫、三〇三頁）と反対したが、岡村司令から「たのむ、わかってくれ！」（同書）と何度も説得されて引き受けたことを回想している。

この両者を名簿から選んだのは林冨士夫分隊長であるが、林分隊長は両者が岡村司令の所に行く前に飛行場へ特攻を行うことを告げている。両者は、林分隊長に「嫌ですよ」「冗談じゃありません」（小林照幸『父は、特攻を命じた兵士だった。　人間爆弾「桜花」とともに』一五〇頁）と拒否している。林分隊長は説得するが、「滑走路なんて、泥とコンクリートじゃないですか」（同書、一五一頁）と反対されたために、「止むを得ない。俺が行こう」（同書、一五二頁）と言ったために両者は慌ててこれを引き止め、この特攻を引き受けたのである。

その後、岡村司令に反対意見を述べても受け入れてもらえなかったので止むを得ず引き受けた両者だが、飛行機の故障と悪天候のために飛行場への特攻は行わずに済んでいる。空母・戦艦一隻を撃沈しようとする志によってかろうじて正気を保っていた「桜花」搭乗員が、急に飛行場に体当りを行えと言われたのだから反対したのも無理はない。飛行場への爆撃は特攻によらずとも第4章で取り上げる芙蓉隊が次々と成功させている。

また、鈍足な一式陸攻に吊りかける「桜花」が哨戒の厳しい敵基地に無事に接近できる可能性は極めて低く、爆撃機によって飛行場を爆撃する方が成功の可能性は高い。このようなことは歴戦のパイロットである岡村司令は分かっていたはずであろうに、なぜこのような命令を下したのかは全く不可解である。この時に帰還した兵は前述したように中島正作戦主任に、「なぜそばまで行って落としてこなかったか」（『特攻』五〇六頁）と叱責されている。特攻隊員の人命尊重という感覚が全く麻痺していた。森本忠夫の『特攻　外道の統率と人間の条件』では、特攻隊員であった角田和男が森本に次のことを語っている。

「私はついていったこと（爆装機を直俺していった）があるんですが、タクロバン（レイテ島）の桟橋に特攻をかける命令をされたことがある。そのときの隊長は、いくらなんでも桟橋にぶつかるのはいやだ。空振りでもいいので、（タクロバンには）船がいるんだから、目標を輸送船に変えてくれと頼んでいましたが、そのときに中島飛行長（二〇一飛行長）は、文句を言うんじゃない、特攻の目的は戦果にあるんじゃない、死ぬことにあるんだと怒鳴りつけていました。［中略］あのときには二十機近く出たんですが、あまり成功しなかった。目標が桟橋ではいくらなんでもひどいなあと思って私も聞いていました」（二〇六～二〇七頁、角田和男『修羅の翼　零戦特攻隊員の真情』四三五～四三六頁も同内容）

桟橋を攻撃するのなら、特攻でなくても爆撃で済む。優秀なパイロットと貴重な飛行機を失ってまでも桟橋に特攻を行う必要性がどこにあったのか。実は、戦争末期にソ連が参戦した時に、陸軍の中央部では特攻機によるシベリア鉄道の鉄橋爆破が検討されており（升本清『燃ゆる成層圏―陸軍航空の物語―』）、戦争が長引けば鉄橋に特攻を行わなければならなかったかも知れなかったのである。

人命を物のごとく扱う軍部に対して、突入寸前の特攻機の無電で「日本海軍のバカヤロー」と祖国へ呪詛をあらわにした者がいた。「振武寮」では特攻隊員の精神は荒れていた。徒らに人命と軍力を損なうことを行っていては神による神風が吹くはずがない。三村文男は、「かみかぜ」と呼ばれる特攻作戦に対して、『神なき神風』と題して批判しているのである。このことは重く受け止めなければならない。

「大和」による最大規模の特攻

特攻が強制的に無謀に行われた最大規模の例が戦艦大和による特攻である。「不沈艦」と言われた戦艦大和は沖縄戦で投入され轟沈したが、海軍が戦死者達に特攻認定である二階級特進を行わなかった。そのために、長らくこの大和が特攻であったのか特攻でなかったのかが論議されてきた。

そもそも、戦艦大和の乗組員が特攻死したことを「機密連合艦隊告示　第一一四号」の布告により海軍は認知していた。昭和二〇年七月三〇日付の小澤治三郎の署名によるこの告示では、

「昭和二十年四月初旬海上特攻隊として沖縄島周辺の敵艦隊に対し壮烈無比の突入作戦を決行し帝国海軍の伝統と我水上部隊の精華を遺憾なく発揮し艦隊司令長官を先頭に幾多忠勇の士皇国護持の大義に殉ず」と「海上特攻隊」として大和の乗組員が殉じたことが記されており、全軍に布告されている。

しかしながら、特攻隊戦没者慰霊平和祈念協会が出版した『特別攻撃隊全史』によれば、同会は旧軍部が特攻の戦死者の慰霊の為に設立した大々的な協会であるにもかかわらず、特攻作戦開始時の軍令部総長の及川古志郎以下編集委員が、同書の初版より長らく戦艦大和を特攻と認識していなかったことが書かれている。これは、すなわち及川古志郎が戦艦大和を特攻として用いたことを認知したくなかったからに他ならない。

戦艦大和が特攻として用いられたことは、政府公刊の『戦史叢書』により明らかとなっている。レイテ沖海戦で大敗し、敗戦が濃厚となった昭和二〇年四月、連合国側の本土上陸に備えた沖縄の防衛において、天一号作戦により航空部隊によって行う特攻を支援するため、「大和」をはじめ日本の残存艦を動員して沖縄の敵陣に突入した。この時大和は護衛機を付けておらず、制空権を奪われているこの状況で沖縄に突入すれば、敵の航空機の格好の餌食になるのは明らかで、大和は「菊水作戦」という航空部隊の特攻作戦を成功させるための単なる囮として用いられた。しかも燃料は片道分しか積まなかったのであり、敵の攻撃を上手くかわし、戦果を挙げられたとしても生きては帰れない必死の作戦であった。

もともと戦艦大和の特攻作戦は、この時の日本は燃料がほとんど底をついているので大和を沖縄の敵陣に突入させるのには燃料が足りないとして、軍令部の富岡定俊第一部長が反対したのだが、豊田副武連合艦隊司令長官の部下で連合艦隊参謀の神重徳大佐が小澤治三郎軍令部次長に大和の特攻作戦を訴えたところ、「聯合艦隊長官がそうしたいという決意ならよかろう」と了解し、及川軍令部総長は「黙って聞いていた」のであった（『戦史叢書　大本營海軍部・聯合艦隊〈7〉―戦争最終期―』二七三～二七四頁）。

すなわち、豊田長官と神大佐の発案を及川総長は承認したのである。この時、最高責任者の及川総長は決して反対していない。したがって、「大和」を特攻と認めると及川古志郎自身が大きな責任を負ってしまうために、及川は「大和」を特攻と認めたがらないのである。しかし、「大和」は紛れもない強制された特攻であり、豊田長官は、「GF電令作第六〇三号（機密第〇五一二三五九番電）」で、「第一遊撃部隊（大和、二水戦〈矢矧及駆逐艦六隻〉）は海上特攻として一日黎明沖縄に突入を目途とし　急遽出撃準備を完成すべし」と昭和一九年四月五日にはっきり特攻を命令しており、翌日の六日には、「ここに海上特攻隊を編成し壮烈無比の突入作戦を命じたるは　帝国海軍力をこの一戦に結集し光輝ある帝国海軍海上部隊の伝統を発揮すると共にその栄光を後昆に伝えんとするに外ならず」（同書、二七六頁）と全軍に電報を打っている。

「大和」特攻の生還者・大村茂良の慰霊

重要なことは「大和」の乗組員全員が特攻の志願者達で固められていたわけではないことである。撃沈した戦艦大和からの生還者・大村茂良から筆者は体験談を伺った。大村は国民学校の教師であったが徴兵（いわゆる師範徴兵）によって海軍の軍人となった。昭和二〇年四月、戦艦大和の副長が直々に艦員へ「特攻隊として沖縄の米軍を撃滅せよ」と命令を下したために、戦艦大和の乗組員としてこれまで生還を期待して数々の戦場を潜り抜けてきたが、さすがに死を覚悟せざるをえなかったことを回想している。

沖縄の敵陣に突撃した「大和」は激しい爆撃を受けたが、勝手に戦艦から離れることは絶対に許されない。「大和」が沈みかけて艦長が「特攻を解除する。総員最上甲板」と命令したことで初めて脱出できたのである。「特攻を解除する」という命令が下るまでは自分の意志で特攻を止めることができない。大村は当初、副長付伝令班に配置されたが任務が上手くこなせなかったために分隊士と相談したところ配置替えとなった。

戦艦では外から鍵を掛けて中からでは鍵を開けられない部屋がある。したがって、戦艦が沈没する時にはこの部屋にいる者は皆脱出できない。副長付伝令班は外鍵の部屋であった。この配置替えがなければ大村は「大和」が沈没した時に脱出できなかった。大村は身代わりとなって死んだ英霊のことを思っては涙を流す。大村は「大和」が沈んだ四月七日には毎年慰霊祭に参加しており、高齢になってからは手作りで仏壇を作り、一日一枚、多い時には四〜五枚写経を行って戦没者を供養している。強引で無謀な「大和」特攻は生き残った者にも深い傷を残している。

トップダウンによる特攻命令

この無謀な大和作戦に不満を持った草鹿龍之介連合艦隊参謀長は、「神参謀は『このこと

（海上特攻計画）はもうすでに豊田長官も決裁されたが、参謀長の御意見はどうですか』とただし、「きまってから（長官がすでに決裁したものを）参謀長の意見はどうですかもないものだ」（『戦史叢書　大本營海軍部・聯合艦隊〈7〉』二七五頁）とすこぶる腹を立てている。これを受けて草鹿参謀長は、第二艦隊長官の伊藤整一の下に行き、大和の特攻作戦における「作戦計画について説明しても、伊藤長官は中々納得されなかった。当然このような作戦などとは言えない無暴無策な挙を納得されるはずがなかった。最後に、一億総特攻のさきがけになってもらいたい、という説明に、〃そうか、それならわかった〃と即座に納得された」（同書）というように現場の指揮官すら志願ではなく、上官が説得して特攻を行わせたのであった。上官からの指令は階級がものをいう軍部においては拒絶できない強制とおなじなのである。

戦艦「大和」の特攻を擁護する者もいるが、これは明らかに無謀な作戦であり、現場の杉原與四郎艦長ら多くの責任者が無駄死になると反対していた（伊藤整一長官をはじめ多くの艦長らが稚拙で無思慮な作戦と批判していたことが、「大和」の副電測士としてこれらの指揮官の側に仕えていた吉田満の『戦艦大和ノ最期』に描かれている）。

この強い反対意見も上官の命であるということで抑えられてしまい、現場の兵は死に処を得るためだけに出撃したのである。この「大和」特攻作戦には、特攻にのめり込んでいた宇垣纏第五航空艦隊司令長官ですら、「悲惨なる結果を招き痛憤復讐の念を抱かしむる外なんら得る処無き無謀の挙」（宇垣纏『戦藻録』原書房、四八八頁）と批難している。宇垣長官は、この作戦が唐突に発せられたために抑えることができなかった。その上、連合艦隊の参謀は宇垣長官に「同隊の行動に対し当隊に迷惑をかけず」（同書、四八七頁）と「大和」に護衛機を付けないでよいという指示を出した。これに宇垣長官は反発し、独断で途中まで「大和」に護衛のための戦闘機を付けた。この戦闘機には伊藤整一の息子の叡（同月、沖縄で散華してしまう）が搭乗していた。死に行く伊藤長官へのせめてもの餞別であった。

この無謀な作戦の原因として宇垣長官は及川総長が裕仁天皇に奏上した際に、「航空部隊だけの総攻撃なるやの御下問に対し海軍の全兵力を使用致すと奉答」（同書、四八八頁）したことを挙げている。すなわち、及川総長が「大和」などの戦艦も「菊水作戦」に用いますと裕仁天皇に約束してしまったことが原因であった。戦前において天皇の前で上奏したことは絶対であった。

この作戦を実行した最高責任者の及川古志郎元総長は戦後戦犯として訴追されることもなく、自分の面子のために大和の特攻死を認めなかった。これでは英霊が浮かばれない。このような指揮官に我々の命が託されていたことが問題である。

心理調査が示す真相

多くの特攻隊員が自らの意志・本心に反して特攻隊員になったことを示しているのが望月衛技師による調査である。陸軍の航空本部は望月技師を昭和二〇年五月下旬に知覧へ派遣し、特攻隊員の心理調査を行った。この調査による「特攻隊編成要員に関するもの」の項目に、「特攻隊編成要員に対する事前の精神指導は精神指導の大本を決するものなり［筆者注：特攻隊の編成ではパイロットの自発的な意志が重要であることを意味している］隊員に編入せられてなお覚悟のつかざる時はその場になりて『何とか〔筆者注：特攻の〕決心』せんとしてこれを遷延ししたがって直前の雰囲気に過度に敏感となり、精神を左右せられかえって益々決心をなすに甚大の努力を要するに至る、現在の隊員にしてこれに属するもの約三分の一ありとする観察はほとんど正しきか」（『陸軍航空特別攻撃隊史』二一〇頁）、と特攻隊員の「三分の一」が「最初から希望はしていなかった」ことが記されている。自分の意志に反して特攻隊員になった者が大勢いたのだ。その数は一人や二人といった少数ではない。

　後の章では軍が組織的に特攻を計画し、編成していったことを考察するが、死を強制された若い特攻隊員は煩悶する。同調査では、「特攻隊員を命ぜられたる直後における決心覚悟において不徹底なるものありて「その場になりて何とかせん」とする者はもちろん、相当確固たる覚悟を有するものも本期間〔筆者注：特攻出撃までの期間〕の長期に及び所遇適切を欠き思はざる蹉跌に遭遇するときは著しくその志気を阻喪しこれが為指導に重大なる困難を生じあるいは抗命等の犯罪を惹起するの虞あり」（同書、二二〇～二二一頁）と、特攻隊員の精神状態が不安定であり、暴発する「虞《おそれ》」があることを報告している。

　また、上官による「御説教的精神教育は全く有害無益なり」（同書）と特攻隊員に対する上官の教育への不満も報告されている。特攻隊員も生身の人間である。我々と何ら変わる所はない。同調査では基地が内地にあるため敵愾心を起こしにくいこと、出撃後に犬死を惜しんで引き返し、その後の再出撃時には志気が阻喪していること、出撃が少数機では志気が挙がらないこと、死の問題について苦しんでいること、性について「基地への移動中、地方子女と関係して恋著し自機を毀損したる者あり　これは異常者とは認め難く、一旦死を決したる者が極めて

『大それた事』をも怖れざる結果と考うべきか　性以外の欲求に関しては顕著なる事実を発見せず〔中略〕特殊慰安施設の設定―なるべく生理的欲求を金銭を以て解決しうるものたらしむ」（同書）ことなど、特攻隊員の赤裸々な心理状態が記されている。多くの特攻隊員が愛する者を守るために散華したが、煩悶していた者も大勢いた。国家の本来の役目は国民の権利と命を守ることであるが、多くの特攻隊員が煩悶していたことは、国家がこの本来の役目を放棄していたことを示している。

何よりも特攻が命令によって行わなければならなかったことを示しているのは、終戦時に計画された本土決戦である。日本のエースパイロットである岩本徹三は昭和二〇年七月中旬に全航空隊の特攻編成が命令されたので、特攻のための戦法に改めたことを回想している（岩本徹三『零戦撃墜王　空戦八年の記録』三九二頁）。軍中央部が全機特攻を計画したことは第８・９章で論述する。本土決戦が行われれば特攻を拒むことは何人もできなかったのである。

このように特攻が命令によって行われた例は無数にある。特攻に関して緻密な研究を行った西川吉光は次のような分析を行っている。

「己を殺し集団との調和を図る日本的集団主義が生み出した『恥と自死の文化』や『淡白な国民性』、さらに儒教を基盤とした明治以来の『忠君滅私殉国の倫理』が、体当たりという自己犠牲の作戦を生み出し、かつそれを評価する社会的素地を作り出した。但し組織的な特攻には、命令による強制が多数含まれていた。それは自己犠牲を賛美する環境を悪用した殺人行為にほかならない。本来恥を知り責を負うて自死すべきであったのは、無謀な戦争に国家国民を引きずり込んだうえに、不利な戦局を打開もできぬまま惰性のように戦いを続け、徒に若い将兵を死地に追いやった軍幹部であって、特攻隊員ではなかった」（西川吉光『特攻と日本人の戦争　許されざる作戦の実相と遺訓』三〇四〜三〇五頁）

特攻の命令者は全て真相を語らずに死んでいった。いや、そればかりか多くの特攻命令者は戦後、自らの所業を反省するどころか特攻を肯定した。現在に至るまでこれらの追随者は特攻を肯定することが特攻隊員への追悼ともいわんばかりのことを主張している。特攻肯定者達（元特攻隊員であろうとも）を徹底的に批判したのが元特攻隊員の小沢郁郎である。小沢郁郎は次のように訴えている。

「みずから死のうとしている若者へのいたわりの心ももてぬ上官、そのような人が、戦後になって、特攻隊員の自発性や立派さをいくら大声で賞揚しようとも、かれが戦中の自分の汚行をハッキリと反省・公表・謝罪しないかぎりは、死者も生者も許す気にはなるまい」（小沢郁郎『つらい真実　虚構の特攻隊神話』一五三頁）

「つらい真実を認めず、虚構にしがみつく人たちを支えている精神的風土―高木俊朗氏が的確に指摘した『敗戦時における戦争諸責任究明の不徹底さに根源をもつ』アイマイさの『民族的伝統』は、復活横行している。特攻をふくめての多くの人の死は、いまになって死者を顕彰することではなく、まさにそれがむなしかったというつらい真実を直視するときにのみ、大きな意味をもちうる。それをくり返さぬ決意と努力こそが最大の鎮魂ではあろうから」（同書、二〇四頁）

特攻隊員が徒らに殺されていったという「つらい真実」を本書では考察するが、これはなんとも心苦しい作業であった。特攻隊員の死が「むなしかった」ということを書くのは戦後世代であろうとも誰にとってもつらい。しかし、無謀な特攻に当時の誇り高きパイロット達が命懸けで反対していたという真実には希望を見出せる。たとえどんな命令であろうとも愛する者達を守るために特攻を行った者は英雄であったが、無謀な特攻に命懸けで反対した者達もまた英雄であった。片方だけが、評価されるのでは真実とは言えない。特攻に反対し、なおかつ戦果を挙げた吉田穆を日本で知っている者がどれだけいようか。私達は本当に重要な人物の活躍を忘れることが多いのでここに記す。

特攻に命懸けで反対した指揮官・吉田穆

陸軍のパイロット・吉田穆は、第一線で偵察任務を行い、抜群の手腕を発揮した。吉田の命懸けの敵情報告によって第十一軍が作戦を変更するなど全体の作戦指揮に多大な貢献をもたらしている。吉田は航空士官学校の教官に転出後、少佐に昇進して昭和一九年一二月には飛行第六十五戦隊長に大抜擢された。吉田少佐は知覧に赴き、沖縄防衛作戦の「天一号作戦」に参加する。この時、同戦隊の攻撃目標を敵輸送船とし、留意事項として次のことを定めた。

「(二) 万止むを得ない場合のほか体当たり攻撃は実施しない。万難を排し生還に努め一度でも多く出撃する」(吉田穆『大空に生きる』一二一頁)

特攻作戦である天一号作戦で吉田少佐は特攻を禁じた。もっとも、同隊からは戦果を挙げるために戦闘中に止むを得ず特攻を行ったパイロットがいたが、これはパイロットの愛国心の発露であり、決して吉田少佐が命令したものではない。知覧には陸軍の特攻隊員が大勢おり、命令により吉田少佐は特攻隊員の教育指導も行った。この時、特攻を行う某振武隊長は出撃直前に吉田少佐に次のことを告白した。

「大臣閣下はじめ偉い方々は、われわれ隊員に『後に続く者を信じて心おきなく突入せよ、必ずわれわれも後に続く』と言われるが、私共は後に続く者を信ずる気持にはなれません。また堅確なる軍人精神とか、厳正なる軍紀などを心がけて行動しているのでもありません。ただ国民の皆さんが私共に示される好意と熱狂的に送って下さる、その雰囲気によって動いているだけです」（同書、二四三頁）

これこそ散華していった特攻隊員の本音であった。これを聞いて吉田少佐は、「特攻という攻撃方式は正に統率上は邪道であろう。したがって部下に特攻を命じた指揮官は、特攻によって失敗した時には勿論のこと、たとえ成功して戦勝を獲得できた暁においても、邪道を選んで部下に死を強要した責任はとらなければならない」（同書、二四四頁）ことを確信する。

実際に、特攻を計画・命令した首脳達は極一部の者のみ自決して責任を取ったが、多くの者は責任を取らず、戦後には特攻は命令ではなく自発的なものであったことを主張して自らの罪を免れようとした。死への葛藤を乗り越え、透徹した心を持った特攻隊員には当時の日本の権力者達の濁った心がよく見えていたのだ。特攻隊員を「熱狂的」に送り出してしまった国民は、特攻の命令者の責任を追及する人道上の義務がある。

昭和二〇年五月四日に実施した総攻撃の前日、第六飛行団長の今津正光大佐は隷下の六十五戦隊長の吉田少佐に、「総攻撃には特攻七名を選定し、その人名を報告せよ」（同書、二四六頁）と命令した。既に隣隊の六十六戦隊からは特攻隊員が指名されていた。これに対して吉田少佐は次のように反対意見を述べた。

「（ア）〔中略〕人間は明日は特攻攻撃に行って死ぬというように死ぬ時機を決められた時ほど、つらい事はないと思います。

（イ）現在のように米軍の特攻対策が十分に講じられて来ては戦果をあげる事が非常に困難になっています。しかも心理的に『これで最期だ』と言う気持になれば、冷静さも沈着さも欠くようになり索敵も充分できず敵機の接近が眼に入らず、気がついた時には攻撃を受けていたと言う結果になりかねず、結局は無駄死になりましょう。それに引替え、従来通りの攻撃ならば、『今日はおそらく死ぬであろう。しかし巧くいけば戦果をあげてしかも無事に帰還できるかも知れないぞ』と言う一縷の明るい光明ないしは希望があります。その事だけで心の平静をいくらか保ち得て、索敵もしっかりでき、敵機の発見も早くからできて、適切な対応行動ができ、戦果も却って大きいものと思います。

（ウ）現在、まだ振武特攻隊も沢山いて、何も戦隊から敢て差出す必要はないのではないかと考えます。

（エ）〔中略〕それでも、どうしても特攻攻撃をされるのであれば、私が戦隊全機を指揮して特攻攻撃をやります」（同書、二四六〜二四七頁）

この吉田少佐の発言に今津飛行団長は、「君が特攻で征けば、反復攻撃する部隊がなくなるではないか」（同書）と驚く。吉田少佐は、「それがお嫌ならば、どうか、特攻差出は止めていただけませんでしょうか」と腹を据えて具申する。これはともすれば抗命罪で処罰されかねない勇気のいる行動である。また、自分の意志に反して上から特攻が命令されれば自らが特攻に行くというのは指揮官としてあるべき姿であった。今津飛行団長は吉田少佐の命を懸けた意見具申を受け入れ、「飛行第六十五戦隊、六十六戦隊は沖縄周辺の敵艦船を必沈すべし」という命令文の特攻を意味する「必沈」の語を「攻撃すべし」に訂正した（同書、二四八頁）。当然ながら、この特攻の命令は今津飛行団長の独断ではなく、同飛行団を指揮する大本営、第六航空軍からの要望を今津飛行団長が伝えたものであろう。なぜなら、この時軍上層部は既に全機特攻を考え、計画していたからである（第8章参照）。

吉田少佐の部下二十数名は、この話を聞いて、「われわれの生命は戦隊長殿にお預けしてあります。どうかご心痛されないで下さい。われわれは、戦隊長のためなら、どんな命令にも従い死にます」（同書、二四八頁）と吉田少佐に敬服している。その後の総攻撃では同隊から四名が出撃し、敵艦船四隻を撃沈・損傷させている。命中率一〇〇%にして四名とも無事に生還した。同戦隊の目覚ましい活躍から第六航空軍は感状を授与している。

筆者が吉田穆の御令嬢・森田陽子から話を伺ったところでは、戦後も元部下達は吉田穆の下を訪ねており、吉田穆の死を知った時には、「死なば部下共々との進言により、私等一同助かりました時の事を考える時、昨日のような気が致します。命ながらえて今日ある事考える時…」という手紙を遺族に送っている。吉田穆が心底部下思いであったことは、名誉ある勲章を「部下を死なせているのにもらえない」との理由から辞退していることからも分かる。陽気で柔軟な考えを持ち、何ごとも積極的であった父が部下を特攻に出さなかったことには何ら違和感がなく、子供の時に「Noが言えない人間はだめだ！」と言われたことがずっと心に残っていると森田陽子は回想する。

心ある優秀な指揮官と若いパイロットが戦後も生き長らえることができたことは日本にとって幸いであった。このような人材無くして日本の復興・未来などありはしないだろう。最大の問題は、当時の上層部がこのような未来ある人物達を悉く殺そうとしたことである。

特攻は、「志願」か「命令」かという問題に対して異議が唱えられることがある。戦争体験者から話を聞くと、その当時の誰もが国の為に若い命を懸けようとしたことが分かる。命懸けで戦っている戦争の最中に「志願」であろうが「命令」であろうが関係がないという意見である。

確かに、前線で戦う兵隊はその通りで、銃弾が飛び交う中で勇敢に戦った人々には敬服せざるをえない。しかし、これは「まえがき」で述べた、あくまで①の場合である。現場で命令によって戦った者と舞台裏から指揮した者とは、戦争責任の重さの次元が全く異なる。これを混同してはいけない。前線の兵隊は「志願」であろうが、なかろうが、国を守りたい一心で上官から指示された任務を必死で遂行していただけである。問題は、①特攻を自ら進んで行った場合と②特攻を命令及び特攻作戦を計画した場合の違いである。徒に兵隊を死なせることは、指揮権を持つ上官であろうと絶対に許されない行為である。特攻が全て志願で行われたとすれば軍上層部はいかなる罪も罰も負うことはない。特攻では、志願の者もいたが命令により死んだ者もいる。志願の者がいたからといって無謀な命令により死なせた者に対して何ら責任を負わなくてよいのであろうか。特攻の作戦と命令は軍の中央部が行ったのであり、しかもこの責任を逃れようとしていることは果たして許されることであろうか。このことは現代社会に生きる私達にとって極めて重要なことである。高木俊朗が四〇年前に記した次の言葉は、今なお私達の課題となっている。

「志願について、問題になるのは、その、うそである。当時の激烈な戦況下で、愛国の熱意に燃えて、志願した者があったのは当然である。しかし、全員が志願であったというのは、特攻隊を美化することになろう。元の上級指揮官は、特攻隊を美化することが、隊員の死に対して、むくいることだと思っているようだ。それとも、志願であったとして、命令した自分への非難を、まぬかれるつもりであろうか。特攻隊を美化し、そのために賛美の情が残るとしたら、いつの日か、再び特攻隊を渇望することにならないとはいえない」（『特攻基地知覧』二八八頁）

戦記の登場人物は主に男性が中心となるが、本書は女性の方にこそぜひ読んでいただきたい。特攻で死んだ多くの者が一八歳から二〇代前半の若者たちであった。志願して兵役に就いた少年たちの母親の多くが兵役を奨励する周囲や社会に反して兵役に反対した。

最初の特攻隊員で大戦果を挙げた関行男の母・サカエは昭和一九年一二月頃、白木の箱に入った行男の遺髪を受け取った。軍神の母として連日新聞や国民から称賛を受けていた時期だが、一人息子の遺髪を見て、「西条の人たちは行男のことを、軍神、軍神と騒いでくれとるけど、私は生きていてほしかった…」「こんな姿になってしもうて…、どうしてこんな姿に…」（『敷島隊の五人』六一六頁）と号泣している。これは子を持つ母の偽らぬ心情である。いや、せっかく苦労して産み育てた子供が特攻に行くばかりではなく自らが特攻を行って死なねばならなかったかもしれないのである。昭和二〇年六月二二日、「義勇兵役法」が成立し、男子は一五～六〇歳、女子は一七～四〇歳の者が本土決戦時には徴兵されることが決まった。これを「国民義勇戦闘隊」と称した。その数およそ二八〇〇万人である。この詳細は第８章で論ずるが、さらにこの法文には、この適用される世代以外にも「義勇兵役を志願する者を勅令により採用」とある。本土決戦によって肉親が殺され郷土が破壊される中、「志願」しないことなどできようはずもない。事実上、動ける者は皆兵隊にならなければならず、そして特攻（あるいは玉砕〔集団自殺〕）を行うのである。これこそ「二千万特攻」「一億総特攻」の数字の根拠である。戦争が長引けば老若男女問わず特攻（あるいは玉砕）が待っていたのである。特攻の問題は全国民の問題である。

今はまだ日本社会は平和であるが、いつ、また戦禍に巻き込まれるか分からない。日本人が歴史に対して真摯に向かい合わないのならば、特攻の悲劇は今度は私達現代人に降りかかってくるのである。本当に特攻隊員の死を無駄にしないようにするためには、特攻を作戦として採用し、これを指揮した者達を庇うことではなく、なぜ、このようなことが起こったのかを徹底的に究明し、同じ悲劇を後世に渡って二度と繰り返させないことである。これこそ特攻で亡くなった英霊への本当の供養であると筆者は考えるのである。

第2章
人類史上稀に見る残酷な特攻兵器

特攻兵器の実相

現代人は、特攻と言えば、空戦の行える性能の良い飛行機で華々しく散るというイメージを持っているが、実態は違う。軍上層部が特攻を作戦として採用するようになってからは残虐非道な特攻兵器が多く開発されている。また、このことは内外にあまり知られておらず、特攻の実像を歪めている。

ありとあらゆる資源が不足した戦争末期、特攻に使える最新の高性能飛行機は失っており、訓練用として用いられていた一昔前の主力戦闘機である九七式戦闘機が特攻に用いられるようになった。次々と高性能の飛行機を開発する連合軍に明らかに劣っているが、九七式はまだましなほうで、これはいわば旧式であるのに比し、単なる飛行機を運転できるようにするための練習機にしか過ぎない九五式練習機（キ―９）、白菊21型（Ｋ11Ｗ２）といった最大速度が時速二三〇～二四〇㎞ほどしか出ない超低速飛行機が特攻に用いられている。これでは、いくらなんでも「精神力」で敵の「物量」を上回るなどということは、どう考えても不可能であり、敵陣に殺されに行くようなものである。実践から見れば遊戯に等しい練習機を用いての特攻は、明らかに無駄死になってしまうことが分かり切っている。

後述するが、この「白菊」による特攻は大本営の発案と作戦計画によって実行されたことが明白となっている。「まえがき」で述べた①→②ではなく、あくまで②なのである。この練習機で国家の為に命を懸けようとする者に特攻を行わせること自体が、上官の無能ぶりを曝け出している。いや、練習機を特攻に用いるどころか、夕号特別攻撃機という木製の特攻用飛行機が開発されていたのである。夕号の「夕」は竹槍の夕であり、もはや飛行機といえる代物ではなく、実戦に使用されることなく終戦を迎えたが、終戦が長引けば、これが特攻に利用されていたのであり、これなど軍上層部がどれだけ人命を軽視したのかを示している。

前述した芝田教授は海軍で用いられていた木製の朱塗りの練習機、通称「赤とんぼ」に乗って特攻を行った先輩兵達の悲惨な様子を筆者に語ってくれた。特攻に出撃する前夜の先輩兵達の自棄っぱちのようなどんちゃん騒ぎが今も克明に残っているという。この「赤とんぼ」での特攻は無謀としか言いようがなく、戦果を挙げることのできない練習機でなぜ特攻を行わせる必要があったのか。軍上層部の責任は重い。

もし、仮に特攻を作戦として認めるのならば、国家の為に命を懸けて戦局を挽回しようとする特攻隊員の者達に、それにふさわしい特攻兵器を与える義務が当然ながら軍の上層部にはある。しかし、統率の外道である特攻作戦が常態化してしまった時には、人命軽視の兵器しか生まれなかった。「剣」、「桜花」、「回天」、「伏龍」はその最たる例である。その他にもモーターボートによる「震洋」、潜水艦による「海龍」などの特攻兵器もあるが、本書では上記の四種を取り挙げる。

粗悪な兵器・「剣」（「藤花」）

戦争の終盤に粗悪な飛行機が増えたこともあり、引き返してくる特攻隊員が増えてきた。これは、自分の命と引き換えに大きな戦果を得たいと思う特攻隊員からすれば当然のことである。しかし、軍部は、これを特攻隊員が怖気づいたものとして批難し、離陸直後に飛行機の脚が切り離される「剣」（キ―１１５）を開発した。離陸直後に脚が切り離されれば、特攻隊員は戻ることができず、敵を発見できない場合には、どこかに爆弾を積んだ飛行機ごと不時着して死ななければならない。これでは、軍部は、特攻隊員に戦果を挙げられなくとも死んでこいと言っているも同然である。

特攻隊員が、悪条件によって標的を見つけられずに、泣く泣く帰投することは無数の特攻の書が記している。国の為に自分の命を懸けて大戦果を得ようと熱望している特攻隊員達を信用せず、「赤子」である兵を徒に死なせるような兵器を開発する日本軍に神風が吹くことはなかった。この「剣」は、陸海軍が一致協力して開発して生産を行っている。海軍では、「剣」を「藤花」と呼称している。「剣」の名前の由来は、フィリピンでの捷号作戦における山下奉文第十四方面軍司令長官の「フィリピンは広い、戦いがいがある。われに剣《つるぎ》をあたえよ」と述べた記事から技師たちが、開発した航空兵器を剣として届けようということから来ている。

この「剣」について記した本は極めて少ない。山田誠の『最後の特攻機　剣』は、当時の関係者に取材を行った数少ない書の一つである。「剣」の開発を行った青木邦弘技師にも取材を行っている。しかし、青木自身は特攻機を開発したという意識はなく、自著でもそれが表れている。しかしながら、飛行機の作り自体は余りにも酷く、青木がどのように弁明しようとも批判は免れえない。

「剣」は、戦局が悪化する昭和一九年九月に中島飛行機に所属する青木邦弘技師によって、製造工程を普通の飛行機の二〇分の一にすることでどこの工場でも簡易に作られるように設計された。青木技師は、戦闘機の「九七式」「隼」「鐘馗」「疾風」の設計を手掛けた有能な技師である。しかし、「剣」は簡易性を重視したため、飛行機に用いられるアルミニウムを使わず鋼鉄(ブリキ)と木材を組み合わせて作っている。操縦席とフラップ、尾翼は木製であり、胴体に主翼をわずか三本のボトルで取り付け、発動機もたった四本のボトルで取り付けている。

「剣」が鋼鉄製(ブリキ)であると『戦史叢書』やその他の書で書かれていることがあるが、実際には半鋼鉄製という方が正確である。「剣」には「キ—一一五甲」と「キ—一一五乙」の二種類あり、しばしば混同されるが、「乙」型が大量生産される予定であったので、「乙」型を基準にして見なければならない。この「乙」型では、主翼は木製で、胴体の外張りにはブリキを用い、木製のところはペンキで塗って外からは金属であるかのように見せたのである。

「剣」の風防及び操縦席の位置にはかなりの問題がある。操縦席の中央部には風防が取り付けられていない。風防の枠は木製で前部はガラス板を填めるが後部の風防に関しては全て木製のため後方の視界はない。しかも操縦席が胴体の後部にあるため、前方の視界も極めて悪い。当然レーダーといった装置など付いていない。命を懸けて特攻を行うからには索敵ができなければ意味がない。これでは出撃しても視界不良のため犬死してしまうのは確実である。なお、生還は想定されていないのだが、機首が視界を遮るので着陸時には滑走路が見えないという欠点がある。

「剣」の脚には緩衝装置（ショックアブソーバー）が付いていないため離陸の滑走時には機体が大きくバウンドしてしまい、飛び立つ前に転覆してパイロットが命を失う危険性があった。また、風洞実験は一回も行われていないため空気力学的な検討を欠いていたので操縦は難しかった。旋回性能も劣悪であった。そして、「剣」には機銃が取り付けられていないため、敵への攻撃方法は胴体に半分埋め込んだ大型爆弾一発である。爆弾は、空気抵抗の削減と爆弾投下装置の工程の省略から半埋め込み式にしたのである。離陸と共に脚は切り離されるので一回切りの飛行が想定されたために燃料計はなく、燃料タンクに注入が終わると燃料キャップとしてブリキ板を釘で打ち付けるのである。

陸軍の特攻機「剣」（毎日新聞社提供）

あまりにひどい設計に、工員は「自殺機」と呼び、「おれたちもいずれは行かなくっちゃ行けないんだろうけれど、いやになっちゃうよな。こんな飛行機に乗せられるくらいだったらば、まだ歩兵部隊のほうが気分がいいよなあ、どうせ死ぬのならばなあ」（『最後の特攻機　剣』一三八〜一三九頁）と言って非難していた。特攻隊員は飛行機を選べなかったのだから、戦争が長引いて「剣」に乗らなければならなかった多くの兵が同じことを思ったであろう。当時「剣」を製造した森嘉一は完成品を前にして思ったことを次のように回想している。
「私は、みなさんに、そして全員にいいたい。どこの国に、こんなみじめな操縦室があるのかと」（同書、一四一頁）
「『今は戦争なのだ。日本は帝国日本は国をあげて戦争を行なっているのだ』と考えたが、私は自分自身を偽っているのを感じていた。戦争という大義がまかり通り、『いやだ』といってしまえば『非国民』として扱われ、両親にまでその罪は及ぶ。しかし真実は、いったいなんなのだろうか。たとえこの大戦争を、国をあげて戦っているとしても、正しい戦争なんてあるものか。ましてや、このような、乗れば死ぬことがわかっている飛行機を作ってなにが戦争だ。戦争は人々を自分たちの国か自分たちの国の人間を殺すことなのだろうか。いや違うはずだ。私たちは陛下のために戦っているのか。
真実をいってみろ。だれも本当のことがいえないのか。天皇のためとはいうものの、本当はみんな一部上層部の者がやっていることで、われわれは戦争が早く終ってしまったほうがよいと考えているんだ。
私は技術を勉強はしているが、こんな自殺機を作るために学校に入り習ったのではない」（同書、一四四頁）
現場の工員をしてこのようなことを感じさせてしまう「剣」がどれだけ残酷な兵器であったのかがよく分かる。この「剣」の設計者は青木邦弘であるが、兵器として採用されるためには陸軍航空本部で認可を受けなければならない。航空本部が、このような兵器を認められないと拒絶すれば生産されて使用されることはない。しかし航空本部の航空廠は昭和二〇年一月二〇日に青木技師の設計案を採用し、試作の指示を与えている。そして、昭和二〇年三月五日に陸軍航空本部の航空審査部では風洞実験を行わず、試作型も作っていない量産用の「剣」による飛行審査が行われた。

最初のテストパイロットは審査主任を務める歴戦のパイロットである竹下少佐であったが、操縦の困難さを主張して一回目は失敗に終わり、その後も実用に向けての審査を続けている。これは審査を通過させたい航空本部首脳の意向に審査主任が強く反対し続けたからである。しかし、陸軍は「剣」の生産を開始した。審査合格していない特攻機を大量生産したのだから、審査合格は形式上必要なだけであった。幸いにもこの「剣」は実用化される前に終戦となった。そこで、政府公刊の『戦史叢書』及び他の書では実用化されなかったことが記されている。

ところが、実際には昭和二〇年三月末ごろ、「剣」が出撃したという目撃者による証言を山田誠は前掲書に掲載している（同書、二二三〜二三〇頁）。「剣」が正確に何機使われたのかは不明のままであり、その様子からすると密かに用いられたようである（高島亮一審査主任は「剣」の使用を不採用にしたので「剣」の出撃はなかったと主張する。事実は山田誠及び目撃者の誤認か陸軍が密かに用いたかのどちらかである）。このような航空兵器を当時採用しようとした最高責任者は阿南惟幾航空本部長兼航空総監と河邉虎四郎航空本部次長兼航空総監部次長であった。そして、彼らはその後栄進して特攻を推進していくのだが、これについては第８章で述べる。

「剣」に関しては今もって真相が歪められて伝えられていることがある。それは、青木邦弘が記した『中島戦闘機設計者の回想　戦闘機から「剣」へ―航空技術の闘い』で弁解しているからである。特に、占領軍に対して提出した「剣」の計画説明書には「形式機種」として「単発単座爆撃機」、「降着装置」の項には「主脚は工作困難な引込式を排し、かつ性能の低下を来たさないように投下式とし、着陸は胴体着陸とし人命の全きを期す」、「爆弾装備」の項には「五〇〇キロ爆弾一個は胴体中央下部に懸吊され、手動投下式爆弾懸吊機は基準翼中央の二個の小骨に挟んで取りつけられる」と記している。これによって、国際世論から批判を受けることを躱したのである。

青木邦弘は、戦後も「剣」を特攻機と呼ばず、「小型爆撃機」と呼び続け、上記のことを主張し続けた。しかし、これらは全くの責任逃れの嘘なのである。青木技師は昭和二〇年四月初旬戦災によって岩手に疎開したため、その時より「剣」の製作指揮から離れたことを自著で記している。疎開以降は青木技師の知らないこともあったかも知れない。しかし、昭和二〇年一月二一日に、陸軍は中島飛行機に「体当たり可能な小型攻撃機の製作指示」を出している。これは、当時の陸軍航空審査部部員の荒蒔義次元中佐が証言しており、当事者が言っているのだから間違いのない事実である（荒蒔義次「特攻専用機『剣』開発の実情」『丸』編集部編『特攻の記録「十死零生」非情の作戦』）。したがって、その時、計画中であったキ―一一五の「剣」をこの陸軍の要望に合わせたはずである。どういうわけかこの最も重要な陸軍の要望については、青木邦弘は語っていない。「剣」のアイデアは現場から湧き起こったと述べるに留まっている。

「剣」を航空審査で認可しなかった高島亮一・竹下福壽両パイロットの英断

「剣」について青木技師の説明と全く違うことを証言しているのが、実際に「剣」の飛行テストを行った陸軍航空審査部審査主任の高島亮一元少佐である。最初に「剣」の飛行審査を行った竹下福壽審査主任は「剣」を即時使いたいという参謀本部と航空本部の圧力に苦悩し、採用の決断をせずに六月に高島少佐と交代した。この竹下少佐は盟友の岩本益臣大尉と共に第3章で取り上げる反跳爆撃の第一人者であり、第7章で取り上げる「市ヶ谷会議」で特攻に強く反対している（同期で同じ航空専門の竹下光彦少佐とよく誤認されるが、航空審査部に所属したのは竹下福壽少佐の方である）。特攻に反対していた岩本大尉の無念をよく知る竹下少佐は軍中央の無謀な特攻に必死で反対した英雄の一人である。

この竹下少佐から審査主任を引き継いだ高島少佐もまた第一線の戦場を潜り抜けてきた歴戦のパイロットであった。陸軍は海軍と異なり、航空において新兵器の採用・不採用を決める審査官制度を設けていた。したがって、いくら首脳が新しい特攻兵器を用いたくても審査主任が拒絶すれば用いることができない。これに比し、海軍は多種多様な特攻兵器を歯止めなく開発していく。この高島少佐は軍部の圧力に屈せず、「剣」の兵器採用を断固として拒絶し続けた。終戦まで公式に「剣」が大量使用されなかったのは、現場の優秀なパイロットである高島少佐のおかげである。

高島少佐は、飛行テストを行った結果、胴体着陸に対して、「搭乗者は、1／3軽傷、1／3重傷、1／3死亡と推定する」（「旧陸軍少佐の証言　回想―キ115剣」第5回、一七〇頁）と結論を下している。飛行機は胴体下面がえぐられているため実際には胴体着陸ができなかった（同書、第10回、一七〇～一七一頁）。青木技師が主張するような「人命の全きを期す」とは程遠い状況であった。

青木技師は爆弾を投下できるようにしたと主張するが、元々、爆弾は機体に半埋め込み式で設計されているため投下はできないようになっていた。高島亮一は戦後、青木邦弘（高島亮一の前掲書では「B技師」として出てくる）に、「若いパイロットたちが、次々と死ぬような悪い飛行機を設計、提案して作ることは、間違ったことである」（同書、第8回、一六九頁）という手紙を出したり、直接面会をしたりして誤りを糾している。しかし青木は開き直っており、その手記には「ある戦争の末期、物がないので、ある物を活用して、当時としては、立派な飛行機、〝キ115剣〟を作」ったにもかかわらず、「当時の審査官（私［筆者注：高島亮一］のこと）が、そのキ115剣を飛ばさなかったらしい」（同書）と逆に高島元少佐を批判しているありさまであった。戦後、日本社会は旧軍人、特に陸軍軍人には厳しく、技術者は被害者として見做されていたために、青木技師を批判し、高島元少佐を評価するような声はほとんどなかった。このような背景があって青木技師は開き直れたのだ。

元々特攻機への爆弾の固着は軍部が求めたものである。高島少佐は、「キ115剣に対しては、爆弾を胴体に固着し爆弾の信管の安全栓を取り外して出撃させることを、航空本部から強く指定され、私はその不合理と不道理を何度も主張したが、航空本部の爆弾固着規定は、変えることができず、私は審査主任パイロットとして苦しんだ」（同書、第5回、一六九頁）と証言している。そして「剣」の「装備」には「爆弾投下機なし」と記していることから陸軍中央の命によって爆弾が投下できず、胴体に固着されていたことが明らかである。

したがって、「剣」は純然たる特攻専用機であった。高島少佐は、「剣」による「命中もしくは命中に近いものの約五％、うち効果があるものの三％程度。小さい艦艇に対しては効果が大きいが、大きい軍艦に対しては効果が少ない」（同書、一七一頁）として航空審査部に「剣」の不採用の報告を行っている（特攻に反対した指揮官・吉田穆の計算によれば命中率は二〜三％である（同書））。一〇〇人が特攻を行ってわずか三名ほどしか小さな効果を挙げられず皆死ななければならないのならば、高島少佐の判断は真っ当である。しかし、その後、参謀本部と航空本部は改造して「剣」を採用するように高島少佐に何度も要求している。

さらに、昭和二〇年六、七月に四回、航空総軍参謀（第三課長）の松前未曾雄大佐は「剣」の使用を審査主任の高島少佐に要望した。第７章で取り上げるが、松前大佐は第四航空軍高級参謀として富永恭次司令官と共に特攻を指揮していながら敵前逃亡を行った軍人である。自らは命惜しさに敵前逃亡を行っていながら、部下には残虐な兵器で特攻を行わせようとしたのが、当時の指揮官達であったのだ。

この時の航空本部長は寺本熊市中将（終戦時自決）であったが、航空総軍の設立によって陸軍の航空機能・権限は実質航空総軍に移管されていた。この航空総軍の長官は河邉虎四郎参謀次長の兄・河邉正三大将であった。これについては第８章で論じる。航空に関して航空総軍は圧倒的な権限を持っており、松前大佐の要望は、高島少佐は先輩に遠慮して書いてはいないが、相当な圧力であったと想像する。実際に、高島少佐が「剣」を不採用としながら、陸軍は「剣」の大量生産を行っていた。陸軍は審査合格してから兵器生産を行わなかったのであるから、これは陸軍中央が残虐な特攻兵器で特攻を行わせようとした証拠にもなる。

したがって、前述したように「剣」が密かに使用されるという状況は起こりうる。高島少佐がＧＯサインを出し次第、「剣」は即時使用される状況にあった。「剣」の使用を待ち構えていた陸軍に対して高島少佐は権力に屈しなかった。八月上旬、裕仁天皇の弟で参謀本部に所属していた三笠宮は航空審査部を訪れ、「剣」の状況を高島少佐に尋ねている。高島少佐は「剣」の性能について詳細に申し上げ、はっきりと「当分の間、実用化できない旨を報告した」（同書、第6回、一七一頁）。これは「剣」を実用化しないということを統帥部の最高責任者である裕仁天皇に上奏したのも同然であった。

このことに「剣」を用いたい陸軍首脳は激怒したであろう。事実、終戦時まで上層部は高島少佐に「剣」の採用を迫っていた。しかし、高島少佐は「航空最高首脳の意図や命令と、私の審査上における最高権限との競り合いはどうなるのか？　私は新しい飛行機に関するかぎり、私の権限がより高いと確信していた」（同書、第5回、一七一頁）と決して首を縦に振らなかった。高島少佐のパイロットとしての良心に従った行動によって多くの若者の命が救われ、戦後に生かすことができたのである。戦後世代の人々は祖国を救うために命を懸けた特攻隊員と同様に特攻に命懸けで反対した高島亮一ら英雄に対しても感謝しなければならない。

人間魚雷・「回天」

「剣」は公式には用いられなかったが、実戦で用いられた悲劇の特攻機が「桜花」、「回天」である。「回天」は海中での人間魚雷である。「回天」は潜航艇に爆弾を乗せて体当たりするものと勘違いされることがある。黒木博司中尉は多くの艦艇が沈められたために余っている九三式魚雷に着目して、この魚雷に人間が乗って体当たり攻撃をする研究を行って「回天」を開発したことから、魚雷に潜航艇の機能を付けたものと考えるほうが適切である。この九三式魚雷は日本が誇る高性能魚雷であり、しかも酸素式であったために排気ガスが海水に吸収されるため敵は雷跡を発見することができなかった。

「回天」は潜航艇と言うよりも魚雷の機能の方が主体であるために操縦は極めて難しく、「回天」に搭乗した神津直次の『人間魚雷回天　水中特攻作戦光基地の青春』にはこのことが詳しく記されている。実際に、「回天」を開発した黒木中尉は訓練中に海底の砂地に頭を突っ込んでしまったことから殉職している。黒木中尉は自ら開発した残酷な特攻兵器に命を奪われたのである。黒木中尉は機関科出身で実は操縦が下手であった。昭和一七年、特殊潜航艇（甲標的）の艦長であった小島光造の部隊に着任した黒木は、小島艦長に甲標的の頭部に爆薬を積んで体当りを行うことを具申している（小島光造『回天特攻　人間魚雷の徹底研究』四頁）。

海軍の特攻兵器　人間魚雷「回天」
（毎日新聞社提供）

これに対して艦長である小島は、「貴様の構想では、初めから自分の部下に死ねと命令することになる。貴様自身は死を覚悟しているのでそれでも満足するだろうが、部下はそれでいいのか」「貴様は自分のことしか考えないエゴイストだ」（同書）と非難している。小島は潜水艦においては航法が最も重要であると考えていることから、航法能力があまりにも貧弱な「回天」に反対した。小島が予想したように黒木は操縦ミスで殉職した。ただし、黒木にとって特攻の目的は殉国することであったのでこれは本望であった。「回天」の訓練だけで一五名の殉職者を出していること自体が、この兵器の欠陥性を露呈している。

「回天」は潜水艦で敵陣まで運ばなければならず、そのために潜水艦ごと撃沈された場合には被害が大きかった。合計八隻の潜水艦とおよそ六〇〇人が亡くなっている。「回天」の重大な欠陥は、「回天」は魚雷を急場で改造したものであることから潜水艦に外付けしており、目標物を発見して「回天」に搭乗するためには一旦海上に出て甲板を駆けて乗り込まないといけない点である。敵軍も哨戒を厳しくしているために、これは非常な危険を伴う。潜水艦による最大の長所である隠密性を損なってしまうのである。これも軍上層部が人命を魚雷と同一視した結果である。

魚雷に人間が乗り込んで攻撃を行うことはイタリアやドイツ、イギリスでも行われていた。しかし、この場合には必ず魚雷から脱出できるように措置を取っていた。敵陣で脱出した場合には捕虜になりやすかったが、国際条約によって捕虜の身柄は保障されていたので問題はなかった。「必死」ではなくて、あくまで「決死」の作戦であった。「回天」の場合には「必死」であるため脱出装置を取り付けなかった。

日本における必死の人間魚雷は昭和一八年頃から竹間忠三、近江誠、黒木博司、仁科関夫といった現場の兵によって主張されていた。「回天」による特攻は下（現場）から要求された側面がある。しかし、重要なことは、現場の兵がこのようなことを要望した背景には大本営・連合艦隊司令部が潜水艦に関して素人然とした作戦を繰り返していたことがある。潜水艦の最大の長所は隠密性にあるが、短所は機動力が小さい点である。そのため高い機動力を誇る戦艦などを追いかけて、攻撃して無事に帰投するなどということは難しい。したがって、潜水艦は機動力の劣る輸送船を狙い、敵の補給路を断つということが最も有効な用い方であった。これは一見して地味な攻撃だが、戦争は武器・弾薬・食料がなければできないために敵に与える効果は絶大であった。実際に、アメリカ軍は潜水艦の標的を輸送船にしぼり、南洋の島々で補給路を断たれた日本兵は戦うよりも飢えによって死んでいった。

水雷の専門家・鳥巣建之助は大本営の作戦に反対

日本の軍首脳部は当初、潜水艦を敵艦隊への戦闘に用い、南洋の島々への補給が上手くいかなくなってからは潜水艦を輸送船代わりに用いた。これでは潜水艦の性能を発揮できないどころか戦局の挽回など決してできない。そこで、若い搭乗員達は人間魚雷になって戦局を打開しようとしたのである。しかし、アメリカ軍の強固な哨戒を潜って機動部隊や泊地に攻撃を加えることは至難のわざであり、「回天」はほとんど戦果を挙げることができなかった。哨戒の厳しい機動部隊や泊地に対してではなく、洋上で敵の虚をついて輸送船団に対して攻撃を加えることを主張したのは第六艦隊（潜水艦隊）の水雷参謀・鳥巣建之助大佐であった。

潜水艦の専門家である鳥巣は第６章で述べる大本営が提言した特攻兵器「震海」「特四内火艇」に反対した。そして、歴代艦長が主張してきた後方補給路遮断作戦計画を唱え続けた。鳥巣大佐は戦局が急迫する中、大本営の命令に従って反対していた「回天」の使用を認めてはいるが、徒らに「回天」と「潜水艦」を沈めるような大本営の作戦に強く反対し、自論の洋上で輸送船を奇襲する作戦を大本営・連合艦隊司令部に粘り強く説いて採用させている。その理由は次の点である（鳥巣建之助『人間魚雷　特攻兵器「回天」と若人たち』一五〇頁）。

①随時、随所に自主的に攻撃が可能。②敵の警戒は困難になり、被害を減少させることができる。③戦果の確認が容易。④「回天」戦、魚雷戦の使い分けが自在になる。⑤敵の兵力を分散させ、攻撃力を弱めることができる。⑥空船を攻撃するような心配がない。

この作戦における重要な点は、必要がなければ「回天」を用いなくて済み、「回天」が最大の効果を発揮できる場合にのみ用いるという点である。特攻を用いるのならば、それに見合うだけの戦果が得られなければならない。もし特攻を用いる必要がなければ高性能の九三式魚雷を用いればよいのである。実際に、この戦法は成功し、原爆の輸送任務を終えて太平洋上で敵が来ないと油断していた巡洋艦「インディアナポリス」を「回天」を用いずに魚雷攻撃のみで撃沈させることができた。これは味方の被害が零で敵には大打撃を与えるという理想の攻撃であった。

ここから言えることは、大本営は現場の専門家の意見に耳を傾けず、潜水艦に対する素人然とした作戦指揮により徒らに特攻隊員を死なせたことである。例えば、「回天」による特攻が無謀と分かった川口源兵衛艦長は敵陣に突入せずに途中で引き返した。このために川口艦長はその責任を問われ左遷させられている（『回天特攻　人間魚雷の徹底研究』一四四〜一四五頁）。これは、無謀な特攻を軍中央・連合艦隊司令長官が現場の艦長に強引に行わせたことを示している。軍中央は初めから、現場の潜水艦長の意見に従って後方補給遮断作戦を行うべきであった。そうすれば、標的は輸送船なのだから貴重な搭乗員を特攻として用いずに高性能の九三式魚雷を用いれば良かったのである。それもできないほどに戦局が追いつめられたのならば、それは最早降伏する時であった（デニス・ウォーナー、ペギー・ウォーナー『ドキュメント　神風』上・下巻）によれば「回天」によって撃沈したのは二隻だけであり、その内の一隻は鳥巣中佐の前述した戦術によるものであった）。

人間爆弾・「桜花」

「回天」が海中での人間魚雷ならば、「桜花」は空中の人間爆弾である。「桜花」は自ら離着陸できる飛行機ではなく、先頭に爆弾を乗せたロケット噴射式グライダーであり、いわゆる空中人間爆弾と言われるものである。したがって、飛行機としてエンジン・プロペラを持たないため、一式陸上攻撃機の胴下に吊り下げて発進し、敵陣に近づいた時に切り離され、ロケットに点火させて体当たり攻撃を行う。当然、戦死率一〇〇％というまさに必死の兵器である。

元々無線誘導爆弾の開発を軍部は行っていたが、技術開発が遅れていた。一方、ドイツでは無線誘導爆弾の「フリッツＸ」が開発され実戦で用いられた。日本の軍部は技術開発を人命の犠牲によって穴埋めしようとしたのだから、当時の軍上層部の人間性が表れている。

実戦で用いられた桜花のタイプは一一型［Ｋ‐１］で、主翼と尾翼は木製、計器は速度計、高度計、傾斜器のたった三個であった。一回きりの人間ロケットであるために、設計は極めて簡素であった。ロケット噴射時の最高速度は時速九〇〇㎞にも及ぶが、グライダーの性質上、航続距離は極めて短い。そのため、一式陸攻で敵艦にできるだけ接近して「桜花」を発射しなければ命中させることはできない。爆弾の搭載量は一・二tであり、零戦の通常爆弾搭載量が六〇kg爆弾二発であり、特攻用に爆装された零戦においても二五〇kg（通称二五番）、最大でも五〇〇kg（五十番）であったことから、その火薬量の凄まじさが分かる。命中しさえすれば一隻轟沈も可能である。しかし、この「桜花」（一一型）の攻撃における最大の欠点は、自ら飛べないために、二tもある「桜花」を母機の一式陸攻が運ばないといけない点で、戦争末期の性能が劣化した一式陸攻では「桜花」を運ぶことにより速度が極度に落ちてしまう。そのために、出撃時にはこの「桜花」を運ぶことで機動性が格段に落ちた母機もろとも敵戦闘機の格好の餌食となって撃墜されている。森本忠夫はこの「桜花」について次のような評価をしている。

「もともと圧倒的な数の敵戦闘機群の邀撃するなかで、ひどく鈍速の一式陸上攻撃機を母機として海上の目標を攻撃する戦術的強襲の仕組みと発想自体に、決定的なウィーク・ポイント（矛盾）があったと言うことだ。「桜花」による特攻攻撃が成功するためには、なによりも先ず、一時的にせよ、予定戦場における味方戦闘機の制圧下での制空権の確保が大前提であった。しかし、もし、制空権が確保されている状況が常態であるとすれば、そうした戦勢下では、そもそも特攻作戦そのものを発動する必要がない、と言うのが物事の論理的帰結である」（森本忠夫『特攻　外道の統率と人間の条件』一三三〜一三四頁）

制空権はレイテでの捷一号作戦の大惨敗によって、もはや日本になく、なぜこのようなロケットに人間を乗せる必要があったのか、人間を乗せずロケットを用いても戦果は同じであったのではないか、軍部が人間をロケットとしか見ていないと批判されても仕方がない。この「桜花」を連合軍に「ＢＡＫＡ　ＢＯＭＢ」と蔑称された屈辱の責めは、このような兵器を開発した軍上層部が負うものである。

ちなみに、「桜花」は一一型の他にも様々に開発され、本土決戦の場合には被制空権下で一式陸攻と共に発進することは不可能なため、海岸近くの山中に射出機（カタパルト）を設け、トンネル内に収納した機体を火薬ロケット式射出装置を使って発進させる四三型が開発された。射出実験も順調に行われており、本土決戦時には用いられる予定であった。航続距離は一一型に比べて格段に伸びるが、発進場所が固定されており、確実な索敵が必要であることと敵軍に発進基地を見つけられて爆撃されると二度と使えなくなるなど課題も多い。

空中の人間爆弾「桜花」（毎日新聞社提供）

「桜花」の別名は「〇大」であるが、これは「桜花」を提唱した海軍少尉の大田正一の名前の頭文字による。大田少尉は艦上攻撃機の偵察員であり、このような立場の兵の常軌を逸したアイデアが軍令部に取り上げられることは通常はない。あっても相当に時間を要する。大田少尉のアイデアが実現されていった過程が内藤初穂の『極限の特攻機　桜花』に記されている。

大田少尉は自身のアイデアを実現するための強力な紹介状を有していた。この紹介状を持って東京帝国大学工学部付属の航空研究所の小川太一郎教授に桜花の設計を依頼した。この設計のために同研究所の特別予算が手配されたのだから、ただの紹介状ではない。そして、大田はこの設計データを手にして上司の菅原英雄中佐に採用方の手配を申し出た。菅原中佐は海軍航空技術廠長の和田操中将を紹介した。和田中将は大田少尉を連れて兵器採用の航空本部に行って三木忠直少佐に桜花の採用を迫った。三木少佐は、「技術的に見ても、これは兵器と呼べるしろものではありません。［中略］首尾よく体当りまでゆけるかどうかも疑問です。一式陸攻にこんなものをぶらさげたら、速力がまるで落ちます。そうでなくても防御力の弱い一式陸攻は、たまったものでじゃありません。投下する前に、親子もろともやられるに決っています」（『極限の特攻機　桜花』二五頁）ともっともな意見を述べた。

しかし、難色を示した三木少佐の意見を和田中将はまともに取り扱わず、「素人が［筆者注：大田少尉のこと］考えた、こういう新兵器を、専門家の立場から設計しなおせ」（木俣滋郎『桜花特攻隊　知られざる人間爆弾の悲劇』二五頁）と命令を下した。上官の命令は絶対である。こうして三木少佐は「桜花」の設計を手掛けることになった。この三木忠直は、戦後、日本が世界に誇る新幹線の開発を行った。狂気の兵器の開発に携わった自責の念が世界的な技術開発への執念に繋がったのだ。

中将である和田航空技術廠長が三木少佐の専門家としての真っ当な意見を捻じ伏せたのは、大田少尉の紹介状がものをいったからである。では、中将や大組織を否応なく動かすこの強力な紹介状を誰が書いたのか。内藤初穂は前掲書で源田実以外に該当者は見当たらないとしている。

源田実中佐は軍令部作戦課航空主務部員であり、航空分野の専門家で、その腕前は「源田サーカス」と言われるほどの実力者である。実際に、源田実中佐は「桜花」の採用に精力的に動いている。軍令部の紹介状ならどの組織も協力せざるをえないのだから納得である。当然ながら紹介状がなければ大田少尉の一意見など誰も顧みることはない。和田中将の依頼を受けた航空本部は採用を検討して源田中佐に報告し、源田中佐は昭和一九年八月五日の軍令部会議で開発許可をとりつけている。同年八月一六日には「桜花」の研究試作を航空技術廠に命じて、「桜花」実現の端緒が開かれた。したがって、「桜花」における源田実の責任は大きい。軍中央の要職にある源田中佐が強く反対すれば「桜花」のような残酷な兵器は採用されなかった。

源田実は戦後、自衛隊の第三代航空幕僚長を歴任し、国会議員にもなって華々しく活躍する。しかし、源田は特攻に深く関与した重要人物であるにもかかわらず自らは特攻に関与していないと嘘をついた。これは、特攻が罪深いものであることを知っており、自身の罪を追及されることを恐れたからである。

軍令部の命令により「桜花」の研究開発を行うことになった航空技術廠の部員からは反発が起こった。当時、航空技術廠飛行機部第二工場主任の長束巖少佐は上司の航空技術廠飛行機部長から「桜花」を作成する指示を受けた時、「日本海軍には必死の命令を出してはいけないという鉄則がある。これは、軍規を守るための鉄則だ。これは必死の飛行機ではないか。決死の飛行機ではない、必ず死ぬ。一縷の生還の望みもない飛行機だ。こんなもの作っていいのか」、「日本海軍の軍規は滅びますよ、なくなりますよ、それでもあなたはお作りになるか」（文藝春秋編『人間爆弾と呼ばれて　証言・桜花特攻』三三一頁）と強く反対したが、これは決まったことであるので「文句言わずに作れ」（同書）と叱り飛ばされている。技術者達は反対していた。その反対意見を抑え込んだのは軍中央以外何物でもない。

特攻兵器の「桜花」が用いられたのは海軍の第七二一航空隊であり、同隊の最高責任者は岡村基春司令で、副長は五十嵐周正中佐である。この岡村大佐が「疾風迅雷」を捩って同隊を神雷部隊と命名した。「桜花」による特攻を行う第七二一航空隊（神雷部隊）が発足したのは昭和一九年一〇月一日であり、「桜花」の搭乗員の募集は昭和一九年八月頃から行っている。軍令部が「桜花」の研究開発を決定した時と同時期であることから軍令部は「桜花」の研究開発の決定と同時に未だ設計開発もされていない「桜花」に早くも期待を抱いて「桜花」の使用を前提に搭乗員を募集したのである。

三木少佐が「桜花」を設計して試作機の製造を開始したのは昭和一九年八月一六日で、試作機が出来たのは同年一〇月二三日であった。出来上がった実物を見てからこの兵器を使用するかどうか、そのための部隊を編成するかどうかを決めたのではなく、軍令部ははじめから特攻ありきだったのである。充分な検討を行わない内に見切り発車で特攻部隊を編成した海軍は戦局ばかりに囚われてあまりにも人命を軽視していたと批判できよう。

「桜花」の搭乗員の募集で最も早い時期は昭和一九年六月であり、これは当時筑波航空隊の戦闘機操縦教官であった林冨士夫が証言している（同書、三〇五頁）。そして、この時期は大田少尉が源田実軍令部員の紹介状を持って東大航空研究所を訪れた時期でもある。したがって、軍令部は初めから「桜花」による特攻を行うことを目的で動いている。特攻を行うことを考えていた軍令部に、偶々都合よく大田少尉が現れたのである。「桜花」の試作機が出来ていない中で、「桜花」の搭乗員の募集を行ったことは大きな問題を孕む。また、これらの時期が大西瀧治郎によって初めて特攻が命令・実施された一〇月二〇日よりも数ヶ月も早いことは重要である。

「桜花」搭乗員の本音、高谷義人達の回想

　このために、一般に「桜花」搭乗員の募集が広く行われた昭和一九年八月頃には多くが「命中すれば大型空母の一隻は撃沈確実」な「必死兵器」とだけ言われ、「桜花」の兵器についての具体的な説明がなされなかった。ひどい場合には「新兵器」「特殊兵器」とだけ言われて志願した「桜花」搭乗員がいた。そして、多くの「桜花」搭乗員が数ヶ月後に実物の「桜花」を初めて見た時には、「棺桶」と呼んだのである。当時の多くの特攻隊員が国のために命を懸けて戦おうとしたのは事実である。しかし、「棺桶」と呼ばざるを得ない兵器で死ぬことは望んでいなかった。神雷部隊から特攻で戦死した者の中には、出撃前夜に、「お袋よ、あした海軍は俺を殺すよ」（『人間爆弾と呼ばれて　証言・桜花特攻』三五七頁）と嘆いた者がいた。同様に、ある中尉は特攻出撃のために宿舎から飛行場に向かうトラックに乗った時、「おかあちゃん、海軍が俺を殺すんだよっ」と怒鳴っている（『太平洋戦争　最後の証言　第一部』一六三頁）。

　筆者が取材を行った高谷義人は一六歳で志願して飛行練習生となった。真珠湾攻撃以降、危機的な状況に陥っている日本を救うためには徴兵年齢まで待ってなどいられなかった。母の猛反対を押し切って軍隊に入った。出征には町内をあげて一〇〇人以上に見送られた。敗戦によって終戦になるなど考えられない状況であり、終戦のことを口走るようなものなら「非国民」として糾弾される社会状況であった。高谷義人は二男ではあるが長男は早死にしたために実質

長男となっていた。しかし、国家を守りたい一心から特攻隊に志願し、その後転出されて「桜花」搭乗員になった。ただし、この時に「桜花」の兵器の説明は受けていない。死を覚悟した高谷は母親との面会では涙を堪えるので必死であった。操縦の難しい「桜花」の練習機で事故死した戦友も間近で見てきている。「桜花」によって戦死せずに終戦を迎えることができたことに非常な安堵感を覚えたことを筆者に語っていただいた。高谷義人は父親から引き継いだ姫路一の老舗のメガネ店「メガネのタカヤ」の経営と後継ぎの息子と孫について誇りを持っている。特攻で戦死していればこのような未来はなかった。

甲飛十期会の『散る桜　残る桜　甲飛十期の記録』では、「桜花」を運び発射させる陸攻のパイロットが「五回位出撃したが、若い搭乗員を体当りさせるにしのびず、ついに一回も発射したことがない。その都度天候不良を理由に予定コースをはずして、迂回して帰って来た」(四二三頁)ことを告白している。当時、このような行為は敵前逃亡罪であり、発覚すれば上官から厳しい処罰を受け、死を覚悟した特攻隊員からも糾弾されたであろう。しかし、「桜花」の攻撃が無謀であったことがはっきりしている現在では何人がこの行為を批判できようか。このような良心に基づいた英断によって生き残ることができた特攻隊員は戦後に未来を切り開くことができたのだ(命令に忠実に従った陸攻隊員を批判するものでは決してない)。

一度、特攻を志願すれば、その生命は全て国家に委ねられてしまう。「桜花」搭乗員を募集した時には、「海軍としてお願いする」と言っており、海軍は強制することなく志願で兵を集めたというのは責任逃れである。文藝春秋社が行った「桜花」搭乗員への大規模なアンケートでは幾人かは編成によって強制的に「桜花」搭乗員となった者がいる。海軍は、この者達が戦死した場合にはどのように責任を取るつもりであったのだろうか。これは極めて重要な問題であり、非道な命令を出し、責任を取らないことは罪であり、その最高責任者たちは追及されねばならない。

「桜花」を提唱した岡村基春と大田正一の末路

現場から桜花による体当り攻撃を主張したのは岡村基春大佐である。岡村基春は海軍きっての名パイロットであり、源田実と同じく「岡村サーカス」と称されるほどの技量を持っていた。昭和一九年六月一九日、第三四一海軍航空隊の司令に就いていた岡村大佐は、編入されたばかりの隷下の同隊を巡視した福留繁第二航空艦隊司令長官に「戦勢今日に至っては、戦局を打開する方策は飛行機の体当たり以外にはないと信ずる。体当たり志願者は、兵学校出身者でも学徒出身者でも飛行予科練習生出身者でも、いくらでもいる。隊長は自分がやる。三〇〇機を与えられれば、必ず戦勢を転換させてみせる」（『戦史叢書　大本營海軍部・聯合艦隊〈6〉』　三三二〜三三三頁）と意見を述べている。福留長官は伊藤整一軍令部次長と嶋田繁太郎軍令部総長にこのことを上申したが、まだその時機ではないと断られたことが『戦史叢書』などでは述べられているが、実際には軍令部はこの時期に「桜花」の採用に向って動いている。「桜花」の採用に積極的に動いた源田実元軍令部員は、戦後、歴史学者の秦郁彦に「桜花」について、「岡村大佐から自分がやりたいと言ってきたものと記憶する。炸薬量が多いのが魅力だった。誰も異論はなく軍令部総長までスーッと通った」（秦郁彦『昭和史の謎を追う』上巻、五一〇頁）

と語っている。

しかし、源田実の証言は責任逃れを否めない。なぜなら、岡村大佐が体当り攻撃を軍令部に主張した時期と大田少尉が源田実軍令部員の紹介状を持って東大航空研究所に行った時期、桜花の搭乗員を最初に募集した時期はほぼ同時期だからである。したがって、軍令部─源田実─岡村基春の間には予め特攻を行うことが話し合われていたのではないかと考えられる。第6章で論ずるように、この時期既に軍令部では嶋田総長を中心に特攻を行うことが検討されているからである。だからこそ、昭和一九年一〇月一日に岡村大佐が「桜花」搭乗員率いる神雷部隊の最高指揮官である司令に抜擢されたのだ。

特攻を主張した岡村基春は終戦後、厚生省第二復員局に勤務し、海軍軍人の復員業務に携わった。そして、昭和二三年に鉄道自殺をしている。遺書は判明しておらず、自殺の原因は分からない。そのためか、大物軍人であるにもかかわらず、戦後自決した軍人を網羅した額田坦編の『世紀の自決　改訂版』にもその名が外されている。自ら特攻を提案し、特攻隊員に俺も後から行くと言ったことに三年間苛んだ結果の自殺であったのであろうか。真相は不明である（細川元神雷部隊隊員の回想（『座談会　神雷部隊桜花隊について』防衛省防衛研究所蔵）によれば、岡村基春の自殺の原因は特攻と戦犯の両方ではなかったのかと推測している。岡村基春は南方戦線で隊長を務めていた時に敵軍のパイロットの処置を行った、これに神雷部隊の最高責任が重なり、戦犯となれば逃れることができないために軍事裁判の前に自決したのではないかと細川は回想している。要するに、岡村基春には捕虜の不当な扱いに関するB・C級戦犯の容疑があったということである）。

「桜花」を提案した大田正一少尉もまた終戦直後、操縦技術を持たない偵察員であるにもかかわらず自ら飛行機を運転して鹿島灘へ飛び立った。そのため公務死として扱われたが、実際には漁船に助けられ戦犯に指定されることを恐れて逃亡生活を送ったという。大田正一の謎めいた戦後は、前出『昭和史の謎を追う』で明らかになっている。大田正一は公務死扱いを受けたまま偽名を用いて生活をし、戸籍がないために職を転々とし、晩年は家出や自殺未遂を起こしている。「桜花」には自ら乗っていくと鼻息を荒くして技術者達に「桜花」の研究を説得させたことに対する罪悪感に一生振り回されていたようである。非情な兵器を実行させていった者達には非情な運命しか待っていなかった。

「桜花」に反対していた雷撃の名手・野中五郎の悲劇

第一線の現場に立つ岡村基春大佐が特攻を主張したことは、軍中央が特攻に踏み切る一つのきっかけになったことは事実であるが、だからといって現場のパイロットの皆が特攻を主張したのではない。第七二一航空隊（神雷部隊）は野中五郎少佐を隊長とする第七一一飛行隊と足立次郎少佐を隊長とする第七〇八飛行隊から編成されていた。足立少佐は日中戦争以来出撃回数が数百回以上に及ぶ歴戦のパイロットである。同じく、野中少佐も出撃回数が数百回に及び、風変わりな人物ではあるが指揮官として抜群の能力を持ち、雷撃の名手として名高かった。七二一航空隊は残存する精鋭のパイロット達で構成された。野中少佐が用いた戦法は、夜間超低空雷撃戦術の「車がかり戦法」である。これは、敵に見つかりにくい夜間に出撃し、敵のレーダーを避けるため低空飛行によって敵機動部隊に近づき、敵艦を発見すると遠巻きに周囲を旋回する。そして、照明弾を投下して各機がチャンスを見て敵艦に突撃して魚雷を投下していくという戦法である。

敵艦は四方を囲まれているため逃げようもなく、また敵が迎撃の的を絞るのも困難であることから味方の損害も少ない。奇抜だが、抜群の統率力と技量があって成し得る極めて有効な戦法であった。この両少佐は本人の希望とは別に編成により第七二一航空隊に組み入れられ、「桜花」を敵陣まで運ぶ役割を果たさねばならなかった。歴戦のパイロットである両少佐は敵の制空権下で一式陸攻による「桜花」の特攻が無謀であるため、岡村司令に意見を開陳した。特に野中少佐は、「この槍、使いがたし」(『人間爆弾と呼ばれて 証言・桜花特攻』六七頁)と言って批判した。

七〇八飛行隊の整備分隊長の大島長生大尉は野中少佐が、「『桜花』を、『こんな軽業みたいなもの兵器じゃやねえ』と言っていました。航空本部から担当者が来ていろいろと戦訓について議論することが多いんですが、野中少佐は食ってかかっていました。『国賊と言われたって反対してやる』と言っていたのも聞きました。『どうせ、おれは出世しねえんだ』と言っていた」(御田重宝『特攻』四三八頁)ことを回想している。野中少佐が「出世」できない理由は後述する。

昭和二〇年一月中旬、七〇八飛行隊の分隊長であった八木田喜良大尉に野中少佐は次のように語っている。

「俺はたとえ国賊とののしられても、桜花作戦は司令部に断念させたい。もちろん自分は必死攻撃をおそれるものではない。しかし、攻撃機として敵まで到達することができないことが明瞭な戦法を、肯定することはいやだ。クソの役にも立たない自殺行為に、多数の部下を道づれにすることはたえられない。司令部では、人間爆弾桜花を投下したら飛行機隊はすみやかに還り、ふたたび出撃だといっているが、きょうまで起居をともにした部下が肉弾となって敵艦に突入するのを見ながら、自分らだけが還れると思うか。俺が出撃を命ぜられたら、桜花投下と同時に、自分も飛行機もろともに別の目標に体当たりをくわせるぞ」（同書、七七〜七八頁）

また、直属の部下の七一一飛行隊の分隊長である林冨士夫大尉には、「大体（でえてえ）おれは一ペンこっきりで帰って来られねえ作戦なんてえのは大嫌いでな。ここの隊長もごめんこうむりてえんだよ。だがこれをやれるのはお前しかいない、余人を以って替え難しと言われちゃあ、仕方がねえや。不承々々、承知したんだが、おれは夜間雷撃をやらしてもれえてえなあ」（同書、三〇六〜三〇七頁）と、何度も言っている。長年戦場を潜り抜けて編み出した「車がかり戦法」を封じられ、軍の非道な戦法を実行しなければならないのだから、無念極まりなかったであろう。

もっとも歴戦のパイロットである岡村司令も、この「桜花」による攻撃が危険極まりないことは分かっており、成功するために必要不可欠な制空権確保のための掩護戦闘機を大量に出動させることを軍令部との間で了承していた。しかし、実際には戦闘機は不足しており、予定よりも遙かに少ない戦闘機しか集まらなかった。米軍により本土爆撃が行われていた昭和二〇年三月二〇日、第五航空艦隊司令長官の宇垣纏中将は桜花部隊の出陣を命じた。岡村司令は戦闘機の数が少なすぎることを具申したが、宇垣長官は、「この情況で使えないものなら、『桜花』

は使う時がないよ」（猪口力平・中島正『神風特別攻撃隊の記録』一四五頁）と特攻を命じて、岡村司令は引受けている。

初陣が決まったこの日、野中少佐は部下の林分隊長に、「岡村司令が出撃を引き受けて来ちまって、戦闘機ももうろくにねえっちゅうのに、あのオッチョコチョイめ。もうどうしようもねえや。おれは腕っこきを集めて連れて行くが、うまくいったらめっけもんだが、そうはいくまい。恐らく全滅だ。君、こんな特攻なんてぶっ潰してくれよな」（『人間爆弾と呼ばれて　証言・桜花特攻』三二一頁）と、桜花特攻を痛烈に批判している。野中少佐は自ら隊長として率いる「桜花」部隊に対して誰よりも悲観していた。長年の戦歴から失敗することが分かっていたからである。それゆえに、出撃の命が下った時に野中少佐は直属の上官である岩城邦弘飛行長に、「飛行長、湊川だよ」（内藤初穂『極限の特攻機　桜花』一五〇頁）と嘆いた。湊川とは楠木正成が南朝の開祖である後醍醐天皇の命により敗北必至の戦いに赴いたことを指している。野中少佐は楠木正成のように無謀な命令に従って死に行った。

三月二一日、野中隊長率いる七二一飛行隊の初陣は、敵の最新鋭戦闘機F６F（グラマン）の待ち伏せを受けてほぼ全滅した。戦死者は一六〇名にも上り、戦果は皆無であった。野中少佐は洋上で帰らぬ人となった。野中少佐が予想していた通りの結果となった。当初は損傷艦を狙っての絶好の機会と判断したのだが、索敵の結果、当初の予想よりも敵軍の勢力が相当大きいことが分かった。制空権を得られないことが分かっていたにもかかわらず、「桜花」の使用ありきで命令を下した宇垣長官の大失政であった。宇垣長官は特攻に憑りつかれたかのように次々と特攻を繰り出し、終戦時には自ら特攻を行って戦死している。

もっとも、この初陣の失敗の後は敵レーダーの目標となり易い集団による編隊攻撃から単機攻撃にして被害を少なくし、昼間から黎明・薄暮に攻撃することに変更したために、戦果を挙げられるようになった。しかし、未だにその戦果は判然とはしていないが、最大に見積もっても一〇桁には及ばず、期待された空母の撃沈は０であった（デニス・ウォーナー、ペギー・ウォーナーの前掲書によれば、「桜花」のみで撃沈できたのは駆逐艦一隻である）。「桜花」で得られる戦果には限りがあった。大戦中における一〇次に渡る桜花攻撃による味方の損害は一八五機中一一八機・四三八名が未帰還（桜花五六機五六名、陸攻五二機・三七二名、第一次掩護戦闘機一〇機一〇名、同隊では野中隊の潰滅後に戦闘機による特攻を併用したため、これらを含めると総計四〇二機・七二二名が未帰還）となった。味方の大きな犠牲に見合うだけの戦果は得られなかった。名パイロット・野中五郎少佐の「君、こんな特攻なんてぶっ潰してくれ」は心の叫びであった。

野中五郎は悲劇の軍人であった。野中五郎は「桜花」による特攻に強く反対していた。しかし、声高に反対を叫べなかったのには理由がある。野中五郎の兄は野中四郎で、二・二六事件の蹶起将校の一人であり、事件時にクーデターに失敗したために自決をしている。裕仁天皇がクーデターに強く反対したために蹶起将校達は逆賊として見做され、葬儀では原隊からの野中家への出入りを禁じられ、近親者のみでひっそりと行わなければならなかった。その上、逆賊の犯罪人として扱われたために遺骨の埋葬も法要も禁止された。遺族の献身的な努力によって憲兵の監視下、遺骨の埋葬と法要ができるようになったのが賢崇寺である。遺族は社会から冷たい仕打ちを受けた。弟の五郎は汚名をそそぐため数々の激戦地で武功を重ねた。出撃する時には兄の写真を懐中に忍ばせた。野中五郎は上官に意見を具申することはあっても逆らうような真似はしなかった。「弟も兄と同じく反乱を企てようとしているのか」と思われるようなことは一切避けたであろうことは容易に察しがつく。兄は憂国の情から国家体制に反対して死に、弟は国家の命に殉じて死んだ。「桜花」という非道の兵器がもたらすものは惨劇以外になかった。

許されざる兵器・「伏龍」

最後に、特攻の中で最悪の兵器である「伏龍」を見てもらいたい。この「伏龍」は味方を屠殺するものでしかない兵器であり、その残虐性からテレビドラマや映画化して美化されることはないであろう。この伏龍は門奈鷹一郎の『海軍伏龍特攻隊　付米海軍技術調査団伏龍極秘レポート』に詳しく記されている。

伏龍は敗戦が濃くなった昭和二〇年三月に立案された。伏龍は潜水服を着て背中に苛性ソーダの罐を背負い、長い竹竿の先に爆薬を詰めた丸い罐を持って海中に潜り、敵の本土上陸を阻止するために上陸用舟艇を突くことで爆撃させる特攻である。

この伏龍の計画は杜撰そのもので、伏龍の実験隊の隊長を務めた笹野大行によれば、潜水器の呼吸構造が不自然で呼吸を間違えれば炭酸ガス中毒となること、潜水器特有の清浄罐がハンダ付けの不完全なものが多く、苛性ソーダが海水と科学反応を起こし、沸騰して口元に逆流してしまうこと、潜水兜が物資不足で寄せ集めの鉄板を溶接したものであるために海中の深いところでは水圧によりひずみが生じてしまうこと、水中歩行に不可欠なコンパスがほとんど配給されなかったこと、何よりも棒機雷が海中で一発爆発すれば水中の味方をも全滅させてしまうことが欠点であることを挙げている（『海軍伏龍特攻隊』一二二頁）。

事実、呼吸を間違えたことによる炭酸ガス中毒死、清浄罐破損により苛性ソーダを飲んで口や胃がただれながら悶え死んだ者が少なからずいる。

伏龍は潜水時間が限られており、海中での棒機雷の操作は水の抵抗や潮流のため困難であることから命中精度は落ちてしまう。幸いにも敵陣の第一波に成功することがあってもその際の爆撃で味方を巻き込んで味方の爆薬の連鎖反応で絶滅してしまう可能性がある。さらに、それが回避できたとしても、敵にその存在を知られてしまえば敵機の爆撃によって確実に全滅してしまう致命的な欠点があった。

昭和二〇年七月頃鈴木貫太郎総理が伏龍の訓練を視察に来た時に兵器として使用できるかを軍上層部と検討した結果、鈴木総理が「不適」と反対したにもかかわらず軍部の反対によりこの計画が継続されている。しかも、この時には既に潜水に不可欠な酸素が不足していたにもかかわらず、軍上層部の命により訓練と計画が続行されたのである。戦争が長引けばこの残酷な兵器が使用されたことを考えると戦慄を覚える。

優秀なパイロットと高性能の飛行機を用いた最初の特攻が行われた捷一号作戦では、特攻は想定以上の大戦果を挙げた。しかし、軍部はその後特攻に埋没し、果ては特攻狂と化し、戦局を挽回するという目的を忘れ、そのための手段が目的化してしまった。前述の中島二〇一飛行長が、「特攻の目的は戦果にあるんじゃない、死ぬことにあるんだ」と言ったことはこれを表している。したがって、命を弄ぶかのような残虐な兵器が次々と発明されたのである。その者達は一体誰であろうか。彼らは、一部の者は自決をして責任を取ったが、ほとんどはこのことに対して終戦後何ら責任を取っていない。そして、特攻に関して真相を秘し、特攻は自然と現場から湧き起こり、「志願」によるものと強調したのである。

現場の兵と指揮官ではその役割は異なる。当時は徴兵制である。民衆が徴兵を拒否することはできなかった。成人になれば軍人として国家に奉仕することが国民の義務であった。ましてや民衆にとって戦前まではお上に奉公するのが美徳とされてきた。だが、権力者は民衆を守らなかったばかりか徒らに死なせた。当時からこの権力者の無謀な行動に対して命懸けで反対する者がいたことを本書では合わせて論ずることで彼らの責任を世に問う。

第３章
特攻以外の攻撃方法はなかったか──反跳爆撃

「必死」と「決死」の違い

当時の軍部は戦局を打開するために特攻を採用したのだが、それまでに空戦中に敵機を確実に撃墜するために体当り攻撃を行った例はいくつもある。ただし、この場合、特攻と違い体当り攻撃後も生き延びることがあった。しかし、特攻は十死零生であり、「必死」のたった一度きりの攻撃方法である。「特攻」は敵に大打撃を与えることができたとしても味方の貴重な兵と飛行機を確実に失うため、味方の損害も大きい。人道的な問題もある。このことは、いくら追い詰められていたとはいえ、当時の軍上層部は分かっていたはずである。

問題は、この戦局において、「特攻」しかなかったのかという点である。「特攻」以外に代わりうる有効な攻撃方法があれば当然それを優先すべきである。また、「特攻」一辺倒になってしまったことが、「剣」（キ─一一五）や「桜花」、「回天」、「伏龍」といった狂気の兵器開発を次々と生み出すことになったことを考えるとこれを検証することは重要である。

「特攻」に代わりうる攻撃方法としては、「反跳爆撃法」がある。反跳爆撃とは低空で飛んだ爆撃機が投下した爆弾をいったん海面に叩きつけ、爆弾を反跳させて敵艦隊にぶつける方法である。イメージで言えば、河原に平たい石を水平に投げつけて何度も跳ねさせて向こう岸に飛ばす方法と同じ原理である。元々はアメリカ軍がこの攻撃方法を先に用いて日本の輸送船団に甚大な被害を与えていた。これを見習って日本軍でも採用されることになった。ただし、この反跳爆撃は敵艦よりも低い高度まで下がってから爆弾を投下しなければならず、敵艦よりも高度が高すぎると爆弾が高く反跳しすぎて敵艦を飛び越えてしまう。また、低空で飛んで敵艦に近づくため、敵艦を避けるのが難しく、その上自ら投下した反跳爆弾にもぶつからないように上手く避けなければならない。

このように、反跳爆撃は高度な技術を要するために訓練中に殉職者も出している。しかし、特攻の「必死」と違って、「決死」の攻撃方法であり、生還する可能性があり、腕に覚えのあるパイロットならば何度でも出陣して敵陣に大打撃を与えることが可能である。陸軍の航空審査部の竹下福壽少佐はアメリカ軍のこの新戦術に希望を見出して、高度な反跳爆撃を実用化しようと入念に一年余り指導訓練を行った。

この竹下少佐の意向を受けて反跳爆撃の実験を行っていたのが岩本益臣大尉で、岩本大尉は歴戦の名パイロットであった。この実験で優秀な成績を挙げていた岩本大尉は反跳爆撃を最も成功させることができるパイロットであったのだが、この反跳爆撃が実用化される前に軍部が特攻に攻撃方法を変更したために、陸軍における最初の特攻隊である「万朶隊」の隊長に任命されてしまった。

反跳爆撃の名手・岩本益臣大尉の反発

鉾田教導飛行師団長の今西六郎少将は昭和一九年一〇月四日に教導航空軍（司令官は菅原道大中将、航空総監部と一体となっている）から特攻部隊編成の命令を受けた（生田惇『陸軍航空特別攻撃隊史』四四頁）。これを受けて、今西師団長と幹部は特攻隊の人選について、「志願者を募れば、全員が志願するであろう。指名されればそれでよろしい」（同書、四六頁）と、志願ではなく指名によって編成した。岩本大尉や第１章で取り上げた佐々木伍長に拒否権はない。特攻部隊の「万朶隊」隊長に指名された岩本大尉が「特攻」に対して強く反発していたことが前出『陸軍特別攻撃隊』に記されている。特に重要なことは、岩本大尉は爆弾を投下できないように開発された戦闘機を自身が所属する第四航空軍の許可を得ずに分廠長に頼んで爆弾を投下できるように改造したことである。

このような爆弾を投下できない戦闘機の開発を裁可したのが、航空本部長兼航空総監の菅原道大中将であり、爆弾を改造した時の第四航空軍の司令長官は東条英機の腹心である富永恭次中将である。第７章で論ずるが、富永中将は特攻を行うために第四航空軍に配属されたのであり、岩本大尉が爆弾を投下できるように改造を申し立てても聞く耳をもたなかったであろう。岩本大尉が、このようなことを独断でした理由は次のように記されている。

「念のため、いっておく。このような改装を、しかも、四航軍の許可を得ないでしたのは、この岩本が命が惜しくてしたのではない。自分の生命と技術を、最も有意義に使い生かし、できるだけ多く敵艦を沈めたいからだ。体当り機は、操縦者をむだに殺すだけではない。体当りで、撃沈できる公算はすくないのだ。こんな飛行機や戦術を考えたやつは、航空本部か参謀本部か知らんが、航空の実際を知らないか、よくよく思慮のたらんやつだ」（『陸軍特別攻撃隊』第一巻、三〇九頁）

岩本大尉は特攻出撃のために飛行場へ移動中に敵機に撃墜されて戦死した英霊であるが、何人が岩本大尉を不忠・不実と非難することができようか。まえがきで述べたように①と②のケースを分けて考えなければ、特攻の本質や戦史の総括など決してできない。岩本大尉の例はこのことを示している。

この反跳爆撃が転じて特攻が誕生したという言説が度々見られる。反跳爆撃による生還率は極めて低く、高度な技術を要する「超低空接敵法」の攻撃方法が初期の特攻と同じだからである。ちなみに、後半には、航空訓練の浅いパイロットでも行える高度五千～七千メートルから敵艦に突っ込む「高高度接敵法」を採った。しかし、特攻そのものは後述するように昭和一八年から早々と主張され、特攻兵器が開発されてきたことを考えると反跳爆撃を成功させようとして特攻が生まれたというのは無理がある。

何よりも、両者の決定的な違いは、生還の見込みのない「必死」と生還の見込みのある「決死」の点であり、このことは現場のパイロットが一番分かっていたのである。福島尚道大尉は反跳爆撃の熟練者である岩本大尉の次の遺言を特攻兵器の開発を行った正木博少将（第三陸軍航空技術研究所長、特攻の研究開発を命令したのは後宮淳・菅原道大両航空本部長兼航空総監、これについては第7章で論ずる）に伝えている。

「万朶特別攻撃隊隊長岩本益臣大尉は『碌な兵器も作らないで効果が上らないから体当りを

しろと云うのか』という言葉を残して死にに行きました」（同書、第三巻、二八三頁）

岩本大尉の言動を見れば、反跳爆撃から特攻が生まれたのではないことが分かる。優秀なパイロットと航空機を確実に失う特攻が終戦時には初期のころに比べ極端に成功率が低くなるのは必然の理であった。これに比して、アメリカ軍は次々と高性能の航空機を開発し、優秀なパイロットによる反跳爆撃によって日本の軍艦を沈めていったのは当然の帰結であった。

この禁じ手である特攻に科学的根拠を与えようとしたのが当時の学者たちであった。このことも高木俊朗の前掲書の二作に記されている。

昭和一八年、鉾田飛行学校の福島尚道航技大尉は、体当り攻撃である特攻に反対していたが、第三陸軍航空技術研究所長の正木博少将からこれに対しての反論が送られている。この反論の中で正木少将は、東京帝国大学教授の浜田稔の体当り攻撃により破壊力が増すという特攻の有効性を説いた論文を引用して特攻による攻撃を通達している。

これに対し、福島大尉は体当り攻撃では爆弾の落速に比べて落下速度が二分の一程度であるため、浜田理論のような体当り攻撃による成果は期待できないことを論理的に説明している。この福島大尉の研究による体当り攻撃反対の報告書を鉾田飛行学校長の藤塚止戈雄中将が同研究所と航空本部に送っており、その後も体当り攻撃反対の公文書を何度も送っている。しかし軍上層部はこれを全く取り扱わなかった。この三航研は公文書で、「飛行機が爆弾をつけて体当りをすれば、艦船も撃沈できる。今、必要なのは、爆弾の改良よりも体当り攻撃を実施することだ」（『特攻基地　知覧』二九一頁）、「体当り攻撃は、日本精神の発露である。日本人をもってして、はじめてなし得ることである。そこには計算外の威力がある。精神力をもって決行すれば、必ず敵艦を撃沈し、勝利を収めることができる」（同書、二九二頁）と、鉾田飛行学校に反論し、この公文書を航空本部や大本営に送って特攻論に根拠を与えたのである。

体当り攻撃は至難

読者の方の中には、特攻は単に爆弾を積んで戦艦にぶつかるだけの簡単な操縦と思われている方がいるかもしれない。飛行機には当然ながら浮力が働く。そのために敵艦に突っ込む時には、この浮力が働くことを計算しておかなければならず、敵の激しい弾幕を潜り抜けて浮力を計算しながら敵艦にぶつかることは困難であった。ぶつかる時に目を閉じてしまえば、その分だけ浮力が働き、敵艦を越えて海上に激突してしまう。技術的にも精神的にも鍛練しなければ特攻は成功しなかった。したがって、敵艦に当たり損なって海上に激突する特攻機も多かった。また、この飛行機の浮力は爆弾の落下速度を遅くしてしまうため、爆弾の貫徹力を小さくしてしまう。実際には特攻による爆弾の貫徹力は、高度より行う水平爆撃の貫徹力より小さかったのだ。これを補おうと大量の爆弾を搭載すれば、その分だけ飛行機の重量が増えて飛行速度が落ち、敵の哨戒を潜り抜けることが困難となってしまう。三航研が主張するような精神力でこの科学法則を変えることは不可能だ。

特攻は、開発段階から現場で論理的・科学的に反対する者がいたにもかかわらず、軍上層部はこれに聞く耳を持たなかったのである。実際に、特攻では最新鋭で最大型の正規空母は撃沈できなかった。特攻で撃沈した空母は、全て小型で商船を改造した護衛空母であった。特攻の肯定者はその根拠として特攻の命中率を挙げる。これに異議を唱えているのが元特攻隊員の小沢郁郎である。小沢郁郎は緻密に研究した結果、命中に掃海艇や輸送船などの「小物」を含めるなどして意図的に命中率を嵩上げしている特攻肯定者に対して「物理学の常識を無視した戦後版大本営発表」を行っていると批判している。小沢郁郎は戦果を判定する時には、「トン数比率」で計算するべきことを主張しており、駆逐艦以上をこのトン数比率で計算すると一〇％以下であるという計算をしている（小沢郁郎『つらい真実　虚構の特攻隊神話』九六〜九七頁）。これは特攻の破壊力や敵に与えた打撃が意外なほど小さかったという事実を表している。

軍部に非科学的な体当り理論の有効性を説いた軍の御用学者の浜田の罪も重い。

反跳爆撃を特攻の訓練に用いた二〇一空

海軍においては、最初の特攻が行われた第一航空艦隊隷下の二〇一空で、寺岡謹平中将が昭和一九年八月に長官に就いてから間もなく反跳爆撃を採用した。この時、第一航艦の松浦五郎中佐は玉井浅一副長とも合意の上で寺岡新長官に新戦法として「体当り的方法」の採用を訴えている（『敷島隊の五人』四四二〜四四四頁）。これは反跳爆撃では生還の見込みが少ないのでパイロットが特攻を主張すれば、これを認めるというものである。次章以降で詳細に記すが、海軍中央は既に特攻を望んでいたことから、二〇一空では反跳爆撃から特攻が生れたのではない。実際は、特攻を行うために反跳爆撃を訓練させたのだ。

陸軍において、昭和一九年八月一二日に竹下福壽少佐と岩本益臣大尉がフィリピンへ反跳爆撃の教育演習に行った時、第四航空軍作戦主任参謀の石川泰知中佐は、「こんどの跳飛の演習は、総軍、海軍も共同してやることですから、予定どおり実施する。ただ、四航軍としては、問題がある。現状としては、跳飛はできないから、体当りをやれということになっている」と言い、そして「書類綴りのなかの『四航軍の作戦計画要領』を示した。その『部隊の訓練』の項目のところには、次のように記してあった。《攻撃手段は必中〔筆者注：体当たりを意味する〕を目的とし、手段を軍において統制せず》」（『陸軍特別攻撃隊』第一巻、四八頁）と、訓練は全て特攻を目的とすることをこの時期に定めていた。

状況は海軍も同じである。急降下ができる艦爆機と違い、零戦による急降下体当たり攻撃は難しく、また特攻に用いる大容量の二五〇kg爆弾を零戦に搭載するには改修が必要であったのだ。何の準備もせずに特攻攻撃を行うのは至難である。特に、昭和一九年七月に二〇一空飛行長に就任した中島正少佐は前任の時に自ら零戦に乗って体当たり攻撃を研究しており（神立尚紀『特攻の真意　大西瀧治郎　和平へのメッセージ』七一頁）、このことをよく知っていたはずである。反跳爆撃訓練を開始して、およそ二ヶ月後に大西瀧治郎中将が新長官に就いた時には特攻を実施する準備が全て整えられていたというのが恐るべき実態である。

特攻に反対した名パイロット達、坂井三郎と岩本徹三

岩本大尉のように、第一線の軍人が特攻に反対した例はいくつもあり、日本の撃墜王・坂井三郎もその例である。日本の誇る世界的撃墜王の坂井三郎は特攻をしなくとも戦果を挙げられ

ることを示している英傑の一人である。坂井は自分の部下に対して次のように告げた。

「今後、たとえ敵上空で被弾して帰投不可能と判断しても自爆するな。エンジンが停止しても自爆するな。敵地に不時着しろ。飛行場だったら、脚を出し、フラップを開いて、ゆっくり大きくバンクを振りながら降下すれば敵は射たないはずだ。射たれたらしかたがないが、それでも滑り込め。捕虜になってもかまわない。捕虜になって、敵の飯を食い、監視兵をつけられれば、それだけでも敵の戦力を削ぐことになる。生きる見込みがある限り死ぬんじゃないぞ。俺たちは、ただ死ぬために戦地に来たんじゃない。命ある限り敵と戦い敵を倒すために来たんだぞ！［中略］この時から私の列機の目の色が変わった。敵地上空でやられたら自爆するという絶望感から、敵地に不時着しても生き抜け！この考えに変わった時、人の心には希望が湧くのだ」（坂井三郎『零戦の真実』三五四〜三五五頁）

坂井三郎は実際に幾多の空中戦において率いた列機から一人も戦死者を出しておらず、敵機の撃墜数が日本有数の世界に誇る大エースである。有言不実行の軍上層部と違い、第一線で活躍した現場の軍人の言葉には重みがある。

日本で最高の撃墜数を誇るのは海軍の岩本徹三であり、命懸けの空戦を数えきれないほど経験している。この岩本徹三も特攻を次のように批判している。

「この戦法［筆者注：特攻のこと］が全軍に伝わると、わが軍の士気は目に見えて衰えてきた。神ならぬ身である。生きる道あってこそ兵の士気は上がる。表向きは、みんな、つくったような元気を装っているが、かげでは泣いている。こうまでして、下り坂の戦争をやる必要があるのだろうか。勝算のない上層部のやぶれかぶれの最後のあがきとしか思えなかった」

（岩本徹三『零戦撃墜王　空戦八年の記録』三三三頁）

「いまや［筆者注：沖縄戦の頃］、特攻機をもってしても戦果はあがらないようになって、出撃すればほとんどが犬死になる。それにもかかわらず、司令部では機数がそろいしだい、成功の算もない作戦に、なんでもかでも出撃させるので、搭乗員の士気は落ちて、ともすれば命令にも従わないような状態となった」（同書、三八九頁）

軍上層部は、なぜ現場の意見に耳を傾けなかったのであろうか。軍は体当りの訓練や「○と（特攻）要領」、特攻を行うためのマニュアルにより特攻教育を施していた。これでは飛行機練習生も特攻以外の攻撃方法を身に付けることはできない。特攻以外の攻撃方法や兵器開発にもっと活路を見出すべきではなかったのか。この当時、軍中央では、特攻兵器の開発以外では無線操縦飛行爆弾を行っていた。実現されていれば、多くの学徒兵を含むパイロットの命が救われたのだが、残念ながら当時の技術では実現できなかった。それならば、もし有効な攻撃方法がなければ特攻に頼るのではなく、その時点で終戦を考え、敗戦後に日本が挽回できるように多くの優秀で立派な志を持った者達を温存しなければならない。これほど優秀な人間を死なせておいて戦後の復興はなかろう。今の日本の繁栄が上辺だけのものであることは誰もが分かっている。それは本当に優秀な人間を死なせてしまったからである。この章の最後に、悲惨な戦争を自らも体験した戦記の大家である大岡昇平の『レイテ戦記』の言葉を引用する。この言葉は特攻を含んだ広く戦争全般に対する意見である。

「一般的国民にこれ［筆者注：職業軍人のように国防に命をかけること］を課するのは治者として残酷であり、不仁である。国民は国家の利益のほかに、おのおの個人的家族的な幸福追求の権利を持っている。従って軍が徴募兵に戦いを続けさせる条件の維持に失敗した場合、降伏を命令しなければならない。そのため諸国は互いに俘虜に自軍の補給部隊と同じ給与を与え、あとで決済する国際協定を結んでいるのである。しかし旧日本陸軍はこの国際協定の存在を国民に知らさず、『生きて虜囚の辱しめを受けず』と教えて、自決をすすめた。本土決戦のような夢物語のために、国民の犠牲を強要するのは罪悪である。国民に死を命じておきながら一勝和平の救済手段を考えるのは醜悪である」（大岡昇平『レイテ戦記』第三巻、二九〇頁）

次章以降、この大岡昇平の言葉を念頭に本書を読んでもらいたい。筆者の主題が理解していただけるものと思う。

第４章
最初の特攻指揮官・大西瀧治郎

日本社会を形作った大西瀧治郎

特攻を最初に命令したのは大西瀧治郎中将であり、大西が最初に特攻を実行してから日本軍は次々と特攻を実行したために、多くの歴史家が大西を「特攻の生みの親」と評している。ここから特攻の責任が大西一人に帰せられてしまいがちとなってはいるが、大西の特攻の責任が大なることは事実である。この章では大西瀧治郎その人について論ずる。

海軍軍人の大西は海軍航空の発展と共に歩んできた航空分野の第一人者である。海軍航空の歴史は浅く、日露戦争時においては世界における海軍の主力は戦艦であり、海戦の勝敗は戦艦の優劣の差で決まった。そこから生まれたのが「大艦巨砲」主義で、この価値観は終戦まで日本に根強く残った。ライト兄弟によって人類最初の飛行が成功したのが一九〇三年（明治三六年）のことであり、それ以降航空分野は目覚ましい発展を遂げた。日本では軍令部参謀の山本英輔少佐が明治四二年に航空に関する意見書を出したことが契機となり、明治四五年に海軍航空術研究委員会が創設されたことに始まる。

大西は、大正四年、中尉に進級と同時に同委員会の所属を命ぜられ、その後渡英して航空技

大西瀧治郎

術を学ぶなど海軍の航空分野では第一人者となった。大西は昭和五年と昭和九年に航空に関する意見書を出しており（内容は『大西瀧治郎』三九～四九頁参照）、山本五十六と共に早くから航空の必要性を主張している。特に戦艦無用論を度々唱え、戦艦武蔵と大和の建造廃止をも主張している。大西は大正五年に同じく戦艦無用・航空充実を唱えた中島知久平機関大尉と共に飛行機会社を作ろうとしたが、一身上の都合で軍人を辞職することは認められなかった。その代わりに退官した中島の飛行機会社の設立のために投資家を探し求めて奔走し、中島の飛行機会社の設立に尽力した。これが後に戦前最大の飛行機会社である中島飛行機株式会社となる。この中島飛行機の設立者・中島知久平は、その後政界に進出し、政友会の総裁や大臣にまで登り詰める大物となる。中島飛行機は戦後ＧＨＱにより解体されたが、「スバル」車のブランドで有名な富士重工業として再出発する。

官営では弾力性を欠くため活力を民間に求めた点は卓見であった。大西によって海軍の航空が近代化されたと言っても過言ではなかろう。山本五十六が昭和一八年に没してからは大西が海軍航空の最高権威となった。大西は航空本部総務部長を経て昭和一八年一一月に新設された軍需相航空兵器総局総務局長の要職に就くが、この期間に、前航空本部総務部長の山県正郷中将が設立した右翼の大物・児玉誉士夫の嘱託機関を引き継いでおり、中国に根を張る児玉機関に不足する軍需物資の調達を依頼している。これ以降大西と児玉の親交は深く、大西は児玉からもらった刀で切腹をし、児玉は大西がまだ息のある内に駆けつけている。大西の軍需物資調達の要望に児玉は見事に応えていく一方、国家権力を背景にダイヤや金などを中国から掻き集めて莫大な財産を築く。戦後、児玉は政財界の黒幕となり、この財産を用いて自由民主党の結党にも貢献している。大西個人は、戦後に未亡人が生活に困窮したことから金銭欲はなかったようであるが、中島飛行機という大企業や児玉誉士夫といった大物などの誕生に起因し、一軍人の枠を超えて当時の日本社会及び現在に至る日本社会に計り知れない影響を与えている。

大西が第一航空艦隊司令長官に任命された理由

大西を昭和一九年一〇月二〇日、フィリピンを主戦場とする第一航艦の長官に任命したのは、米内光政海相、及川古志郎軍令部総長である。大西が第一航艦の長官に任命された理由は様々に考えられるが、大西の上官であった遠藤三郎元中将は次のように証言している。

「遠藤三郎の話では、大西の比島〔筆者注：フィリピン島〕転出は司令長官として〝親補〟〔筆者注：天皇に直属する指揮官のこと〕されたのだから「栄転」の形をとっているが、じつは東条らの追い出しであるという。原因は彼の書いた「出師の表」である」（草柳大蔵『特攻の思想　大西瀧治郎伝』三五頁）

「出師の表」とは、嶋田繁太郎大将が海相と軍令部総長を兼任していることに反発し、嶋田大将に直々、「嶋田繁太郎海相、末次信正総長、多田武雄次官、大西瀧治郎次長」の人事表を提出したことを指す。当時、東条英機首相兼陸相兼参謀総長と共に軍部を独占していた嶋田の両者は激怒したであろう。東条と嶋田は大西が第一航艦への転出の内示が出た時には中央の要職を去っていたが、中央に残存する東条・嶋田派に中央を追い出されたということである。矢次一夫の『昭和動乱私史』（下巻）によれば、昭和一九年七月に米内光政大将が予備役から復帰して海相となった時、大西は海軍再建の意見書を持って米内の邸宅に押しかけ直談判をした。米内は、「次官」になるかと大西を誘ったが大西は末次大将を総長にして自分は次長にして欲しいと頼んでいる。しかし、末次大将の総長案は伏見宮と嶋田大将の反対により実現せず、大西が中央部の要職に就くことは「金魚鉢の中へ鯰を入れるようなもの」として中央部から反発を受けたために第一航艦長官への転出となったのである。大西は、この人事の内示があった時に義母に次にように語っている。

「ふだんなら忝《かたじ》けないほどの栄転だが、今日の時点では、陛下から三方の上に九寸五分《あいくち》［筆者注：つばのない短刀のこと］をのせて渡されたようなものだよ」（『特攻の思想　大西瀧治郎伝』三九頁）

大西は命の保証がない危険な任務を任されたということを述べているのである。しかし、これは中央から遠ざけるための単なる左遷ではない。第一航艦はフィリピンの最前線が戦場であり、捷一号作戦の成否を握っているからである。捷一号作戦においては次章以降詳しく述べるが、東条政権のころより計画され、しかも既に特攻作戦を包含していたのである。これは政権が小磯国昭・米内光政連立政権になっても継続されたのである。大西瀧治郎があたかも第一航艦司令長官に就いて急に特攻を唱えたような論説は誤りである。大西がいつごろから特攻を考えていたのかははっきりとしていない。ただし、昭和一九年三月頃に第二五二航空隊司令の舟木忠夫中佐が体当り攻撃を主張した時には理解を示している（奥宮正武『海軍特別攻撃隊　特攻と日本人』四五頁）。大西は昭和一九年六月以降、館山航空隊司令の岡村基春大佐から特攻を具申されており（岡村大佐については第2章で論じた）、この時、大西は岡村を諫めたように言われているが、草柳大蔵の質問に対して海軍の桑原虎雄元中将は次のように証言している。

「大西君は岡村大佐らの建策［筆者注：特攻を行うこと］を支持し、島田軍令部総長（当時）に、ぜひとも採用しなさいと進言しておった。が、軍令部はなかなか採用しなかった」（『特攻の思想　大西瀧治郎伝』六六頁）

昭和一九年一〇月一日に岡村大佐を司令とする神雷部隊が発足した時には、大西は非公式ながら賛意を表していたことから（『海軍特別攻撃隊　特攻と日本人』四五頁）、この証言は真実であろう。

嶋田が軍令部総長を辞職したのが昭和一九年八月二日であることから、おそらく同年の七月頃に、大西は既に特攻を海軍の最高責任者に主張したのである。しかし、「軍令部はなかなか採用しなかった」は嘘であり、特攻を着々と進めていったのが事実である。これは次章以降で考察する。

大西が特攻を主張したことに関しては、特攻を推進する東条・嶋田政権は評価したであろう。それは、小磯・米内政権になっても変わらない。一方で東条・嶋田派は大西が中央の要職に就くことを嫌った。捷一号作戦の成功は特攻にかかっているが、フィリピンでの最前線は命の保証がない。この誰もが恐れて嫌がるが、捷一号作戦を特攻の実施により成功させなければならない最重要の第一航艦司令長官に大西瀧治郎中将が指名されたのは必然のことであった。

大西が転出する前の第一航艦司令長官は、寺岡謹平中将である。寺岡中将は前任の角田覚治中将の戦死を受けて急遽、昭和一九年八月に就任したばかりであった。しかし、ダバオ湾での強風による白波を見張員が敵軍の水陸両用戦車が上陸してきたと見誤って司令官に報告してしまい、軍中央と隷下部隊にこれを打電してしまったことから混乱を招き、味方軍に深刻な被害をもたらしてしまった「水鳥事件」（名称の由来は源平合戦時に平家が大群の水鳥が飛び立ったのを敵軍と見誤って大慌てしたことによる）の責任を取って転出となった。

ただし、「水鳥事件」の責任のみが転出理由とは限らない。第一航艦隷下の第二六航空戦隊司令官の有馬正文少将は何度も特攻を行うことを主張していたが、寺岡司令官はこれに反対していた。寺岡司令官の採用した戦法は、敵の機動部隊とまともに交戦せず、敵機動部隊がフィリピン島に攻撃に来た時には飛行部隊を退避させてできるだけ飛行機を温存させる。そして、敵機動部隊が本部隊と共に一斉に上陸作戦を始めた時に一挙に残存兵力を出動させて敵を叩くというものである。圧倒的に不利な戦力では、寺岡司令長官の採用した作戦は現実的な作戦であった。

これに対し、守り一片では味方の機を失うだけであり、挽回するためには敵の空母を直接攻撃すべし、そのためには片道特攻も辞さずと主張した有馬少将とは作戦が真っ向から対立する。しかし、上官は寺岡中将の方であるため有馬少将の作戦は採用されなかった。そこで、有馬少将は同年一〇月一五日の台湾沖航空戦時に独断で自ら航空機に乗って体当り攻撃を行い散華した。通常、司令官自らが飛行機に乗って指揮することはない。将官の軍人自らが特攻を行ったことによって、特攻の実施に大きな影響を与えている。米内海相、及川総長は捷一号作戦の実施には特攻が必要不可欠であり、それに反対する現地司令官を特攻の推進者である大西中将に替えたのではないか（ただし、寺岡中将は第三航空艦隊司令長官に転出させられた後は特攻を行うようになる）。海軍報道班員として現地のフィリピンのマニラで取材を行っていた小野田政は次のように記している。

「『しかし余りにも必死戦法［筆者注：特攻のこと］なので、私は出来るだけ避けたい気持で賛成しなかった』という前任司令長官の寺岡中将は、戦況が緊迫するにつれ『寺岡では手ぬるい』とする大本営の作戦方針から、特攻戦法の首唱者である大西中将へと交替させられた」（小野田政「神風特攻第一号・敷島隊長」『人物往来』一九五六年四月号、二六頁）

寺岡謹平は戦後、長官を交代した時の大西の言葉を次のように回想している。

「じつはな、オレがきたのは、こういう目的があるんだ。いままでキミにやってもらったけど、これでは勝てないから、中央で及川軍令部総長にも相談して、とにかく命をもらって、肉弾でやらなければならない、お前はご苦労であった」（大野芳『追跡ドキュメント　消された戦史　神風特別攻撃隊「ゼロ号」の男「最初の特攻」が〝正史〟から抹殺された謎を追う』一七〇頁）

事実、昭和一九年一〇月五日、第一航艦長官就任の含みで南西方面艦隊司令部付を命ぜられた大西中将は軍令部との打ち合わせの時に「特攻作戦断行」の決意を披露し（『戦史叢書　大本營陸軍部〈９〉昭和二十年一月まで』三七四頁）、及川総長は、「中央から指示はしない。しかし現地部隊の自発的実施には反対せず、黙認する」（同書）と特攻を容認している（異説あり、第９章参照）。

そもそも特攻を主張している大西中将を前線の最高指揮官に放り込んだのだから、特攻は中央の指示とも言える。後述するが特攻兵器の開発と捷一号作戦における特攻攻撃は既に裁可されており、後はこれを実行する段階となっていた。大西は軍中央部の意向を無視して特攻を行ったのではない。だからこそ、大西の特攻を軍中央部の最高責任者は止めようとしなかったのである。及川総長は海軍の軍事作戦の最高責任者であり、その及川が「黙認する」と言って特攻にGOサインを出したのである。戦後戦犯の訴追も受けなかった及川古志郎の特攻の責任ついては第9章で論ずる。

また、現場の最高指揮官である豊田副武連合艦隊司令長官がマニラを視察して台湾に滞留していた時にフィリピンに向っていた大西瀧治郎新第一航艦長官と面会している。この時、大西は体当り戦法を豊田長官に打診しているが豊田長官はこれを止めようとしていない。つまり、大西はフィリピンに向うまでに及川総長と豊田長官の最高責任者から特攻の了承を得たのである。

最初の特攻隊長・関行男は用意周到に計画されて任命された

大西は昭和一九年一〇月一七日にフィリピンの現地に赴任した。前長官の寺岡謹平中将との引き継ぎもままならない同月一九日には、二〇一空本部で猪口力平首席参謀、玉井浅一副長、吉岡航空参謀、指宿・横山両飛行隊長を集めて（山本栄司令と中島正飛行長は事故のため集合できず）、大西は、「戦局はみなも承知の通りで、今度の『捷号作戦』にもし失敗すれば、それこそ由々しい大事を招くことになる。したがって、一航艦としては、ぜひとも栗田部隊のレイテ突入を成功させなければならないが、そのためには敵の機動部隊を叩いて、少なくとも一週間ぐらい、敵の空母の甲板を使えないようにする必要があると思う」（猪口力平・中島正『神風特別攻撃隊の記録』四一頁）、「そのためには、零戦に二五〇キロの爆弾を抱かせて体当りをやるほかに、確実な攻撃法はないと思うが…、どんなものだろうか？」（同書）と語ったことを、この場にいた第一航艦首席参謀であった猪口力平元中佐が記している。

猪口によれば、この時の幹部達は粛然と大西の言葉を聞き、玉井浅一二〇一空副長（後に司令となる）は、「これだ！」と思い、かつて教官として育成した甲飛十期生（猪口力平・中島正『神風特別攻撃隊の記録』の「九期」は誤認、この甲種第十期飛行予科練習生は総員一〇九七名中戦死者七七七名という非常に多くの戦死者を出した。しかも入隊時の平均年齢は一六・七歳、終戦時の平均年齢は一九・二歳とまだあどけない若者達であった）の中から特攻を志願させることに決めている。

玉井副長は特攻を熱望する空戦技量に優れた菅野直大尉を指揮官に思い浮かべるが、この時、菅野大尉は飛行機を整備空輸するために日本に帰っていたために、人物・技量・士気の三拍子揃った関行男大尉を呼び出し、「この攻撃隊の指揮官として、貴様に白羽の矢を立てたんだが、どうか？」（同書、四四頁）と尋ねると、関大尉は次のように答えたと玉井は回想する。

「関大尉は唇を結んで何の返事もしない。両肱を机の上につき、オールバックにした長髪の頭を両手でささえて、目をつむったまま深い考えに沈んでいった。身動きもしない。一秒、二秒、三秒、四秒、五秒…と、彼の手がわずかに動いて、髪をかき上げたかと思うと、静かに頭を持ち上げて言った。『ぜひ、私にやらせて下さい』。すこしのよどみもない明瞭な口調であった」（同書、四四～四五頁）

こうして、関大尉の決断によって日本の特攻第一号が誕生したのである。激戦地で戦う二〇一空では命を賭しても国家を守ろうという者が多く、この特攻に全員が勇んで志願したと玉井は回想している。しかし、実態はこれとは異なり、玉井副長に呼ばれた時、関大尉は「一晩、考えさせてくれ」(『敷島隊の五人』四七四頁、玉井浅一自身が戦後に関行男の慰霊祭で証言している)と言ったのであり、現地記者の小野田政には次のように語っている。

「『俺のような優秀な搭乗員が、体当りで死ななければならんとは、日本もいよいよ終りだ…』この言葉には、私〔筆者注:小野田〕も答えようがなかった。

『関大尉、あなたは志願したんですね』

と思い切って訪ねる《ママ》と、ややしばらくしてから、

『いや、白羽の矢がたったんだ。列機の搭乗員たちの予備士官や予科練、飛練が志願するのに、兵学校出身者から指揮官が出ない手はあるまい。長官も喜んでおられたそうだ』

関大尉は明らかに名指しの命令を受けたのである。それから彼は、こんなことも洩らしていた。

『特攻隊といっても死ぬのが目的ではない。敵を叩くのが第一だ。絶対に無駄死はしたくない』

そして強制された『死』については、つぎのように割り切っていた。

『俺は死にたくはない。しかし死ななければならん以上、それは天皇のためにでもなければ、国のためにでもない。最愛の女房のためだ。もし日本が敗ければ妻がどんなにヒドイ目にあうか、女房を幸福にするには、この戦争に勝たねばならぬ。だから敵空母を叩ければ本望

だ』（小野田政「神風特攻第一号・敷島隊長」二一七～二一八頁）
関大尉ははっきり「俺は死にたくない」「白羽の矢がたった」と述べている。関大尉の言葉から、特攻が現場から湧き起ったものでないことが分かる。ちなみに、この時、関行男はひどい下痢に罹っていたが指揮官にとって病気であるかどうかは関係なかった。小野田記者は、なぜ二〇一空の中心的存在のＩ大尉やＫ大尉が温存されて、二〇一空に馴染みの薄い新参士官である関大尉が指名されたのか納得できず、関大尉は「結果的には犠牲に供された形となった」（同書）と身内贔屓を批判している。

誰が最初の特攻隊の隊長になるのかは軍の一大関心事であった。海軍の指揮官先頭の伝統からは海軍のエリートを育てる兵学校出身者から出ることが望まれた。この時、兵学校出身の歴戦のパイロットで、連合艦隊司令長官から感状が贈られるほどの腕前を持つ指宿正信大尉が同隊にいたために、大西長官は「どうして指宿が行かないんだ」（神立尚紀『特攻の真意　大西瀧治郎　和平へのメッセージ』一二二頁）と漏らしている。適切な人物が関大尉しかいなかったのではなく、玉井副長が意図的に選んだのだ。

名パイロット・菅野直大尉は最後まで特攻に反対

ところで、当初予定していた菅野大尉は特攻についてどう思っていたであろうか。菅野大尉は特攻の話を聞いた時には、「しまった！。俺が居たらば、行ったのになあ…」（『散る桜　残る桜　甲飛十期の記録』三四二頁）とは言ったが、隊員の前では次のように言っている。

「特攻は最後の最後のものだ。俺の隊からは、絶対に体当り機は出さない。そのかわり今後の出撃には落下傘を着用しない」（同書）

菅野大尉の優れた力量は隊内に知れ渡っていた。菅野大尉には次の逸話がある。菅野大尉はレイテ沖決戦での敗戦以降、フィリピンでの特攻は無意味であることを悟っていた。そのため、上層部に必死で交渉して内地への帰還を承認させた。しかし、玉井司令は特攻を行うために内地帰還が決まったパイロットに飛行場へ待機させる命令を出した。この時、菅野大尉は、「行く必要なし！」「もう新しい任務が決まったんだ。飛行場に出て待機する必要はない」（森史朗『特攻とは何か』二五五頁）と周りを押しとどめて玉井司令の命令に反抗している。

その後、皆で内地に帰還し（この時、残留させられたのが第1章で述べた磯川）、菅野大尉は軍令部から転出した源田実大佐が司令を務める松山の三四三空へ転出した。同隊は、零戦に代わる最新鋭の紫電改を中心とした部隊であり、菅野大尉は飛行隊長として数々のグラマンを撃墜させた。日本が誇る撃墜王の菅野大尉は同部隊にいた時、宮崎富哉大尉に「どんな隊長であれ、おれに特攻隊に参加するよう命令し、しかも彼自身でその隊を指揮することを拒否するなら、おれはその男を斬り捨てる」（デニス・ウォーナー、ペギー・ウォーナー『ドキュメント　神風』上巻、一六四頁）と語っている。菅野大尉は八月一日に散華してしまうが、自らの言葉の通り最後まで特攻は行わなかった。

この豪傑な菅野大尉がいたからといって、即時に特攻を引き受けたとは限らない。富士（旧姓・宮地）栄一は昭和一九年九月末頃に部隊で特攻の募集があった時、関大尉と共に「特攻志願書」を提出したことを証言している（生出寿『特攻長官　大西瀧治郎』五四頁）。

元々、関大尉は艦船に急降下爆撃を行う艦上爆撃が専門であり、対飛行機の戦闘機を専門とした二〇一空への転出は異例であった。このことからパイロットの間では関大尉は特攻の指揮官として呼ばれたのだという見方をしていた（『散る桜　残る桜　甲飛十期の記録』三四一頁）。そのため、二〇一空では馴染みの隊員がおらず関大尉は孤立していた。実は、関大尉は空中戦闘の体験がなくパイロットとしてはヒヨッコであった。したがって、抜群の腕前を持つ菅野大尉とは異なり、歴戦のパイロットの玉井副長の指示に逆らって自分の経験に基づいて意見を言うことなどできなかった。

危機的な日本の状況から特攻を志願してはいたが、自ら勇んで特攻に行ったのではない。不遇な幼少時代を抜け出した新婚の関大尉にとっては、「最愛の女房」のために止む無く特攻に行ったのである。ちなみに、関大尉は母子家庭の一人息子であり、海軍の「親一人子一人の者」は特攻に選ばないというのは建前である。関大尉の特攻は予定されていたものであった。

指揮官・玉井浅一の罪

玉井副長が以前から体当り攻撃を主張していたことは前章で述べた。一〇月一九日の晩、甲飛十期生を集めて玉井副長は、「貴様たちで特攻隊を編成する」「日本の運命は貴様たちの双肩にある」「貴様たちの手で大東亜戦争の結末をつけるのだ」「いまの状態では、とにかく貴様たちに特攻をやってもらうより仕方がない。たのむ―」（『散る桜　残る桜　甲飛十期の記録』三三五～三三六頁）と言った。この場にいた浜崎勇一は、玉井副長の「いいか！　貴様たちは、突っ込んでくれるか！」（『敷島隊の五人』四八一頁）の言葉に甲飛十期生は「『皆シュンとなっていた』のである。すると、玉井中佐が十期生たちを叱りつけるように大声でいった。『行くのか、行かんのか！』その大喝に、全員が反射的に手を上げた」（同書、四八二頁）と反応したことを証言している。

甲飛十期生の中には勇んで特攻に志願した者もいる。しかし、戦後、玉井が「感激に興奮して」全員が志願したと回想したことに対して、甲飛十期会は責任を厳しく追及している。玉井は、この時に集合した人数を「二十三名」（猪口力平・中島正『神風特別攻撃隊の記録』四三頁）、大西長官には「二十四名きまりました」（同書、四五頁、関大尉を含む）と二〇日の午前一時過ぎに報告しているが、実際に集合したのは三三名であり、これは当時現地にいた高橋保男が証言している（『散る桜　残る桜　甲飛十期の記録』三三五頁）。

この「二十三名」とは特攻に指名された人数であり、しかも関大尉は前述したように、「一晩、考えさせてくれ」と言って決めかねており、どのようにしてこの短い時間で「二十四名」に特攻隊員を絞り込んだのかは不明である。これは、はじめから「二十四名」の特攻隊員が必要であったことを物語っている。甲飛十期会は、玉井副長が二〇日に発表した特攻隊編成が短い時間にもかかわらず絶妙の人事配置であったこと、そして負傷して入院していた佐藤精一郎が当初の特攻隊に編成されており（同書、三三九〜三四一頁）、佐藤は甲飛十期生の集合に参加できず、志願しようにも志願できなかったことから、予め特攻の編成表ができていたことを追及している。第1章で述べたが、日野弘高が宮原田賢に玉井副長と目が合うと特攻隊に編入されるぞと忠告されたことは、指名された特攻隊員の心理を表している。

甲飛十期生は人一倍闘争心が強く、愛国心に燃えていた。そのため指揮官の命令を拒否することはせず、特攻を志願した。しかし、玉井浅一が特攻を行うことを予め決定していたことを追及したのは指揮官への不信があったからである。

「俺たちもあとに続く」と特攻隊員に言っていた玉井は戦後、事業に失敗して職を転々とし、最後には住職になった。その理由を訪ねて来た甲飛十期生に、「ある人から、戦場で殺した部下の霊をとむらわなければ、あなたは一生なにをしても浮かばれないといわれて」（同書、三六〇頁）住職になったと語っている。特攻が全くの志願で、隊員自らが勇んで特攻に行ったのならば、玉井は「殺した」という自責の念に駆られることはない。玉井は贖罪のために仏門に入ったのだ。僧侶となった玉井は仏行に励んだと言われている。しかし、最初に特攻に指名された甲飛十期の「二十三名」の内、唯一の生存者である高橋保男は、玉井について「仏門に入るなんて卑怯ですよ」（生出寿『特攻長官　大西瀧治郎』九三頁）と語っている。この発言は元特攻隊員が、玉井は自らの罪を告白せず、十分に贖っていないと感じたからである。

二〇一空、万全の特攻体制

以上で述べたことは序文で述べた①→②という流れではなく、②の場合であったことを示している。その違いは天と地ほどある。大西瀧治郎は中将にして親補職の第一航艦長官という現地軍にとって絶対的存在であったが、一〇月二〇日の特攻隊員を前にした訓示で次のことを述べている。

「日本はまさに危機である。しかもこの危機を救いうるものは、大臣でも、大将でも、軍令部総長でもない、もちろん、自分のような長官でもない。それは諸子のごとき純真にして気力に満ちた若い人々のみである。したがって、自分は一億国民にかわって皆にお願いする、どうか成功を祈る」（猪口力平・中島正『神風特別攻撃隊の記録』四八頁）

「皆はすでに神である。神であるから欲望はないであろう。が、もしあるとすれば、それは自分の体当りが無駄ではなかったかどうか、それを知りたいことであろう。しかし皆は永い眠りにつくのであるから、残念ながら知ることもできないし、知らせることもできない。だが、自分はこれを見とどけて、必ず上聞に達するようにするから、安心していってくれ」（同書、四九頁）

上官の命は朕の命令という軍規上、一体誰がこの大西に反発できるであろうか。こうして、大西瀧治郎は、最初に特攻を命令した人物となったのである。

特攻を表す「神風《しんぷう》攻撃隊」は、玉井副長が関大尉に特攻隊の指揮官を打診した一〇月一九日に猪口が「神風隊」と命名したことを自らが告白している（同書、四五頁）。これに加え、各隊の名称を「敷島」、「朝日」、「大和」、「山桜」とすることも同日に決定している。ちなみに、この各隊の名称は、本居宣長の和歌、「敷島の大和心を人間はば朝日に匂ふ山桜花」に由来する。

ここだけ見れば、大西ら現地の幹部が勝手に特攻の名称を付けたように思われるが、実際には事前に海軍の中央と打ち合わせをした上で名付けているのである。これは、昭和一九年一〇月一三日に軍令部の源田実参謀の起案した電報に、既に「神風攻撃隊」と「敷島隊」、「朝日隊」の名称を用いていることから明らかである（『戦史叢書　海軍捷号作戦〈2〉フィリピン沖海戦』一〇八頁)。

このことからも、大西は海軍中央部と合意あるいは指示の下で特攻を行ったと言えるのである。ちなみに、昭和一九年八月に第一連合艦隊参謀長に就任した小田原俊彦大佐は前任時には航空本部第一部第一課長兼軍需省軍需官として大西の下に仕えていた。そして、二〇一空の司令である山本榮大佐は第11章で論じる特攻を早くから強硬に主張していた城英一郎大佐の義兄であった。かねてから特攻を主張していた玉井浅一副長は以前に大西瀧治郎の直属の部下として仕えたことがあり、特攻を募集した甲飛十期生は玉井のかつての教え子たちである。また、昭和一九年七月に二〇一空の飛行長に就任した中島正は源田実の腹心であり、前任の横須賀航空時代から特攻を考えていた(『敷島隊の五人』四〇六〜四〇七頁)。同じ部隊に所属した多田篤次少佐の回想によれば「もう体当り攻撃をやらなきゃ駄目だ」と言って中島は零戦を操縦して体当り攻撃を研究した(神立尚紀『特攻の真意　大西瀧治郎　和平へのメッセージ』七一頁)。そして、「体当り攻撃隊を作りに行くんだ」(同書)と言って二〇一空に転出した。これに加えて、源田、玉井、猪口力平(第一航空艦隊首席参謀)が同期であることは偶然ではなかろう。

大西の心変わり

特攻を最初に行った大西中将は、当初は体当り攻撃に否定的であったと言われている。特攻を熱心に説いていた城英一郎大佐が、航空本部総務部長に就いていた大西中将に特攻を行うことを上申したが、大西はこれに難色を示した。神風攻撃隊の実施後には、猪口へ、「[筆者注：

特攻に対して」内地にいた時にはとうていやる気にはなれなかったが、ここに着任して、こうまでやられているのを見ると、自分にもやっとこれをやる決心がついたよ」（猪口力平・中島正『神風特別攻撃隊の記録』九四頁）、「こんなことをせねばならないというのは、日本の作戦指導がいかにまずいか、ということを示しているんだよ」（同書）、「なあ、こりゃあね、統率の外道だよ」（同書）と語っている。

航空の第一人者である大西自身が、特攻を「統率の外道」であることをはっきりと認識していたのである。日本の軍部の作戦が無謀であることも認識している。日本軍の飛行機を作る機材が極度に不足していることも知悉している。したがって、中島正飛行長が特攻は「敷島」「朝日」「山桜」「大和」の四隊だけでいいのですかと尋ねると、大西長官は「飛行機が少ないからなあ、やむをえん」（同書、九一頁）と言っている。にもかかわらず、大西は特攻にのめり込むのである。

「捷一号作戦」において「特攻」は予想を超える大戦果を得た。ただし、作戦そのものは失敗に終わり、日本軍は潰滅的損害を被った。第一航艦の戦力は著しく減少したために、大西長官は第二航空艦隊長官の福留繁中将へ、「物心両面、あらゆる角度から利害を研究した結果、一航艦では特別攻撃を敢行することに決した。よくよく戦況を考えてみると、もはや特別攻撃以外に攻撃法があろうとは思われない。この際、第二航空艦隊もこれに賛成して、ともにやってもらいたい」（同書、九二頁）と、特攻への賛同を強く求めている。福留長官はこれに同意しなかったため、大西は再度、特攻を要請する。福留長官はこの時も賛成しなかったため、大西は、「特別攻撃以外に攻撃法のないことは、もはや事実によって証明された。この重大時期に、基地航空部隊が無為に過すことがあれば全員腹を切っておわびしても追いつかぬ。第二航空艦隊としても、特別攻撃を決意すべき時だと思う」（同書、九二頁）と言って、福留長官に特攻を承認させている。

そこで、先任の福留中将が第一・第二航艦の統一指揮官となり、大西中将は参謀となって特攻が次々に実施されるのである。大西は、人事において協同で仕事をする時には相手を上に立て、自分は二番手として仕事を思うままに行うことを得意としていた。

この時、大西は指揮官たちを集めて次のように訓示した。

「本日、第一航空艦隊と第二航空艦隊は合体して、連合基地航空部隊が編成された。長官は福留長官、自分は幕僚長として長官を輔ける。各隊とも、協力するよう。知っているとおり、本日［筆者注：昭和一九年一〇月二五日］、神風特別攻撃隊が体当たりを決行し、大きな戦果を挙げた。自分は、日本が勝つ道はこれ以外にないと信ずるので、今後も特攻隊を続ける。このことに批判は許さない。反対するものはたたき斬る」（門司親徳『空と海の涯で　第一航空艦隊副官の回想』四七六頁）

これを記したのは大西を慕う副官の門司であり、他意はない。同じく、この場にいた猪口もほぼ同様の証言をしており、ただ猪口の場合は、「命令を批判したり、実施を怠ったりするものには断乎たる処分をする。状況によっては死刑に処す」（猪口力平・中島正『神風特別攻撃隊の記録』一七三頁）と大西が訓示したことを記している。

飛行隊長・岡嶋清熊少佐の抵抗

現場の最高指揮官がこのように言ったのであるから、特攻は皆志願で行ったということは絶対にありえない。特攻に「反対するものはたたき斬る」「死刑に処す」と言い放つ現場で絶大な権力を持つ大西長官に、下士官らが反対できようはずもなく、例えこれに不満を持つ者がいても、諦めてこれを天命と思って受け入れたことであろう。

捷一号作戦を成功させるために二〇一空で大西長官が特攻の訓示をした時には全隊員が熱心に聞いていたと言われるが、この時には隊員が大西長官の訓示に不満を持っていたことを副官の門司すら記している。この訓示を聞いた歴戦のパイロットである二〇三空飛行隊長・岡嶋清熊少佐は、「何を無礼な」と反発して「とっさに自分の拳銃に手をかけた。自分たちを特攻に出す、というならあくまでも抵抗してやる、という気構え」(『敷島隊の五人』六〇三頁)を見せた。それもそのはずで、二〇一空の訓示の時には、捷一号作戦を成功させるための史上空前の作戦が行われたが、この時には最早有効な作戦はなく、ただ特攻を行うというのでは誇り高きパイロットたちが納得するはずがない。特攻に強く反対した岡嶋少佐の逸話を現地にいた角田和男は次のように記している。

「岡嶋少佐は特攻に反対で、全員引き連れて再編成のため内地に帰ると言っており、先ほどまで士官室で、全搭乗員総特攻を唱える二〇一空の中島飛行長と、『特攻は邪道である、内地に帰り再編成の上、正々堂々と決戦をすべきである。俺の目の玉の黒い内は二〇三空からは一機の特攻も出させぬ』と頑張る岡嶋飛行長が、お互いに軍刀の柄に手をかけて激論をしたが、玉井司令の仲裁でようやく二〇三空は全員明朝、輸送機便で内地へ引き揚げることになった」（角田和男『修羅の翼　零戦特攻隊員の真情』四二七頁）

特攻は指揮官たちの要請で行われた。時に無謀な指揮でもって行われた。昭和二〇年一月、敗戦が濃厚となってきた時、二〇一空は全機を特攻に出し、その後は中央司令部の命により故障機を焼却し、陸戦隊となることになった。しかし、二〇一空の玉井司令はこの故障機を必死で整備し、司令部に進言してこれを特攻に用いる許可を得たのである。これにより、三〇余名の搭乗員を失っている。玉井司令はこの時、特攻を行うかどうかの全権があった。故障機は整備したとしても飛行性能が不十分であり、また肝要なことは、作戦が不十分な中で特攻を行っても無駄死にで終わってしまうことである。

中央司令部では既に航空戦を終えている。なぜ、この状況で特攻を行う必要があったのか。猪口力平・中島正の前掲書では隊員がこの特攻に熱望したと書いているが、経験豊かな指揮官であればこそ熱り立つ若い兵を抑えて自らの力と命を有効に用いなければならないことを説くべきではなかったのか。前述した岡嶋清熊飛行隊長は指揮官としてあるべき姿を見せたではないか。この時の大西長官の指揮下における指揮官たちは、最早特攻狂、特攻信者と化していた。

大西、特攻狂へ変貌

大西長官は、マニラでの特攻が一段落着いた時、猪口から「体当り攻撃は止めるべきではないですか？」と尋ねられた時に、「いいや、こんな機材の数や搭乗員の技量では戦闘をやっても、この若い人々はいたずらに敵の餌食になってしまうばかりだ。部下をして死所をえさしめるのは、主将として大事なことだ。だから自分は、これが大愛であると信ずる。小さい愛にこだわらず、自分はこの際つづけてやる」（猪口力平・中島正『神風特別攻撃隊の記録』一七三頁）と述べている。すなわち、特攻で若者を死なすことが「大愛である」というのである。特攻の戦法を採らずに敵と奮戦をしたがっている腕に自信のあるパイロットからすれば、大西は正気とは言えない。ここに最早勝機ある作戦といえる代物はなく、ただ特攻によって若いパイロットを殺すことを目的にしているのである。

大西長官は台湾に転出して巡視した際、「日本を救いうるものは三十歳以下二十五歳、またそれ以下の若い人々で、この人々の現わす純真なる体当り精神とその実行こそ、日本を救う原動力である。したがって現実の作戦指導も、政治もこの精神と実行に基礎をおかなくてはならぬし、また置くべきである」（同書、一七〇頁）と訓示している。また、「この神風攻撃隊が出て、しかも万一負けたとしても、日本は亡国にはならない。これが出ないで負ければ真の亡国になる」（同書、一三〇頁）とも言っている。

元特攻隊員の小沢郁郎は、「大西の言葉は、軍人としての唯一の使命である戦術効果を見かぎっている。若者の死にざまにだけ期待している。『死の美学』を使命たる軍事効果におきかえてしまうとは、戦う者の言葉ではなかろう。大西は、この段階で、自分がはじめた体当り戦法を、生命にかえてもやめさせるべきであった」（小沢郁郎『つらい真実　虚構の特攻隊神話』四二～四三頁）と批判している。

同じく、大西がこの「統率の外道」を若者に押しつけたことに対して、生出寿は次のように批判している。

「日本の作戦指導がまずければ、戦争をやめるべきで、下手な戦をした作戦指導者たちの責任を、罪のない若者たちに背負わせるというのは、ものごとがさかさまという気がする」

（生出寿『特攻長官　大西瀧治郎』九四頁）

有効な作戦指揮ができずに、徒らに兵を死なせることは指揮官として失格である。自分の無能さを自覚して辞任せずに高い地位に留まりながら、「統率の外道」を続けることは大罪である。いや、大西は指揮官として失格であったばかりでなく、「統率の外道」を若者に押しつけて死なせることを「大愛」と言っているのだから、この矛盾をどう理解すればいいのであろうか。

考えられる可能性は、①大西瀧治郎より上位の者が、大西の意に反して特攻を行う指示を与えた、②精神分裂症にかかっていた、ということが考えられる。②においては、これは大西を侮辱するものではなく、激戦地における兵隊によく見られる症状であった。支離滅裂な大西に対して、三村文男は、「彼［筆者注：大西瀧治郎］がたぐいまれなサディストであった」（『神なき神風』二一七頁）、「彼は完璧なサド・マゾヒストであった」（同書、一四八頁）と評し、「大西の訓示の内容は、「狂気にいたるばかりの精神主義」ばかりがみられる」（同書、二一二頁）と述べている。

大西の副官を務めた門司親徳は、大西長官が台湾で特攻を指揮していた時の訓示を戦後も保管している。この訓示は大西の直筆であり、部隊全員に訓示したものである。そして、この訓示を聞いて、特攻隊員は死んでいった。しかし、この訓示自身が大きな矛盾を孕んでいる。訓示は長文に渡るため筆者が矛盾を感じた部分を以下取り上げる（門司親徳『空と海の涯で　第一航空艦隊副官の回想』五六一〜五六八頁）。

訓示では「日本は遠からず負けるのではないか、と心配する人もあるであろう。しかし、日本は決して負けないと断言する」「局地戦では全員玉砕であるが、戦争全体としては、日本人の五分の一が戦死する以前に、敵の方が先に参ることは受合いだ」と述べていながら、その直後に、「米英を敵とするこの戦争が、極めて困難なもので、特質的に勝算の無いものであることは、開戦前からわかった」と述べており、敗けると分かって始めた戦争が敗けないというのは矛盾している。

敵国との戦いにおける勝算として、「時と場所とを選ばず、なるべく多く敵を殺し、彼をして戦争の悲惨を満喫せしめ、一方国民生活を困難にして、何時までやっても埒のあかぬ悲惨な戦争を、何が為に続けるかとの疑問を生ぜしめる。この点、米国は我が国と違って明確な戦争目的を持たないのであって、その結果は、政府に対する不平不満となり、厭戦思想となるのである」「人命の大なる損失は、たちまち国内で大なる物議を醸し、戦争の遂行に心配があるからである」と述べているが、「人命の大なる損失」は敵国だけではなく、日本国においても大問題であり、近衛文麿らは共産革命が起こるのではないかと心配していたぐらいである。総力戦において指揮官は国民の命と生活を守る義務があり、国民をできるだけ犠牲にしない手立てを考えなければならない。大西は、日本においてはこの義務を放棄しても構わないものと見做している。ここに多くの悲劇が生まれる元がある。

大西は航空機に関して、「飛行機や兵器は、現在では国民の血、汗、涙の結晶である。また多数の整備員その他地上勤務者の努力のかたまりである。この飛行機を最も有効に使用して貰うことを念じて、女子供までが、泣きながら作っておるのである」と述べているが、せっかく作った飛行機をことごとく特攻に用いてしまえば、いくら作っても足りなくなってしまうことは誰でも分かることである。ゆえに特攻は禁じ手なのである。しかし、大西は貴重な飛行機を特攻以外に用いる有効な手段を考えつかなかった。

大西は、この特攻による徹底抗戦の目的として、「我は、いかに多くの人命を失うとも、いかに生活が苦しくとも、これが何年続くとも頑張り通し、あらゆる手段方法を以て、多くの敵を殺すのである」「三百機四百機の特攻隊で簡単に勝利が得られたのでは、日本人全部の心が直らない。日本人全部が特攻精神に徹底した時に、神は初めて勝利を授けるのであって、神の御心は深遠である。日本国民全部から欧米思想を拭い去って、本然の日本人の姿に立ち返らしむるには、荒行が必要だ」「百万の敵が本土に来襲せば、我は全国民を戦力化して、三百万五百万の犠牲を覚悟してこれを殲滅せよ」「国家危急存亡の秋《とき》に当って、頼みとするは必死国に殉ずる覚悟をしておる純真な青年である」「今後、この戦争を勝ち抜くためのいかなる政治も、作戦指導も、諸士青年の特攻精神と、これが実行を基礎として計画されるにあらずんば、成り立たないのである」「各自定められた任務配置において、最も効果的な死を撰ばなければならない。死は目的ではないが、各自必死の覚悟を以て、一人でも多くの敵を斃すことが、皇国を護る最良の方法であって、これによって、最後は必ず勝つのである」と述べているが、しかし大西は遺言で、一般青年に対して、「諸子は国の宝なり。平時に処し、独克く特攻精神を堅持し、日本民族の福祉と世界人類の和平のため、最善を尽せよ」と述べており、命にかえても

「一人でも多くの敵を斃す」特攻の精神と「世界人類の和平」は明らかに矛盾している。大西は、飛行機の性能が格段に劣っていて、いつ死ぬとも分からない航空隊の初期のころから軍人生活を歩んできた。大西自身何度も飛行機の不時着によって命の危険に晒されてきた。その大西は死生観を次のように語っている。

「おれはやネー、別に宗教を信じているわけでもないが、人間はどんな危険に遭遇しても、その人がこの世に存在する必要のある間は決して死ぬことはない。必要のある人は神が殺さないのだ。だから、自分の要不要は危険にその身をさらしてみれば、いちばんよくわかる。存在価値がなくなれば、生きようともがいたとて必ず死ぬのだ。だから、おれはやネー、死ぬとか生きるとか少しも気にしない」(『大西瀧治郎』一九六〜一九七頁)

この大西の死生観と特攻隊の前で行った訓示は矛盾する。大西自身が隊員の生命を左右する指揮官となった時、なぜ神に代わって死を命じたのか。最早まともな精神状況にあったとはとても言えない。

この訓示における矛盾点は有識者から批判されてきており、読者も感ずるところであろう。米英との戦争が「勝算の無いものであることは、開戦前からわかった」のであれば、なぜ開戦を止めようとしなかったのか。あるいは、敗戦が分かっていたのなら、なぜ特攻により徒らに兵を死なせたのかということである。一度国が敗れたからといって民族が滅んでしまうようなことは世界史上なく、ナポレオンが敗れた後もフランスは大国であり、中国はチンギス・ハン率いるモンゴル民族に敗れた後も大国として蘇った。ナポレオンの例を知らないということはなかったはずだ。

大西は、特攻の責任を取って官舎で自ら切腹して腸を出しながら長時間苦しみもがいて死んだ。しかし、敗戦が分かっていたのならば、その後に若い有望な人材を残そうとなぜ努力しなかったのか。「国の宝」をたくさん死なせておいて、その国に未来があるはずがない。たとえ特攻が中央から命令されたとしても、それを拒絶し、中央が抗命罪を主張するなら、その時にこそ切腹して抗議すれば、大西の名誉は後世に永遠に語り継がれたであろう。大西が切腹した時には、最早大西一人の死では償い切れないほどの大罪を犯していた。大西が切腹しようと、大西の特攻によって殺された特攻隊員の関係者の無念は晴らされない。若く有望な人材を数多く殺された後世の人間も迷惑である。

大西「和平」説を検証

しかし、大西瀧治郎は、本音は和平を望んでいたのだという説がある。その根拠は、昭和一九年一月下旬ごろ、歴戦のパイロットである角田和男が第一航艦の参謀長・小田原俊彦大佐（後に少将）から聞いた次の話によるものである。

「大西長官はここへ来る前は軍需省の要職におられ、日本の戦力については誰よりも一番良く知っておられる。各部長よりの報告は全部聞かれ、大臣へは必要なことだけを報告しているので、実情は大臣よりも各局長よりも一番詳しく分かっている訳である。その長官が、『もう戦争は続けるべきではない』とおっしゃる。一日も早く講和を結ばなければならぬ。［中略］動ける今のうちに講和しなければ大変なことになる。しかし、ガダルカナル以来、押され通しで、まだ一度も敵の反抗を喰い止めたことがない。このまま講和したのでは、いかにも情けない。一度で良いから敵をこのレイテから追い落とし、それを機会に講和に入りたい。敵を追い落とすことができれば、七分三分の講和ができるだろう。七、三とは敵に七分味方に三分である。具体的には満州事変の昔に返ることである。勝ってこの条件なのだ。残念ながら日本はここまで追いつめられているのだ。〔中略〕このためにも特攻を行なってでもフィリッピンを最後の戦場にしなければならない。このことは、大西一人の判断で考えだしたことではない。東京を出発するに際し、海軍大臣〔筆者注：米内光政〕と高松宮に状況を説明申し上げ、私の真意に対し内諾を得たものと考えている。宮様と大臣とが賛成された以上、これは海軍の総意とみて宜しいだろう」（角田和男『修羅の翼　零戦特攻隊員の真情』四四〇〜四四一頁）

さらに小田原大佐はレイテ防衛のために特攻を行う大西長官が語ってくれた真意について角田に次のように語っている。

「これは〔筆者注：特攻によるレイテ防衛〕、九分九里成功の見込みはない、これが成功すると思うほど大西は馬鹿ではない。では何故見込みのないのにこのような強行をするのか、ここに信じてよいことが二つある。一つは万世一系仁慈をもって国を統治され給う天皇陛下は、このことを聞かれたならば、必ず戦争を止めろ、と仰せられるであろうこと。二つはその結果が仮に、いかなる形の講和になろうとも、日本民族が将に亡びんとする時に当たって、身をもってこれを防いだ若者たちがいた、という事実と、これをお聞きになって陛下御自らの御仁心によって戦さを止めさせられたという歴史の残る限り、五百年後、千年後の世に、必ずや日本民族は再興するであろう。〔中略〕しかし、このことが万一外に洩れて、将兵の士気に影響をあたえてはならぬ。さらに敵に知れてはなお大事である。講和の時期を逃がしてしまう。敵に対してはあくまで最後の一兵まで戦う気魄を見せておらぬばならぬ。敵を欺くには、まず味方よりせよ、という諺がある。〔中略〕天皇陛下が御自らのご意志によって戦争を止めろと仰せられた時、私はそれまで上、陛下を欺き奉り、下、将兵を偽り続けた罪を謝し、日本民族の将来を信じて必ず特攻隊員たちの後を追うであろう」（同書、四四二〜四四三頁）

しかし、大西がいくら心の中で「講和」を望んでいても実際にとった大西の行動はそれと反対であった。確かに「捷一号作戦」が成功すればこの可能性はあったが、失敗した結果、「七分三分の講和」は最早ありえない。大西がそれだけ日本の戦況を把握していたならば日本に勝ち目がないことは分かっていたはずなのに、特攻にのめり込んでいったのである。

大西が本当に講和を求めたのならば、なぜ昭和二〇年八月一〇日、裕仁天皇自らが御聖断を下して講和の機会が訪れた時にこれに反対して徹底抗戦を唱え、しかも総特攻を行おうとしたのか説明がつかない。この時には最早味方を「欺く」必要はどこにもない。この様子は、大西と親交のある矢次一夫が詳細に書いている。まず、広島に原爆が落とされた翌日の八月七日には、軍令部次長に就いていた大西は、松平康昌内大臣秘書官長と多田武雄海軍次官、矢次の前で次のように語っている。

「大西の論の大意は、国家の危急は正に焦眉爛額だが、天皇は柔弱なる側近に擁せられ、文武百官の出鱈目な報告をいつまで聞いている積りか、自ら陸海軍と全国民を率いて、一大決心をすべき秋ではないか、というのだ。これを言いかえると、天皇は、特攻隊の総指揮を取るべしと云うことになる」（矢次一夫『昭和動乱私史』下巻、三四二頁）

大西は原爆を落とされようとソ連が参戦しようと抗戦を主張し続けた。八月一〇日に裕仁天皇が御前会議でポツダム宣言受託を表明した後、「戦いはこれからで、九十九度敗れても、最後の一戦に勝てばよし。［中略］内地に温存の一万機を全部特攻にして、今秋に予定される米の本土上陸作戦に、大痛打を与えようというのだ」（同書、三四四頁）、「勝ち誇る敵に慢心増長させて、一挙全滅のチャンスが近いのだ、決して敗けはせぬぞ」（同書、三四六頁）と矢次に語っている。

同月一四日に天皇が和平の御聖断を下した日には、「今日十時から御前会議だ、だから、陸軍の田辺参謀次長とも連絡をとって、たとえ陛下の御手を抑えても、あくまで抗戦にもって行く決心だ」（同書、三四六〜三四七頁）と矢次に語ったが、一四日の御前会議では軍令部・参謀部両次長の出席は拒絶されたために、ことなく御聖断が下されたのである。大西の親友である多田武雄の回想によれば、この一四日、「米内、大西の両人は一時間の余に亘って論争の末、大西はついに米内大臣の和平論に屈し、わかりました、抗戦を断念いたしますと、頭を下げた。そして初めて男泣きに泣いて嗚咽した」（『大西瀧治郎伝』一四四頁）のである。

大西は矢次の前で慟哭し、矢次と別れの盃をした時には、「天皇が負けたのさ」（同書、三五一頁）と言って、一六日の午前二〜三時ごろに切腹して死んだのである。

第一回目の御聖断が下って後の八月一二日に、豊田副武軍令部総長と梅津美治郎参謀総長は、直接和平を拒絶するように裕仁天皇に上奏している。これを受けて、米内光政海相は大激怒して、豊田総長と大西次長に意見があるなら大臣に言えといって叱責している（『戦史叢書　大本營海軍部聯合艦隊〈７〉』四七二〜四七三頁）。大西は涙を流しながらお詫びを言っている。しかし、これにもめげずに次の日には東郷茂徳外相が豊田・梅津両総長と会談しているところへ押し掛けて、大西は「米国の［筆者注：国体を保障するという］回答が満足であるとか不満足であるとか云うのは事の末であって根本は大元帥陛下が軍に対し信任を有せられないのである、それで陛下に対し斯く斯くの方法で勝利を得ると云う案を上奏した上にて御再考を仰ぐ必要がありますと述べ、さらに今後二千万の日本人を殺す覚悟でこれを特攻として用うれば決して負けはせぬ」（東郷茂徳『東郷茂徳手記　時代の一面』三六八頁）と具申している。有名な「二千万特攻」である。これは軍令部次長という権力者が主張しているのであって、一軍人の空想ではない。戦争が長引けば実行されたのだ。

大西が最後まで徹底抗戦と特攻を主張したことは当時の関係者が様々に証言している。大西がこうまでして和平を拒絶した理由は何であろうか。

大西は、昭和二〇年七月末に「本筋としては、敵を本土に引きつけて、殲滅作戦をやります。どうぞ御安心下さい。［中略］私としては作戦上の確信から来ているので、絶対の不敗を断言できるのです」（『大西瀧治郎』一四三頁）と自信のほどを見せているが、第９章で述べるように起死回生の策などなく、徒らに味方の兵を死なせる策ばかりだった。

一例を挙げると、大西は「Ｂ29焼打ち計画」を立てていた。これは、日本本土を爆撃していたＢ29が帰投する時に尾行して、Ｂ29を盾に迎撃を避け、一緒に基地に着陸し、オートバイに乗り換え、蓋の上にとげを立てた爆薬が詰まった缶詰をＢ29の主翼のガソリンタンクに突っ込んで爆破させるという特攻計画である。この時の粗製極まりない航空機で最新鋭のB29の後を追いかけてこのような作戦を行うことは現実的に不可能である。このような案しかない状態を見ると最早末期的な状況であった。

大西の精神状態

大西が小田原大佐に語った考えは一体どこにいったのであろうか（小田原大佐自身はその後戦死したために確かめようがない）。大西は最後まで徹底抗戦を主張し、特攻に埋没した。しかし、同時に特攻に苛んでいたのも事実である。大西は副官の門司親徳に、「棺を蔽うて定まる、とか、百年の後に知己を得るというが、己のやったことは、棺を蔽うても定まらず、百年の後にも知己を得ないかも知れないな」（門司親徳『空と海の涯で 第一航空艦隊副官の回想』五七五頁）と語っており、ムッソリーニが処刑されたことを知って、「俺も死刑だな。ハワイ攻撃を計画したり、特攻隊を出したりー」（同書、五八八頁）とも語っている。親交のあった矢次に対しては、御聖断が下った後に、「俺なんぞ、いかに国家のためとか、敗けられぬと考えたにせよ、見事ないい若者を特攻隊で殺して、自分ながら救われないいね、無限地獄に落ちるさ」（矢次一夫『昭和動乱私史』下巻、三五六頁）と語っている。

大西は「統率の外道」である特攻が悪であるということを自覚していた。だからこそ、「無限地獄に落ちる」と考えたのである。そもそも特攻が悪と分かっていたのなら、なぜ特攻を始め、これを継続したのか。大西は大変な負けず嫌いであった。『大西瀧治郎』にその逸話が記されているが、海軍の元高官が特攻は「大西君の〝猿マス〟だったんだよ」（草柳大蔵『特攻の思想　大西瀧治郎伝』五〇頁）と揶揄したほどに特攻に打ち込んだのは、圧倒的に戦局が不利な状況の中で敵国に何としても負けたくないという意地が災いしたのか。大西は、山本五十六と同様に麻雀、ブリッジ、ポーカーなど無類のギャンブル好きで、偽名でこっそり参加して優勝した麻雀大会では、「おれは海軍をやめたら博徒になる」（同書、二六一頁）と言ったほど博奕好きである。

同類の山本五十六が、真珠湾攻撃、ミッドウェー作戦といった奇襲戦法を好んだように、大西は特攻に賭けたのであろうか。あるいは、パイロットの採用にあたって骨相学者を海軍航空隊の嘱託に採用させるなど何にでも飛び付くことから、自他ともに称した「ダボハゼ」の性格ゆえにか。大西は宗教を信じてはいないと言っているが、死んでいった特攻隊員のことを思い出して、

「大西は、はっきりと

『六百十四人だ。俺と握手していったのが六百十四人いるんだ』と言った。

それから眼にいっぱいの涙をためた。

『君、そんなことというもんだから、いま、若い顔が浮んでくるじゃないか。俺はなあ、こんなに頭を使って、よく気が狂わんものだと思うことがある。しかし、これは若いひとと握手したとき、その熱い血が俺につたわって、俺を守護してくれているんだ、と思わざるをえないよ』」（同書、三〇八頁）

と語っており、信心深い側面がある。大西が訓示で述べたように、精神によって物量を超える

ことができると思って特攻を行い続けたのであろうか。

大西が特攻を「統率の外道」という悪と認識しながら、特攻を止めようとしなかった理由は分からない。大西は、「西郷隆盛を科学したような男」(『大西瀧治郎』一八一頁)とよく評され、自身も西郷を私淑していた。しかし、西郷は岩倉具視、木戸孝允、大久保利通、伊藤博文らの悪政に反対して、正三位・参議・陸軍大将という最高に名誉ある職を辞して鹿児島に帰郷し、天皇に弓を引くことも辞さなかった。これに比し、大西は粘り強く自分の意見を通して部下の面倒もよく見たが、「列外に出なかった人物」と評されるように軍人の出世コースを歩み、職を辞すほど上官に反発したことはなく、西郷たりえなかった。

むしろ上官の命にはよく従った。例を挙げると、大西は、山本五十六連合艦隊司令長官に真珠湾攻撃を打診された時、航空の第一人者として論理的に反対している。その反対意見は『大西瀧治郎』(二八~三〇頁)に詳しく記されているが、要点として、真珠湾内の水深が浅いために魚雷発射が困難であることとハワイ周辺の飛行哨戒を突破することが難しいために、軍令部第一部長(作戦担当)に「ハワイ攻撃はあぶない、山本長官に思い止まるよう進言したいと思う」と意見を具申している。

しかし、山本長官に説得され、今度は大西が周囲に真珠湾攻撃を認めさせようと働きかけるようになったのである。真珠湾奇襲に成功した晩には、大西は山口多聞少将と共に山本長官へもう一度真珠湾を叩くように進言しているが、山本長官に反対され、これに従っている。再度、真珠湾を攻撃すれば慌てふためいている米軍艦隊に大打撃を加えることができたのは確実であったのにもかかわらず、これを行わなかったために山本五十六愚将論が出てくるのである。

大西は、実際には作戦家としてはまともなのである。だからこそ、特攻が「統率の外道」であることを理解していた。

大西瀧治郎と特攻以外の戦法を採り続けた美濃部正

大西が特攻以外にも採るべき戦法があったことを理解していた例として美濃部正の例が挙げられる。

美濃部正大尉（後に少佐）はダバオの「水鳥事件」の際、敵軍の上陸気配がないことを不審に思い、第一航空艦隊司令部の命令による暗号書と航空図の焼却と航空機無線用の水晶の破壊を止めさせた。そして、上官の第一五三空司令・高橋農夫吉大佐に、「なぜ、上陸部隊を確認もせずに書類を処分してしまうのですか」「よく見て下さい！」大尉は湾口の方向を指してさけんだ。「湾内に米軍の舟艇が来ていますか？　一隻もおらんですよ。抗命罪でもいいから、私は一航艦の司令部に行って意見具申をしてきます。とにかく、この司令用のジープを貸してください！」（『敷島隊の五人』四二四〜四二五頁）と言って車を走らせ、寺岡長官一行の車を制止させた。そして寺岡長官に、「目下の急務は状況の確認です。飛行機が一機でもあれば、まず偵察することです。第一基地にあるのなら、自分が操縦して飛びます。敵が湾内にいたら急降下します。それまで司令部の移動は待ってください」（御田重宝『特攻』三七〜三八頁）と具申し、陸軍の橋の爆破を止め、自ら飛行偵察を行い、敵のいないことを確認して事態を収束させた（猪口力平・中島正『神風特別攻撃隊の記録』二二頁では、玉井浅一副長が飛行偵察を行ったと記述してあるが、これは明らかな誤りである。実際には、玉井副長は美濃部大尉に飛行機を貸さなかった。

美濃部正ほど勇猛果敢で凄腕のパイロットはいない。第一航艦隷下の第一五三航空隊・戦闘九〇一飛行隊長の美濃部正大尉は、前述した大西瀧治郎長官の特攻に「反対するものはたたき斬る」という一〇月二五日の訓示を聞いている。その後に開かれた第一師団のレイテ輸送に関する作戦会議では、障害となる敵の魚雷艇に対して、美濃部は「セブまで出て夜間に零戦で魚雷艇を銃撃します」（御田重宝『特攻』二二二頁）と発言した。大西長官は、「零戦で夜間銃撃がやれるのか」（同書）と、航空の第一人者でも知らなかった攻撃方法に驚いている。美濃部は、この攻撃方法について次のように回想している。

「夜間に零戦などの飛行機を利用する以外にないと、私は早くから着目していたんです。セブ基地から夜間出撃した部下は同じ水上機出身ですが、猛烈な夜間訓練をやりました。訓練すればすごいもので、エンジンの排気管から出るかすかな青白い炎を見て編隊飛行ができるまでになります。もともと二座の水上機は空中戦ができるんです」（同書、二二三頁）

「零戦で夜間出撃して魚雷艇を銃撃するのは、魚雷艇のスクリューで夜光虫がかすかに見えるからです。それを目標にして超低空で突っ込みます。これは効率のよい攻撃法で、夜間に飛ぶ訓練さえしていれば十分にできます。レイテにも黎明、夜間の銃撃に行きましたが、従来通りの考え方ではもはやアメリカには通用しませんでした」（同書、二二四頁）

大西長官は美濃部大尉の意見を採用したが、それ以外の部隊に対しては、「意見がなければ、最後の部隊は特攻を命じる。異論もあろうが、反対するものは極刑に処する」（同書、二二二頁）と、特攻を命じた。美濃部部隊のみ例外であったのだ。美濃部大尉は部下三人を引き連れて七隻の魚雷艇を銃撃し、一隻も魚雷艇を出なくしてレイテへの輸送を大成功させている。

一一月下旬に大西長官からパラオのコッソル水道にあるアメリカ空軍基地の飛行艇に特攻を行うように命令された時、美濃部は次のように抗議した。

「長官、お言葉でありますが、特攻さえ出せばいいという考え方はどうかと思います。特攻以外の方法で、長官のご趣旨に副うことができれば、その方法の方がすぐれているわけです。私は、それに全力を挙げるべきだと考えます」（草柳大蔵『特攻の思想　大西瀧治郎伝』一七八頁）

前出『特攻とは何か』では、この時に美濃部は、「特攻ならいいだろう、との考えには承服しかねます。私の部下を、わずか四機をつぶすために殺すんですか。四八《ママ》機を叩きつぶすという目的のために、月光を三～四機出して、その結果、わずか四機ていどの戦果しかえられない。それでは、私が手塩にかけて育てた彼らの死はムダになります。どうしてもやれ、とおっしゃるなら、私の思う通りにやる。部下の使い方ぐらい、私はよく知っています。どうか私の好きなようにやらせていただきたい」と反対し、大西長官は「よし、君の隊はレイテでまだまだ活躍してもらわねばならんから、この命令は取り消す」と反応している（二六八～二六九頁）。

この日の夜、美濃部は大西長官と二人きりでじっくりと話し合っている。長官で中将の軍人が一大尉と面と向かって話し合うということは階級社会の軍においては珍しいことであった。美濃部大尉は大西長官に零戦の銃撃特攻が疑問であること、艦船攻撃は敵の哨戒が厳しいため夜戦隊を強化することを具申し、「若い特攻隊員がとっさの判断で艦種の識別、対空砲火からの防御などできません。長官、技量がないから特攻をやらせると申しましても、現状を見れば、技量がなければ特攻はできません」（御田重宝『特攻』二二八頁）と述べている。

これに対して、大西長官は「飛行機はダバオ、セブ、マニラで泡のごとく消えてしまった。今の基地航空部隊にそれができるならば、だれがこんなむごい戦いをするものか。若いパイロットたちに何とか死に花を咲かせてやりたい。君の隊は君の思うようにすればよい」（同書、二二八〜二二九頁）と語っている。前出『特攻とは何か』では、大西長官は「特攻という、こんなむごい戦争は、悪いということを承知の上だ」「ぼくが陛下に長官として親任されてきた以上は、頼りになる若いパイロットに恃むしかない。それで、ぼくは覚悟を決めてきたのだ。君は、君のやり方でやれば良い。ぼくも自分でやるしかないんだ」と語った（二六九頁）とある。

大西長官は特攻を止めて美濃部大尉に作戦遂行を任せている。美濃部大尉は得意の夜襲戦法を実施し、敵のレーダーに映らないように海面上を低空飛行して敵飛行艇に奇襲攻撃を仕掛け、飛行艇の焼打ちを見事に成功させた。大西長官は美濃部の戦法を高く評価し、「内地に還って、君の思想による新しい隊を編成してきたまえ」（草柳大蔵『特攻の思想　大西瀧治郎伝』一八一頁）と命令し、美濃部は第三航空艦隊（司令長官は寺岡謹平中将）に転属して夜襲を専門とする芙蓉部隊を結成する。

美濃部正と芙蓉部隊について緻密に取材して書かれているのが渡辺洋二の『彗星夜襲隊　特攻拒否の異色集団』である。美濃部正は美濃部貞功（少将まで進級）の養子であり、親子揃って航空を専門とした。美濃部正は配属された大西瀧治郎第一航艦長官、寺岡謹平第三航艦長官、宇垣纒第五航艦長官からもその実力が認められ特攻隊に編成されず、夜襲部隊として独立的な地位を得た一流のパイロットであった。美濃部は未明に航空機を索敵に出し、接近してくる敵機動部隊を逸早く見つけ出し、残存機を発動して敵機が空母より発艦する前に攻撃を加えるという夜襲戦法を得意とした。

美濃部は自分の部隊が特攻隊に編成されることをはっきりと拒絶した数少ない人物であるが、特攻に反対した大きな理由は次の三点である。

・初級士官、下士官・兵ら年若い搭乗員だけを特攻隊員に選び、司令、副長、飛行長、飛行隊長といった部隊幹部を要員から除いた。

・特攻は愛国心の発露の極致だが、それだけに戦技訓練がおろそかになりがちで、また精神的修養を積むいとまがなくなり、最終的な勝利者への道が閉ざされる。

・きわめて有効な状況下でだけ必死隊を出すべきであり、恒常的に用いるのは戦術の邪道にほかならない。（渡辺洋二『彗星夜襲隊　特攻拒否の異色集団』二八四頁）

この理由はもっともであり、正道である。そして美濃部少佐は自らの夜襲戦法を実現するために鬼教官として部下に猛訓練を課し、徹底的に鍛えた。厳しい飛行訓練はもとより、夜襲戦法を成功させるために昼夜逆転させ、午前０時に起床させて夜目を鍛えさせた。限られた飛行機燃料から洋上航法においては基地の立体模型を作って図上演習を念入りに行い、夜間飛行訓練においては待機しているパイロットに見学をさせて勉強させるなどして補った。雨天で飛行ができない日には、航法や通信技術、夜間の艦隊の航跡の見え方、戦術、事故防止の技術、パイロットが飛行中のトラブルを判断できるようにするための整備士による機材講習すらも勉強させた。こうして、美濃部が猛訓練させた芙蓉部隊の隊員は短期間の内に一流のパイロットへと変貌していった。
芙蓉部隊は出撃して帰還した時に戦闘詳報を作成した。これは出撃編成、攻撃目標、戦果、損失は当然のことながら作戦命令に対する自隊の方針、天候上の注意点、戦闘結果への考察と反省、出撃搭乗員の状況と功績、各機の作戦時間表、敵の夜戦や基地の状況を記したもので、毎回作成して上官に渡している。これは、一度出撃したきり帰還できない特攻ではできないことである。生還してこそ、その戦闘経験を徹底的に検証して一層有効な攻撃方法を検討できるのである。芙蓉部隊はできることを最大限に行った。

同部隊の主力飛行機は「彗星」で愛知社による製造であった。この「彗星」は高性能ではあるが、複雑な構造をしており、特に液冷エンジンの取り扱いは難しかった。いくらパイロットの技量が良くても飛行機が故障してはどうにもならない。そこで美濃部少佐は飛行機整備にも力を入れ、整備士は座学と猛訓練を行って腕を磨き、就寝時間を無視してまでも飛行機整備を行ったために抜群の可動率を誇り、航空本部から表彰が授けられたほどであった。

この芙蓉部隊では、敵軍に対して出撃を行う前進基地とパイロットの錬成と飛行機の整備を行う後方基地とをはっきりと分け、前進基地で負傷したパイロットを後方基地に送る一方、一人前となったパイロットを整備の済んだ飛行機に乗せて前進基地に送るという近代的なシステムを採用した。実際にこれが功を奏してパイロットは激戦地を駆け抜け、故障機による墜落事故は極めて少なかった。一度きりの飛行である特攻ではできないシステムであった。

美濃部少佐は貴重な戦力である飛行機を大事にしたために飛行機が飛ばない時には必ず擬装を行って敵軍に見つかって爆撃されないようにした。周囲に牛を飼い、出撃しない昼間には移動式の家屋を滑走路に置いて牧場に見せ、林の中に隠した飛行機にはその都度木の枝を乗せて擬装するなど用意周到に行った。そのため、終戦時には前進基地と後方基地には一〇〇機近い飛行機が残されていた。このような部隊は芙蓉部隊以外に存在しない。

　このように徹底して錬成した芙蓉部隊は終戦まで目覚ましい戦果を挙げ続けた唯一の部隊となった。芙蓉部隊の主目的は敵基地や戦艦の爆撃ではあるが、強力な火器と高性能のレーダーを持つ最新鋭のＰ―61を撃墜した例もある。

連合艦隊参謀長の特攻命令に反対した美濃部正

　昭和二〇年二月下旬から三月の初め頃に行われた連合艦隊の「沖縄作戦会議」では各航空部隊から司令級（大佐、中佐クラス）が三〇〇名ほど集まった。この時、「教育部隊を閉鎖して練習機をふくめ全員特攻編成」（渡辺洋二『彗星夜襲隊　特攻拒否の異色集団』一〇五頁）を連合艦隊参謀長の草鹿龍之介少将が命令して全ての航空部隊を特攻隊に編成しようとした（渡辺洋二『彗星夜襲隊　特攻拒否の異色集団』では単に「航空参謀」とあるが、生出寿『特攻長官　大西瀧治郎』一九四頁で草鹿少将を特定）。参謀長は幕僚長とも言われ、草鹿幕僚長は作戦に関する絶大な権限を持っていた。この場合、特攻が上からの命令であるのは言うまでもない。

　美濃部少佐は並み居る上官を前にして、「フィリピンで敵は三〇〇機の直衛戦闘機を配備しました。こんども同じでしょう。劣速の練習機まで狩り出しても、十重二十重のグラマンの防御陣を突破することは不可能です。特攻のかけ声ばかりでは勝てるとは思えません」（渡辺洋二『彗星夜襲隊　特攻拒否の異色集団』一〇五頁）と反対意見を述べた。これに対して特攻を命令した草鹿幕僚長は次のように怒鳴りつけた。

「必死尽忠の士が空をおおって進撃するとき、何者がこれをさえぎるか！　第一線の少壮士官がなにを言うか！」（同書、一〇六頁）

しかし、美濃部は自己の信念を曲げず、激しく応酬した。

「いまの若い搭乗員のなかに、死を恐れる者は誰もおりません。ただ、一命を賭して国に殉ずるためには、それだけの目的と意義がいります。しかも、死にがいのある戦功をたてたいのは当然です。精神力一点ばかりの空念仏では、心から勇んで発つことはできません。同じ死ぬなら、確算のある手段を講じていただきたい」（同書）

「ここに居あわす方々は指揮官、幕僚であって、みずから突入する人がいません。必死尽忠と言葉は勇ましいことをおっしゃるが、敵の弾幕をどれだけくぐったというのです？　失礼ながら私は、回数だけでも皆さんの誰よりも多く突入してきました。今の戦局に、あなた方指揮官みずからが死を賭しておいでなのか？」（同書、一〇五〜一〇六頁）

「飛行機の不足を特攻戦法の理由の一つにあげておられるが、さきの機動部隊来襲のおり、分散擬装を怠って列線にならべたまま、いたずらに焼かれた部隊が多いではないですか。また、燃料不足で訓練が思うにまかせず、搭乗員の練度低下を理由の一つにしておいでだが、指導上の創意工夫が足りないのではないですか。私のところでは、飛行時数二〇〇時間の零戦操縦員も、みな夜間洋上進撃が可能です。全員が死を覚悟で教育し、教育されれば、敵戦闘機群のなかにあえなく落とされるようなことなく、敵に肉薄し死出の旅路を飾れます」（同書、一〇七

頁）

「劣速の練習機が昼間に何千機進撃しようと、グラマンにかかってはバッタのごとく落とされます。二〇〇〇機の練習機を特攻に狩り出す前に、赤トンボまで出して成算があるというのなら、ここにいらっしゃる方々が、それに乗って攻撃してみるといいでしょう。私が零戦一機で全部、撃ち落としてみせます！」（同書、一〇七頁）

美濃部少佐の意見に反対する者はいなかった。しかし、美濃部の主張は彼が率いる芙蓉部隊にのみ聞き入れられ、他の部隊は特攻隊に編成された。軍首脳部は現場の指揮官の声にじっくりと耳を傾けることはしなかった。

美濃部は自分の命惜しさに特攻に強く反対したのではない。芙蓉部隊の中には戦闘中に自ら特攻を行って散華した者がいる。まえがきで述べた①の場合であり、自らの愛国心に駆られてのものだった。また、米軍の上陸に伴う本土決戦時には最早夜襲を行うことも不可能なので、最後の最後には、自らが部隊を率いて特攻を行うことを計画していた。しかし、美濃部にとって特攻は万策尽きた時の最後の最後に採る手段であって、常道ではなかった。美濃部は出撃する隊員に「体当たりせよ」と言うことは絶対になく、身体や機材が不調なら何度帰ってきてもよいと言い、未帰還となっていた隊員が生還した時には心より喜んだ。第１章で述べた特攻を命じた軍首脳部の態度とは大違いである。

筆者がここで美濃部正の例を出したのは、海軍航空の育ての親であり第一人者の大西瀧治郎には特攻の他に採る方法があったのではなかったのかと思うからである。少なくとも、特攻をやる前にやるべきことはあった。なぜ、それをしなかったのかということである。大西は第一航艦長官、軍令部次長に就いていた時、この芙蓉部隊について詳細に把握していたはずである。

海軍航空育ての親である大西瀧治郎による子殺し

大西瀧治郎は誰よりも特攻を推進して命令・指揮した一方、特攻を行ったことにより深い苦悩を抱えていた。この不可思議な謎に答えを与えることは困難である。これまで述べてきたことを総合して考えてみると、海軍航空の育ての親であり、誰よりも航空分野に精通していた大西が、自ら子である海軍航空を潰滅させようとした破滅的な矛盾含みの行動の理由は、前述した①の大西より上位の者が特攻の指示を出したことではなかろうか。これならば、今まで述べてきた大西の矛盾と苦悩は全て納得がいく。しかし、大西は特攻を行った責任を取って自決したために、死人に口はなく、真相は分からない。また、これを証明する決定的な証拠も欠いており、この説は筆者の仮説に過ぎない。しかし、次章以降では特攻が最高指揮官達によって指揮されたことを考察していくので、筆者は有力な仮説であると信ずる。

ともかく、①は仮説であるが、少なくとも特攻実施以降、大西の言動が最早整合性を保てなくなっていたことは事実であり、精神症に罹っていたような症状を見せる軍人を決して現場の最高責任者に任命してはいけない。このような人事を行ったのは米内光政海相である。米内海相は、特攻を次々と実行した第一航艦長官の大西を今度は軍令部の№2である軍令部次長に抜擢するのである。「特攻の生みの親」である大西が当然特攻を止めるはずはなく、残酷な特攻兵器が次々と開発されて実行されるのである。特攻に関する米内の罪は重い。

大西の特攻を続ければ裕仁天皇が「必ず戦争を止める」と言うであろうという考えも甘い観測であった。裕仁天皇は、特攻の報告を受けた時、「そのようにまでせねばならなかったか。しかしよくやった」（猪口力平・中島正『神風特別攻撃隊の記録』九〇頁。異説あり、第11章参照）と言ったのであり、直ちに戦争を止めようとはしなかったのである。

もちろん、軍の複雑な状況があったかも知れないが、終戦を決定的にしたのは残念ながら特攻ではなく、原爆の投下とソ連の対日参戦であった。終戦工作を行っていた米内海相は、「私は、言葉は不適当と思うが、原爆やソ連の参戦は、ある意味では天佑である。国内情勢で戦いをやめるということを出さなくてすむ。私が、かねてから時局収拾を主張する理由は、敵の攻撃が恐ろしいものでもないし、原子爆弾やソ連の参戦でもない。一に、国内情勢の憂慮すべき事態が主である。したがって、今日、その国内事情を表面に出さなくて収拾できるというのは、むしろ幸いである。軍令部あたりも〔筆者注：大西瀧治郎らのこと〕国内がわかっておらなくて困るよ」（実松譲『米内光政』一九四頁）と語っている。

裕仁天皇もまた、「空襲は日々激しくなり加うるに八月六日には原子爆弾が出現して、国民は非常な困苦に陥り「ソビエト」は已に満洲に火蓋を切った、之でどうしても「ポツダム」宣言を受託せねばならぬ事となったのである」（『昭和天皇独白録』一四三頁）と終戦の御聖断を下した原因を語っている。

特攻が終戦に導いたのではなかった。大西の見当外れにより、この「統率の外道」によって多くの特攻隊員が死んでしまったのである。「一国は一人を以て興り、一人を以て亡びる」という諺がある。大西は軍の最高責任者の地位を担えなかった。悲劇の全てはここに端を発する。

実際に、日本には優れた人材がいたのだが、多くの日本人は知らない。優秀な人材を見逃すのは日本人の悪い癖であり、これこそが我々に危機をもたらすのである。

第5章 特攻が初めて行われた捷一号作戦

追いつめられた日本

最初に特攻を作戦として実施したのが空前絶後の規模で行われた捷一号作戦である。この捷一号作戦こそが戦局を挽回するための最後にして最大のチャンスであった。日本軍が禁じ手である特攻を用いたがっていたのもこの作戦に限り分からないでもない。特攻を用いることになった捷一号作戦を本章では検証する。

日本軍はアメリカとの開戦となった真珠湾攻撃から破竹の勢いで勝利していった。しかし、日本軍が総力を挙げたミッドウェーの海戦では大敗を喫してしまった。この敗戦により、最新鋭の空母四隻、航空機三二二機、約三五〇〇人の兵を失ったのである。この数字だけを見ると大敗は実感しにくいが、アメリカとの戦争によって資源が乏しくなっている状況下で虎の子とも言える最新鋭の空母を失ったのは日本にとって痛打であった。何よりも高度な操縦技術が求められる航空において日本が誇る熟練のパイロットを多く失ったことが大きな損失であった。

特攻で見落としがちなのは、航空戦は飛行機の数ではなく、パイロットの技術がものをいう点である。いくら新しい飛行機やパイロットを補充しても、長年培われてきたパイロットがいなければ航空戦は勝利できない。パイロットを即席で養うことは不可能であり、ゆえに熟練のパイロットは「国の宝」として重宝しなければならず、徒らに死なせるような作戦を指揮官は絶対にとってはいけないのである。

ミッドウェーの敗戦以降、日本は連戦連敗を続けていくことになる。ガダルカナルなどでは日本軍が全滅した。昭和一九年六月にはマリアナ海戦における「あ」号作戦が失敗に終わって(翌月にはサイパン玉砕の完全敗北)、海軍はほとんど戦力を失ってしまった。「あ」号作戦とは、日本の本土防衛のためにはサイパンは必要な基地であり、これを奪われてしまうと制空権を失ってしまうことから、マリアナ海に海軍が総戦力を出動させた一大作戦である。指揮官は小沢治三郎中将であり、空母九隻、航空機一六四四機を動員して(ただし航空機の実働は約二〇%ほどに止まった)、「アウトレンジ戦法」を採用した。これは正攻法で敵軍とぶつかれば物量の差で負けてしまうので、遠方地より出動させた航空機により逸早く敵軍を見つけて攻撃を加え、敵が混乱中に接近して第二波の攻撃を加える戦法である。

しかし、この戦法の成功には大きな条件があり、敵軍に先手を取られてしまっては成功せず、かえって自軍の空母が敵機の餌食になってしまうことである。この時、アメリカでは総数二四二九機という圧倒的多数の航空機の動員と最新鋭の軍備を揃えており、アメリカ軍の高性能レーダーにより日本の航空機の動きが詳細に察知されてしまい、次々と航空機が撃ち落されていった。アメリカ軍はこの様を「マリアナの七面鳥撃ち」と揶揄した。こうしてハイテク機器の差によって、大型・中型空母三隻撃沈、同四隻損傷、わずか二隻の小型空母のみ無傷で、空母搭載機の約三六〇機の内わずか二五隻のみが残り、惨敗を喫した。

アメリカの圧倒的な兵力の前に日本の敗戦は必至であり、サイパンが攻略されたことにより絶対国防圏は崩れてしまった。また、サイパンでの玉砕は悲惨極まりなく、「生きて虜囚の辱を受けず　死して罪過の汚名を残すことなかれ」という戦陣訓のためにアメリカ軍の投降呼びかけを日本兵はおろか年寄りや女子供までもが拒否した。敵軍に捕まると女性は皆強姦され、他の者は弄ばれて殺されると教えられていたからである。捕虜の待遇に関する国際条約などは民間人どころか現場の兵ですら知らなかったのだ。そのため、敵軍に捕まらないようにするため自らの子供や身内を手にかけて殺したのである。毒薬や手榴弾、崖からの投身などの自殺によってほとんどの日本人が肉片と化した。サイパンでの惨状はそのまま沖縄やその他各地で繰り返された。日本の最高首脳達にはサイパン陥落時に降伏すべきであったという意見も多く、東条政権の崩壊の原因ともなった。

フィリピンでの史上空前の決戦

ここで戦局を打開するために、海相を兼任する嶋田繁太郎軍令部総長が昭和一九年七月、「大海指第四三一号」、「大海指第四三五号」により「捷号作戦」を発令している。ちなみに「捷」とは勝利のことを意味する。「捷号作戦」は四つに区分され、「捷一号」はフィリピン方面、「捷二号」は九州南部及び南西諸島、台湾、「捷三号」は本州、四国、九州、状況により小笠原諸島方面、「捷四号」は北海道方面をそれぞれ作戦対象地域にしている。特に、レイテで行う「捷一号」作戦は、日本の残存兵力を結集させた一大決戦である。

その作戦はレイテに上陸しようとする連合軍に対して、まず日本を出航した四隻の空母を中心として小沢治三郎中将率いる機動艦隊がレイテの北上で囮艦隊となって敵を引き付ける間、ボルネオのブルネー湾を出航した不沈艦と言われる「大和」「武蔵」などの戦艦を率いた栗田健男中将の主力艦隊がサンベルナルジノ海峡を通過してレイテにいる連合軍に総攻撃を行うものである。この栗田艦隊以外にも、ブルネー湾を出航して栗田艦隊よりも南方のスリガオ海峡を経てレイテに突入する西村祥治中将率いる機動艦隊、日本から出航してコロン湾、スリガオ海峡を経てレイテに突入する志摩清英中将率いる機動艦隊も出動させており、日本の持ちうる戦艦を総動員した最後にして最大の決戦である。

小沢艦隊は空母に積載した一〇八機の航空機以外の飛行機部隊を持たず、大軍の敵兵の前ではなすすべもなく攻撃されるため、死を覚悟した囮艦隊であった。この艦隊は単なる囮であるために戦闘機隊を付けないことは分からないでもないが、不思議なことに主力艦隊である栗田艦隊にも護衛を行う空母はおろか護衛戦闘機も付かなかった。「大和」「武蔵」は日本最大級の戦艦ではあっても空母ではなく、戦艦同士の対決には抜群の威力を発揮しても空中戦においては護衛のための航空機を付けなければ敵の恰好の餌食になるばかりである。

囮の小沢艦隊には空母が四隻もあったが、囮であるために当然空母四隻は撃沈されている。この時期の戦場は既に戦艦主力から航空主力へと移っていたのであり、栗田艦隊の突入をなんとしても成功させたいのであれば、護衛機、特に空母をなぜ付けなかったのか甚だ疑問である。そのために、栗田艦隊は敵の航空隊の攻撃に晒され、不沈艦「武蔵」がシブヤン海の藻屑となって沈んでいったのである。日本軍がこの欠点を補うために採った戦法は、敵の空母の甲板を特攻で攻撃することにより敵の航空隊出撃を防ぐことで栗田艦隊のレイテ湾突入を成功させるというものである。

最前線にいた第一航艦は戦闘の連続とダバオ水鳥事件により三、四〇機ほどしか残存していなかった。そこで特攻による空母攻撃を考えたのは分からないでもないが、残存機が比較的ある第二航艦は護衛機をほとんど出さなかった。一〇月二四日の朝、栗田艦隊が敵の攻撃に喘いで二回護衛機の派遣を要望したが、空母攻撃に専念するとしてこれを拒否している。捷号作戦の主体である栗田艦隊が全滅してしまっては意味をなさず、第二航艦の作戦指揮は素人目に見ても拙い。

しかしながら、関行男大尉を指揮官とする日本で最初の特攻は、少数機でありながら敵の護衛空母「セイント・ロー」を撃沈（飛行甲板を突き抜けて格納庫の爆弾と魚雷を誘爆させた）させる大戦果を挙げた。二五日の特攻攻撃だけで、「セイント・ロー」撃沈のほか空母六隻に損傷を与えた（デニス・ウォーナー、ペギー・ウォーナー『ドキュメント　神風』参照）。約二五〇機で従来の正攻法を行っていた第二航空艦隊と変わりない戦果を挙げたのだから大西瀧治郎長官が色めき立ったのも無理はなかった。この戦果報告を受けてそれまで特攻を拒否していた福留繁第二航艦長官は特攻を許可したと言われている。

昭和一九年六月一五日に第二航艦長官に就任した福留繁は、軍令部と連合艦隊の要職を歴任してきたエリート軍人で艦隊の勤務経験はあるが航空隊の指揮官としての経験はなかった。平時ならばエリート軍人にとって良き経験となろうが、急迫する第一線で航空の素人が指揮官に就くことは危険である。事実、第二航艦は鈍足のためにカモにされていた旧式の九九式艦上爆撃機が主力となっていたにもかかわらず、レイテ沖決戦では白昼での大集団攻撃を行った。部隊を率いる歴戦のパイロットで艦爆隊長の江間保少佐は福留長官ら首脳に「私は部下を犬死させたくないから、この出撃はお断りする！」「われわれは、単に犬死になる」（『敷島隊の五人』五四六〜五四七頁）と作戦の拙さを批判している。江間は勇猛果敢さが隊内に知れ渡った名パイロットであったが、福留長官はその意見を無視した。江間少佐には次のような逸話がある。昭和二〇年三月一八日に神風特別攻撃隊菊水部隊彗星隊第二小隊長の上野満雄少尉が第五航空艦隊から特攻出撃命令を受けた時、飛行隊長であった江間は上野少尉ら部下たちを集めて「爆弾を敵艦に確実に命中させて帰って来い」「重要なのは、攻撃を成功させることである。命まで捨てることはない」（三国雄大『特攻　この非情な戦法』一五八〜一五九頁）と軍紀違反覚悟の指示を出して特攻に反対した。

しかも、第二航艦航空部隊は栗田艦隊を襲ったボーガン部隊から北方に離れたフレデリック・シャーマン提督が率いる第三空母群を攻撃し、栗田艦隊の護衛を全く果たさなかった。この作戦は見るも無残な失敗に終わった（ただし最新鋭の「彗星」機の単機攻撃では一機で正規空母「プリンストン」の撃沈と巡洋艦大破という特攻でも得られない大戦果を挙げている）。福留長官の作戦の拙さが特攻の存在を高めてしまったのは不幸であった。

この特攻によって、「捷一号作戦」が成功し、戦局を挽回して日本にとって有利な状況で和平を結べれば、後世における特攻はもっと違った評価になったであろう。しかし、この「捷一号作戦」は栗田艦隊の不可解な退却により失敗に終わってしまう。以下、当時の戦況を述べる。

栗田健男長官の敵前逃亡により全てが無に

日本の海軍と陸軍は時には一致協力したが、激しく対立することもあり、これが戦況を不利にした。しかしこれは日本だけに限らず、世界の軍隊に見られることであり、アメリカ軍もしかりである。レイテ沖では海軍のニミッツ太平洋艦隊最高指揮官が率いるハルゼー艦隊と陸軍のマッカーサー南西太平洋方面連合軍最高司令官が率いるキンケード艦隊が日本軍を攻略しようとしていた。ハルゼーはサンベルナルディナ海峡を、キンケードはそれよりも南方のスリガオ海峡をそれぞれ任されていた。

ハルゼーはシブヤン海で栗田艦隊の襲撃に成功したので、北方にいる囮の小沢艦隊を見つけた時に、これを主敵と見做して空母一二隻の総力を挙げて北上した。ハルゼーは栗田艦隊に反撃の余力はなく、栗田艦隊は反転した時に退却しただろうと見做してしまい、サンベルナルディノ海峡をがら空きにさせてしまったのである。この時、南方のキンケードはスリガオ海峡の通過を目指している西村中将率いる艦隊の攻撃に専念しており、サンベルナルディノ海峡の動向に気が回らなかった。西村艦隊は旧式戦艦が主力であったが、これは栗田艦隊のレイテ湾突入を成功させるための囮とも言える部隊であった。日本軍の命懸けの作戦が見事なまでに成功したのである。

海軍のハルゼーは指揮系統の異なる陸軍のキンケードに十分な連絡報告をしなかった。同じ指揮系統ならば、ハルゼーの北上時にサンベルナルディノ海峡に他の部隊を回して警戒させていただろう。ハルゼーは遠方の小沢艦隊を目指して北上し、栗田艦隊の攻撃を受けたキンケードの助けを求める電報を受けても小沢艦隊を追い続けた。一〇月二五日の午前一一時前にニミッツ長官の指示を受けて慌てて南下し、翌日の午前一時ごろに戻った時には栗田艦隊が退却した後だったという失態を演じたのである。

レイテの北方では、小沢艦隊が一〇月二五日まで敵の激しい来襲を受けながら必死で囮となって敵機動部隊を引き付けていた。栗田艦隊の南方では、西村艦隊が一〇月二五日までの激しい攻撃により駆逐艦一隻を除いて全隻撃沈されている。この状況の中、栗田艦隊は味方の多くの犠牲により、サンベルナルディノ海峡を通過し、サマール島沖に出ることができたのである。南方のレイテ湾は目前である。レイテ湾を目前にした一〇月二五日の早朝六時四五分、栗田艦隊はキンケードの空母部隊を発見している。この時、栗田艦隊の戦艦「武蔵」は撃沈されていたが、戦艦「大和」は健在であった。至近戦ならば防御力の劣る空母よりも「大和」の方が有利であり、世界最大級の「大和」の巨砲によりアメリカ空母部隊を殲滅させる「天佑」とも言える絶好のチャンスを手にしたのである。

栗田艦隊は攻撃をするが、敵軍は煙幕を張って退却した。二時間以上も追撃したが、天候は悪く、激しいスコールも災いして視界不良となってしまい、敵部隊を見つけることはできなかった。そのため午前九時一一分に追撃戦の中止を命令し、散り散りになっていた艦隊を集結させて目的地である南西地のレイテ湾ではなく北方へ針路を変更させた。その後、午前一一時ごろには再度レイテ沖へ向かって南下する。しかし、わずか一時間ほど経った午前一二時三〇分ごろレイテへの突入を中止し、午後一時過ぎにはサマール東岸を北上することを決定している。

敵陣を目前にした反転を栗田長官が決めた理由は、『戦史叢書　海軍捷号作戦〈2〉』では、西村艦隊が既に全滅した状態にあることを後続の志摩艦隊から知らされており、また小沢艦隊が敵機動部隊を引き付けているという情勢も伝わっておらず、そのために敵陣の真っただ中にいると勘違いをしてしまい、このままでは撃沈されることは明らかであると判断して北方にいる敵機動部隊を目指して退却したとしている。

しかし、これはどう考えても敵前逃亡である。まず、無謀だという批判もされているが、日吉にいる豊田副武連合艦隊司令長官は、栗田艦隊にレイテ湾に、「天佑を確信し全軍突撃せよ」という電報による命令を出している。『戦史叢書』は旧帝国軍人によって書かれているため、軍の恥になることに関してはごまかしている部分がある。『戦史叢書』の誤りを指摘しているのが元大和暗号士・小島清文の『栗田艦隊　レイテ沖反転は退却だった』である。同書では、栗田艦隊が北方への反転の理由として用いている「ヤキ一カ」（北東三〇里の敵のこと）を攻撃するという電報が全くの嘘であったことを証言している（二一六〜二二〇頁）。確認できていない北方の敵部隊を攻撃することはできない。つまり、栗田艦隊は何としても前線の南方から逸早く退却したかったのだ。

栗田艦隊はレイテ湾に向かうまでに何度も激しい来襲を受けている。その激しい様子は、撃沈された「武蔵」の搭乗員である渡辺清の『戦艦武蔵の最後』（『海の城　海軍少年兵の手記』の続編）などに記されている。栗田中将が死の恐怖に襲われて敵前逃亡したことは十分に考えられる。栗田健男は戦後、伊藤正徳にレイテでの反転の理由を尋ねられた時、「非常に疲れている頭で判断したのだから、疲れた判断ということになろう」「自分一個の責任でやった。情報の正否を確かめる暇もなかったが、要するに敵の機動部隊がすぐ近所にいると信じたのが間違いだった」（伊藤正徳『連合艦隊の最後』一五〇頁）と語っている。精神症に罹り、幻の北方の敵部隊を追いかけたのだ。現場の最高指揮官がこのような症状を見せると現場では不幸が起こる。

最大の悲劇は、栗田艦隊が最初に北上を決定した後の午前一〇時四五分にサマール島のすぐ南のスルアン島近海の敵機動部隊に関行男大尉率いる特攻隊が命と引き換えに大戦果を挙げたことである。この敵機動部隊は栗田艦隊に襲撃された部隊であり、栗田艦隊が北方へ去っていくのを見て一息ついていたところであった。栗田部隊がわずか二時間ほどで敵機動部隊の追撃を諦めず、そのまま南下していけば、この特攻と相俟って大戦果を挙げられた可能性があったのである。

元々、これこそが特攻の目的であったのであり、二五日のレイテ沖の決戦で特攻隊が命を賭そうとした目的を主力部隊が放棄したのである。最初の特攻の戦果自体は、加藤豊文一飛曹指揮官の「菊水隊」で、七時四〇分に敵空母「サンティー」に損傷を与えている。特攻による最初の戦死者は大和隊の久納好孚中尉（一〇月二一日）、その次が同隊の佐藤馨上飛曹（一〇月二三日）である。戦果が確認されなかったために豊田副武連合艦隊司令長官による特攻に関する殊勲の全軍布告第一号は敷島隊となった、ただし、久納中尉らが最初に布告されなかった理由は関大尉が海軍のエリートを育てる兵学校出身だからだろうと当時のパイロット達は批判している（大野芳『消された戦史』参照）。

特攻の攻撃は成功したが、特攻の目的である「捷一号作戦」は失敗したのである。この特攻で散華した英霊達の意志は最高指揮官の臆病風によって吹き飛ばされてしまったのだ。しかし、軍上層部はこの最も重要なことを受け止めなかった。なぜなら、栗田中将はこの作戦ミスによって何ら処罰を受けていないからである。第1章で述べたように特攻隊員の失敗は決して許されなかったにもかかわらず、軍上層部の失敗には極めて寛大なのである。栗田中将の罪は許されても、特攻隊員や下士官たちは許されずに罰を与えたのが当時の最高権力者たちであった。

この時の栗田艦隊に同情を寄せる意見も多い。栗田艦隊はサマール島沖に出るまで激しい爆撃を受けてきたのであり、レイテ湾に突入すれば敵に大打撃を与えられたものの、栗田艦隊も壊滅した可能性が高く、兵力を温存させるためにも帰還したのはやむをえないという意見である。しかし、この意見を肯定するのには一つの条件が付くのである。それは、十死零生の「必死」の特攻を行わせず、生還の見込みのある「決死」の作戦によって極力兵力を温存させることである。一方で、特攻によって貴重な兵と航空機を全部損失しておいて、一方で兵力を温存させるというのはどう考えても矛盾しており、上官の身勝手な考え方である。栗田中将が全滅を恐れて退却した戦艦「大和」はその後、「天一号作戦」に用いられたが、航空総攻撃を行うために敵を引き付ける囮として護衛機も付けずに、燃料の不足から片道燃料で敵陣に水上特攻を行い、撃沈されて生みの藻屑となった。栗田中将の行為は決して日本にとって利益をもたらすことがなかった。

かくして日本の敗戦は決定的に

レイテでの最後の最大決戦が物心共に敗退した時点で、敗戦はもとより日本が挽回できる、すなわち一撃を加えて有利に和平を結ぶという可能性すらもなくなったのである。最初の特攻では大戦果を挙げたが、しかし、その二日後にはアメリカ軍は持てるレーダーピケットの全てを活用してレーダー網を張り、艦隊から特攻機を撃墜するための高角機銃を増強し、戦闘機による哨戒を強化したことで早くも特攻の命中率を低下させた。さらに、およそ二ヶ月後には敵機動部隊を指揮するジョン・S・マッケイン中将は対空火器により猛烈な火網を行うことや空母の搭載機において対地上の艦上爆撃機から対特攻の戦闘機の割合を格段に増やし、戦闘機によって日本の航空基地を制圧する戦術を採った。沖縄への侵攻では最高責任者であるリッチモンド・ケリー・ターナー中将は空母の周りを最新鋭レーダーを装備した新型駆逐艦によって二重の輪形陣を敷いた。この強固な哨戒網により特攻が戦果を得られない時もあった。

日本側も特攻を成功させるために戦術の工夫を行って戦果を挙げることはあったが、しかし、これは局地的な戦果にしか過ぎなかった。特攻のみでは大局を覆すにはいたらなかった。フランス人の戦史研究家のベルナール・ミローは、命を懸けた特攻隊員には敬意を表してはいるが、「アメリカ人は冷静にこの新しい攻撃法［筆者注：特攻］に対した。それは明らかに無関心といってよいほどのものであった。変転する状況というものに対して感嘆すべきほどの適応能力に恵まれているすぐれた唯物主義のアメリカ人は、冷静に、しかもエネルギッシュにこの新しい事態に対応した。［中略］大方の日本人が期待した心理的ショックは生じなかった」（『神風』一四二頁）と冷静に分析している。

特攻の優位性というのは、その奇襲性である。敵にこの戦法を知られずに一挙に大量使用すれば確かに大きな戦果が得られる。しかし、敵に知られてしまえばその優位性はなくなってしまう。これ以降の米軍の特攻対策は迅速かつ優秀であった。軍上層部はこのような戦況を把握できずに徹底抗戦、特攻を続けさせるが、自らの責任に対しては全く問わないのである。自分の命は惜しいが部下の命は惜しまない。自分の命が惜しいのなら部下の命も惜しむべきである。このような者達が最高権力者であったことが日本の不幸であり、特攻の悲劇が生まれる原因だったのである。

第６章
海軍特攻の生みの親は嶋田繁太郎

特攻の下準備をした嶋田繁太郎

前章では、特攻が初めて指揮された「捷一号作戦」について論じたが、では、この「捷一号作戦」で特攻を計画したのは誰か。大西瀧治郎は、単に作戦として決定していたことを実行したに過ぎない。その人物こそ嶋田繁太郎であった。

これは「嶋田繁太郎軍令部総長」の名で発令した「大海指第四三一号」から明らかである。この指令では、「第二、作戦要領」の項目の「二、奇襲作戦」で、「一、努めて奇襲作戦を行い特に好機敵艦隊をその前進根拠地に奇襲漸減するに努む　二、潜水艦、飛行機、特種奇襲兵器等を以てする各種奇襲戦の実施に努む　三、局地奇襲兵力はこれを重点的に集中配備し敵艦隊または敵進攻兵力の海上撃滅に努む」とある。ここに出てくる「特種奇襲兵器」とは軍令部第二部で開発を行っていた特攻兵器のことを表す。「大海指第四三一号」及び「大海指第四三五号」では、「奇襲」を行うことが何度も強調されており、奇襲攻撃の特攻を「捷一号作戦」で行うことを嶋田が強く望んでいたことは間違いない。嶋田が特攻の下準備をしていたことについて言及する。

嶋田繁太郎

政府公刊の『戦史叢書』によると、昭和一八年四月に軍令部は海軍省に「人間魚雷」（後の回天）や後の「海龍」「震洋」「震海」となる特攻兵器の実験を要望している（『戦史叢書　海軍軍戦備〈2〉―開戦以後』一六七～一六八頁）。この時の軍令部総長は永野修身大将、海相は嶋田繁太郎大将でアメリカとの開戦を決定した面々である。もっともこの記述だけでは嶋田海相がどこまで特攻兵器の開発に関与していたのか不明である。しかし、『戦史叢書』には次の記述がある。

「十九年六月二十五日の元帥会議から退下した嶋田軍令部総長は関係者に、『奇襲兵器の促進掛を設け、実行委員長を定めること』と命じた〔中略〕この『実行委員長』に海軍省は、当時水雷学校長であった大森仙太郎中将を選んだ。このころ海軍中央部が重視したのは水中水上特攻であったので、この方面の権威者を選んだわけである」（『戦史叢書　大本營海軍部・聯合艦隊〈6〉』三二七頁）

嶋田軍令部総長の「奇襲兵器の促進掛」の法制化によって昭和一九年九月一三日には「海軍特攻部」が設立され（大森仙太郎中将が特攻部長）、この専門組織により大きな悲劇が生まれていく。特攻専門の部署が大本営・軍令部にあったこと自体が、何よりも中央の主導で特攻が行われたことの証拠である。そしてこれを設立したのが嶋田繁太郎だったのである。

また嶋田総長は、昭和一九年七月八日、「特別基地隊令」を裕仁天皇に上奏して裁可を受けている。これによって日本中の至る所で特攻の発信基地が作られることになった。そして多くの特殊兵器がこの基地で実用に向けて試乗されることになった。後は、特攻兵器の使用が裁可されれば済むだけとなり、翌八月には、新しく海相となった米内光政大将が回天などの特攻兵器を次々と裁可させていく。したがって、特攻を行う道筋をつけたのは嶋田以外に外ならない。

特攻兵器を次々と発案した黒島亀人

嶋田海相（昭和一九年二月より兼軍令部総長）が特攻を生み出したことは、黒島亀人を重用したことからも言える。特攻の開発を強く進めた軍人の代表者が黒島亀人であることは疑いの余地がない。黒島は軍令部第二部長という要職に就いていた。

軍令部は海軍の軍事作戦を担う最高機関であり、海軍全般の事務を担う海軍省とは独立しており、陸軍の参謀本部と共に天皇を最高指揮官とした統帥部に属す。ゆえに政府からの「統帥権干犯」の問題がしばしば起こる。この軍令部の最高責任者が軍令部総長であり、これを直接補佐するのが軍令部次長である。その下には四つの部署があり、第一部は作戦計画、第二部は兵器の整備や開発研究など、第三部は情報活動、第四部は通信を担っている。

黒島亀人

黒島第二部長が特攻の研究開発を行ったことが、『戦史叢書』に記されている。昭和一八年八月六日の第九回大本営海軍戦備考査部会議における予備検討会で、黒島は、「突飛意表外の方策」により、「必死必殺の戦」を行うことを主張し、そのために「戦闘機による衝突撃」の戦法を挙げている（『戦史叢書　大本營海軍部・聯合艦隊〈6〉第三段作戦後期』三三二頁）。

同月一一日の本会議では、「会議の中心議題である戦備方針について、次の資料により第二部長が説明した。［中略］第二　戦備は特に必要とするものの外これを昭和十八年度及十九年度に集中し必死必殺戦法と相俟って不敗戦備を確立するを主要目途とす」（『戦史叢書　海軍軍戦備〈2〉開戦以後』七三頁）とある。黒島は、永野軍令部総長、嶋田海相ら軍首脳部一同が出席する会議で「必死必殺戦法」、すなわち特攻を提言している。そして、昭和一九年四月四日、黒島は、第一部長の中沢佑少将に、「作戦上急速実現を要望する兵力」として、「体当たり戦闘機」や「局地防備用可潜艇」（後の甲標的〈丙型〉）、「装甲爆破艇」（後の震洋）、「大威力魚雷」（後の回天）など、多くの特攻兵器を要望し、軍令部内で検討を行った後、同月に海軍省にこれらの特攻兵器を提示しているのである（『戦史叢書　大本營海軍部・聯合艦隊〈6〉』三二六～三二七頁）。

これについて中沢佑第一部長は、「特殊奇襲兵器の使用に関しては十九年三月ころから思想はあった。マリアナ失陥後の新情勢に対処するには、戦理上、在来兵器では尋常の勝負ができないので特殊兵器の採用となった。新兵器は軍令部第二部長のイニシャチイブで採用となったもので、作戦部（軍令部第一部）が作戦上から要求したものではなかった。第二部長は、戦備の見地から特殊兵器を研究していたが、同兵器の整備には熱心で専門的に研究していたように記憶する」（『戦史叢書　海軍捷号作戦〈1〉臺灣沖航空まで』七五頁）と回想している。

鳥巣建之助中佐（後に大佐）が第六艦隊（潜水艦隊）で参謀をしていた時のことを次のように

回想している。

「震海［筆者注：特攻兵器］という兵器なんですけれども［中略］呉の工廠で審査があった時に、黒島少将が立ち会って［中略］私はこの兵器はとても使い物にならんぞと、六艦隊としてお断わりします、ってやったわけでありますが、黒島さん、烈火のごとく怒ってですねー、この非常時に何を言い出すかと、国賊がっていうわけで、国賊扱いされたわけです」（ＮＨＫスペシャル取材班『日本海軍四〇〇時間の証言　軍令部・参謀たちが語った敗戦』一六〇～一六一頁、鳥巣建之助『人間魚雷』八〇～八一頁も同内容）

現場で潜水艦の専門家である鳥巣が反対したにもかかわらず、黒島はこれを一喝して特攻兵器の採用を認めさせている。これは特攻が中央主導で行われたことを示している。

黒島は特四式内火艇の開発にも関わっている。これは魚雷を装備した水陸両用戦車であり、潜水艦で運んで水中で発射された後、キャタピラでサンゴ礁を乗り越えて敵艦隊に近づいて奇襲攻撃を行う一種の特攻兵器であった。この特攻兵器の使用を軍令部の藤森康雄中佐が現場の鳥巣中佐に命じた。鳥巣は、この奇襲作戦自体潜水艦に不利であり、第2章で論じた後方補給路遮断作戦を用いることを主張したが、藤森中佐は「だまれ！」と一喝して大本営が決めたことなので従うようにと命令している（鳥巣建之助『人間魚雷』七二～七三頁）。しかしこの特四式内火艇は欠陥だらけで結局使用されなかった。これは大本営が現場の意志とは反対に特攻を推進した事例である。

そして、第2章で取り上げた残虐この上ない「伏龍」の兵器の発案者は、門奈鷹一郎によれば、第二部長であった黒島亀人である可能性が高いとしている（『海軍伏龍特攻隊』四六頁）。

ちなみに、『特別攻撃隊全史』（一二四頁）によれば、昭和二〇年三月一一日に横須賀防備戦隊の石川茂司令官が、「横須賀防備戦隊命令」（軍極秘第一四号）として横須賀防備隊司令に伏龍の具体的計画について提出を命じている。当然、中央の命令により現地司令官が指示を出しているのである。

特攻を次々と発案して強硬に推した黒島の罪は重いものだが、黒島は、特攻で死んでいった英霊の後を追うことはなく、また戦犯として裁かれずに余生を過ごしている。また、最も重要な問題は、軍令部の会議で黒島の特攻の発案を軍首脳部が無謀であると却下しなかったことである。黒島一人では特攻兵器の発明と実用化は無理であり、海軍の最高責任者である海相と軍令部総長の裁可が必要である。

黒島が特攻を強く主張した時に反対したと言う中沢佑は、戦後になると、自らは特攻を承認しておらず、下部組織の実施部隊が勝手にやったという弁解を講演会などで行っている。しかし、かつての部下である土肥一夫元中佐は、「いや、私は特攻関係の書類を持っていって中澤さんのハンコをもらいましたよ」（『日本海軍四〇〇時間の証言』一五四頁、妹尾作太男「神風特攻の『神話』への疑惑」も同内容）と証言している。特攻兵器の裁可と実施は上官の裁可がなければ不可能であり、一部署が勝手に行うことは統帥を乱すとして許されなかった。

中沢が特攻を承認しなかったとどれほど述べようとも、当時の資料は中央が積極的に特攻を推進したことを物語っている。一例を挙げると、『戦史叢書　大本営海軍部・聯合艦隊〈7〉』には、昭和一九年一〇月二七日、レイテ決戦が行われた頃の「省部懇談」の内容が中沢第一部長自身のノートを参考に記述されている。この会議には及川古志郎軍令部総長及び米内光政海相以下課長クラスまでが参加しているが、そこで中沢第一部長は、「攻勢的なものとして『特攻兵器（による）必死必殺の戦法』を主用することを強調」（二〇頁）しており、また「桜花（人間飛行爆弾）を主攻撃兵力とする部隊〔中略〕とを当面、本土方面における邀撃作戦及びマリアナ方面に対する進攻作戦に充てる」（同書、二一頁）ことを述べ、海軍省側に、「〇大〔筆者注：桜花のこと〕兵器、爆装戦闘機等の体当たり機及び偵察用の彩雲、銀河の予定生産の確保に努められたい」（同書、二二頁）ことを要望しているのである。

桜花がいかに残酷な兵器であったかは第2章で論じた。この桜花を海軍の首脳が容認しているのである。これは特攻が組織ぐるみで承認され行われていったことを示している。ちなみに、中沢中将は後に台湾空司令官兼高雄警備府参謀長兼第一航艦参謀長に転出して特攻を出撃させている。門司親徳は、終戦時に大西瀧治郎の自決の報せを受けた中沢中将が「俺は死ぬ係じゃないから」（神立尚紀『特攻の真意　大西瀧治郎』三二二頁）と言ったのを聞いて失望している。「死ぬ係」という言葉には深い意味があると筆者は感ずる。

黒島亀人を抜擢した嶋田海相

黒島亀人は山本五十六の知恵袋・右腕として、真珠湾攻撃、ミッドウェー攻撃を行ったにもかかわらず、伝記本はわずかしかなく、その存在はあまり知られていない。小林久三の『連合艦隊作戦参謀　黒島亀人』によれば、黒島は砲術が専門であり、実務的には有能とは言えず奇行が目立っていたことが記されている。

黒島は、山本五十六の戦死後、連合艦隊の先任参謀から戦備資材の確保調達と兵器の開発を担う軍令部第二部長に抜擢されているが、これは黒島の専門性と適正とを無視した人事といえる。しかもこの時、黒島は大佐であった。通常軍令部の部長には少将が就くことになっており、大佐からの就任は異例であった。そして四ヵ月後には、軍艦の艦長を経験していないにもかかわらず少将に昇任している。異例の人事である。

この異例尽くしの人事が行われた理由を小林久三は、海軍中央が黒島の奇抜な発想力に注目して奇道の特殊兵器を開発させるために軍令部第二部の部長に転補させたのではないかと推測している（小林久三『連合艦隊作戦参謀　黒島亀人』三五二頁）。戦艦「大和」の作戦室で黒島が三和義勇大佐と真珠湾攻撃の作戦をめぐり口論をしていたときに仲裁に入った山本五十六の言葉が「黒島君はひとの考え及ばぬところ、気がつかないところに着眼して研究する。ときに奇想天外なことを考える。しかも、それを直言してはばからない美点がある。こういうひとがなければ天下の大事は成しとげられない。だから、ぼくはだれがなんと言おうと黒島君を離さないのだ」（同書、二七一〜二七二頁）であり、このことは海軍内に知られていた。だからこそ、軍首脳部が真珠湾とミッドウェーの作戦で見せた黒島の得意とする奇襲戦法に期待を掛けたことが考えられる。『戦史叢書』には次のように記されている。

「聯合艦隊首席参謀黒島亀人大佐は、その一人であった。同大佐はそのころ［筆者注：昭和一八年中期ごろ］すでに、『モーターボートに爆薬を装備して敵艦に撃突させる方法はないだろうか』と、大本営海軍部の幕僚に語っていた。同大佐は十八年七月十九日、軍令部第二部長に就任した。軍令部の軍備担当の責任者に同大佐が就任したことは、海軍部が特別攻撃を

採用するうえに決定的な意義をもつこととなった」（『戦史叢書　大本營海軍部・聯合艦隊〈6〉』三二二頁）

これは、特攻そのものは、黒島が軍令部第二部長に就任する前から提案されていたことを示唆している。そして、このような人事は人事の最高決定権をもつ嶋田繁太郎海相の強い推薦がなければ不可能である。嶋田海相こそが黒島の後ろ盾であったのであり、黒島の出世に大きく影響してきた。

ここから考えられるもう一つのことは、黒島の奇行、奇抜な発想は意図的に作られたものではないのかという点である。そもそも黒島が奇抜で意表をつく優れた発想をするということが疑わしいのである。黒島の経歴を見ると、確かに凝り性ではあるがその才は並であり、海軍大学の優等生は駐在武官として海外に派遣されることになっているが黒島はこれに選抜されていない。また、恵まれない幼少期から奇行癖はあったかもしれないが、黒島と旧知の間柄である野元為輝は、黒島の砲戦術が「相当理論的」と評価している（『連合艦隊作戦参謀　黒島亀人』六四頁）。

黒島は平生も地味で目立たない砲術の専門家であり、太平洋戦争時に黒島が喩えられた秋山真之とは大違いである。日露戦争時に活躍した秋山は、海軍兵学校時代からその才を発揮して周りから注目され、海軍戦略戦術の世界的権威マハンに師事し、その智謀を世に馳せている。このような人並みはずれた才人であるからこそ常道の方策を越えた奇抜な発想ができるのであって、常人がそれを真似ようとしても邪道に陥ってしまう。

そもそも地味な黒島が表舞台に出てきた経緯には謎が多い。昭和一四年一〇月二〇日に黒島は山本五十六連合艦隊司令長官の下、先任参謀に就任して一躍注目を浴びるようになった。これは山本長官の強い意向が働いたからであり、本来は軍令部とアメリカ勤務の経験がある島本久五郎大佐が海軍省人事課長大西新蔵から先任参謀に予告されていた。山本長官が人事は海軍省人事局が選定するという海軍の慣行を破ったのは異例のことであった（半藤一利『指揮官と参謀　コンビの研究』一四〇頁）。

山本五十六が慣例を破ってまでアメリカ勤務の経験もない砲術の専門家を先任参謀の大役に抜擢したのか。半藤一利は「山本と黒島の軍歴を重ね合わせると、容易に交差するところが見出せないから、黒島を山本に推薦したのは嶋田であったと思われる」（同書、一四三頁）と推測している。この時嶋田は呉鎮守長官であったが、嶋田はかつて軍令部の要職を在任中、伏見宮軍令部総長の下に仕えて信頼を得ていたために海軍部内への影響力は大きかった。この時には嶋田は人事権を持っていないが、半藤の言うようなことは可能である。

それでは、なぜ嶋田や山本が黒島を抜擢したのかというと、嶋田と山本両者の共通点は奇襲戦法を好んだということである。山本は米軍への奇襲攻撃である真珠湾攻撃を主張しだした時には、周囲の者から無謀だと反発された。自らの奇襲戦法を実現するためには、自らの意志に忠実な部下が必要である。実際に黒島は山本の真珠湾攻撃実現のために奔走している。

そして、山本自身が奇襲戦法を思いつかなくなった時には黒島を不要としたのである。山本が戦死する直前に、悪化する局面打開の方針を小沢治三郎と草鹿任一とで検討した時には、戦力の転換として黒島を代えることを発言している。この時、小沢治三郎が「いまの戦局を打開するのは、常道では駄目です。奇策を考えるしかない。宮崎なら、必ず名案を考えるはずです」と型破りな秀才として海軍に知られた宮崎俊男大佐を推薦し、山本五十六長官は「そうしてみようか」と同意している（『連合艦隊作戦参謀　黒島亀人』三〇三〜三〇四頁）。黒島が秋山真之のように智謀に長けた奇抜な発想をするならば、山本長官はこの小沢治三郎の提案を一蹴していたはずである。

ここから言えることは、黒島の奇行はパフォーマンスであり（当時から言われていた）、むしろどんな無謀な作戦であっても上司の命令には徹底して忠実に邁進する軍人であった。このように考えれば、黒島の異例の出世は納得がいく。

嶋田は海軍の東条と言われるほど独裁的であり、海軍部内からも疎まれていた。黒島はこの嶋田に忠実に従った。嶋田海相は昭和一九年二月より軍令部総長を兼任し、海軍の最重要職を独占し、東条首相兼陸相兼参謀総長の二人で軍部を独占した。そして、戦局を挽回するために、予てから黒島に考案させていた「特種奇襲兵器」である特攻を用いようとした。その第一弾が「捷一号作戦」であった。特攻は、嶋田の後任の米内光政海相、及川古志郎（後に豊田副武軍令部総長の下で実行されたが、この両者は嶋田の敷いたレールに乗ったのである。そして特攻の封を切ったのが、現地指揮官の大西瀧治郎であった。

黒島は嶋田が辞任した後も第二部長に留まり、残酷な特攻兵器を次々と開発していった。黒島の特攻開発には鬼気迫るものがあったという。

自らの罪を反省しなかった嶋田繁太郎と黒島亀人

黒島亀人は終戦後、一旦自決を口にするが思い止まり、戦犯として裁かれることもなかった。家に引きこもり瞑想に耽っていたという。

宇垣纏の日記である『戦藻録』の注には、黒島が極東軍事裁判の証人として出廷の際に宇垣纏の遺族より借りた『戦藻録』の昭和一八年一月から同年四月に至る箇所を電車に紛失したことが記されている。紛失した箇所は、山本五十六連合艦隊司令長官が戦略方針を大転換した時期であり、山本長官が黒島よりも宇垣を重宝するようになった時期である。ここには黒島の批判が記述されていたと言われ、黒島が意図的に自身にとって都合の悪いところを隠したのはいうまでもない。

また、特攻隊員の遺族達への謝罪も十分に行っていない。自身の罪を贖うような罰は何ら科さなかったのである。裁かれるべき人物が裁かれなかったのが我々の戦後であった。

黒島を重用した嶋田繁太郎も戦後特攻隊員の後を追って自決することはなく、極東軍事裁判では極刑ではなく終身刑であった。このことについては第10章で述べるが、特攻に関して嶋田繁太郎が批判されることはほとんどない。直接、特攻を実行しなかったせいであろうか。しかし、嶋田は特攻ばかりではなく、何よりもアメリカとの開戦時の最高責任者であり、ミッドウェー海戦の敗北以降も有効な手を打たずに和平にも大して動かなかった。自らの権力欲によって海軍部内に確執を生んだ。海軍にも大きな戦争責任がある。特攻隊員が純真な気持ちで国家に命を捧げたことに比して、なんと醜悪なことであろうか。前述した三村文男の言葉を再掲しておく。次章以降この言葉はさらに浮き彫りになる。

「帝国陸海軍の栄光とは何か、特攻である。汚点とは何か、特攻である。」

第７章
特攻の創始者は東条英機

東条と嶋田は二位一体

海軍において特攻の生みの親が嶋田繁太郎であることを前章で論述した。嶋田は東条英機と二位一体である。このことは当時の海軍部内からも言われており、ある海軍中佐は「海軍にはもう少しマシな人間もおるんだが、嶋ハンがまるきり東條の副官だからどうにもなるもんか」（阿川弘之『井上成美』一二頁）とぼやき、「東条の鞄持ち」「東条の男めかけ」と陰口を叩かれていた。

また、細川護立侯爵の長男・細川護貞の『細川日記』にも詳しく書かれており、昭和一九年二月の時に、「時局の切迫に伴い、海軍部内及び先輩の要望によりて、統帥部及び海軍大臣を有力なる人々に取り替えたき意向なりしも、東条は是に逆手を用い、先づ宮中方面、木戸侯に説き、統帥と軍政の一致の必要なるを主張し、高圧的にかの処置に出でたるなり。したがって、始め島田海相にも辞意ありたるも、却って是まで留任せしめ、あまつさえ軍令部総長を兼ねしめたるなり。〔中略〕したがってこの処置に対しては、海軍部内はもちろん、先輩側も非常なる不満なり。唯島田海相の性格も、東条のそれに似たる所あり」（一三四頁）、「東条、島田は政府側なるを以て、あくまで自己の地位を維持せんとする」（同書、一八九頁）と、嶋田が周囲の反対を押し切って海相と軍令部総長の地位に就いた様子が記されている。

嶋田の兼職に対して裕仁天皇の弟の高松宮は、「島田と云う人は、どうしてあんなに頑張るのだろう。先日から岡田大将、鈴木大将らと相談し、ともかく海相か軍令部総長か何れか一方にしようとして、伏見元帥宮より言って頂いたのだが、島田は、『私が辞めれば東条も辞めます。現に政界には、海軍を使って東条内閣を打倒せんとする陰謀があります。殿下はそれに加担遊ばされますか』と威し奉った為、あの老殿下はビックリして、熱海へ行ってしまわれた」（同書、二五二頁）と述べている。後述するが、嶋田がここまで出世できたのも伏見宮の後ろ盾があったからであり、その大恩人の伏見宮にこのような態度を取るのだから、嶋田がどれほど横暴であったのかが分かる。

この嶋田が海相と軍令部総長を兼任していた絶頂時、東条英機は首相と陸相、参謀総長、軍需相も兼職しており、まさに独裁者たる最高権力者の地位にいた。近年、東条も戦争の犠牲者だったのだという論調があるが、東条は権力の絶頂時、数々の汚職事件に手を染めている。昭和一七年九月に読売新聞記者の岩渕辰雄は、前警視総監から東条政権について聞いた話を真崎甚三郎に語っている。前警視総監は「現大臣は悉く縄のかからざるものなく、これを調査せんとすれば東条より一喝せられ法相も縮みあがりその反対者の調査を命ずと云う。〔中略〕遂に腹心の者に命ぜしに罪跡なしと報告せり」（『真崎甚三郎日記』第五巻、三六二頁）という話を岩淵に話している。同じく同年一〇月に岩渕は「東亜煙草の瀆職事件には東条、岸、賀屋等関係あれども現今の司法部の有様にては手のつけ様なし」（同書、三七四頁）と真崎に語っている。

東条は邪魔者を徹底的に排除し、反対者には弾圧を加えた。青年将校に煽られるような権力者では決してない。東条は巨大な権力と金を掌握していた。

独裁者・東条、特攻を提唱

昭和一九年六月二五日に伏見宮、梨本宮、永野修身、杉山元の四元帥と東条英機と嶋田繁太郎の両総長が参加した元帥会議を受けて、大本営が研究して決定した内容が『戦史叢書』に記されている。

「大本営は即日、爾後の作戦の勝目を何に求めるかの研究に着手した。『日本の特殊的な点を活かすもの』として、新撰組的部隊、片道戦法、肉弾攻撃などをも研究し始めた。爾後いかにして決勝するかについて、決定ないし実現を見た主要なものは次のとおりである。

特攻（特別攻撃）　陸軍部はわが特攻機一機をもって敵艦船一隻を、わが特攻艇一隻をもって敵艦船一隻を屠ることについて研究することを六月二十七日決定した。前者は生還を期し得ないため軍令をもって部隊を編成するに至らなかったが、後者㊇（マル八と記載呼称）は敵艦船の側面に近迫し爆雷を投射後、転舵反転するものとして軍令による部隊編成を見るのである。マル八の試験は七月十一日に実施した」（『戦史叢書　捷号陸軍作戦〈1〉レイテ決戦』六八頁）

㊇とは、陸軍の㋹と海軍の㊃（「震洋」）の総称であるが、㋹はこの大本営の決定よりもやや早い時期に開発が行われており、昭和一九年六月一五日に設計が開始され、同月二五日に設計

が完了、翌二六日には試作を行い、七月八日に第一機が完成して翌九日には試運転を行っている。ちなみに、㋹の名前の由来は秘匿名の「連絡艇」である。㋹は小船艇に爆薬を積んで体当りを行うので明らかに特攻である。陸軍省軍務局軍事課員の國武輝人中佐の「業務覚」には、同年七月一一日に㋹の実用試験後、参謀部が一〇月までに三〇〇〇機の整備を要望し、陸軍省が各部隊に分担整備することになったことを記している（『戦史叢書　大本營陸軍部〈9〉』七二頁）。

参謀部も陸軍省もこの時の最高責任者は東条英機である。東条が船艇特攻を行おうとしたことは疑いの余地がないが、同時に航空機の特攻も考えていた可能性が高い。國武中佐の「業務覚」には、同じころ、航空戦力に対して「体当り戦法を具体化すること」（同書、四七頁）が記されているからである。

東条の航空特攻関与についてさらに検証しよう。『戦史叢書　比島捷号陸軍航空作戦』（三四四～三四五頁）では次のように記されている。

「昭和一九年初期、陸軍中央部の関係者は、航空特攻戦法の検討を開始した。それは主に艦船体当たり攻撃を対象にしたものであり、春季には器材の研究にも着手した。［中略］昭和一九年春季、陸軍中央部の航空関係者は特攻戦法の必要性に関し、ほぼ意見の一致をみた。当初の考え方では精鋭な要員と器材で特攻隊を編成し、一挙に大戦果を獲得して敵の戦意を破砕することを重視した。［中略］一九年七月、陸軍中央部は濱松教導飛行師団（旧飛行学校）に対し重爆の特攻隊を、鉾田教導飛行師団（旧飛行学校）に対しては双軽の特攻隊をそれぞれ編成（厳密な意味では要員器材の差し出し）することを内示したようである。」

この時の陸軍中央は東条派で固められており、東条は航空に力を入れるようになっていたことから、少なくとも東条が昭和一九年の「初期」から航空特攻を行おうと考えていたことが言える。

鉾田（茨城）で編成されたのが陸軍最初の特攻隊、「万朶隊」であり、この中に第3章で述べた岩本益臣大尉が含まれている。「万朶隊」は昭和一九年七月に編成されたが、その時には飛行機を特攻用に改装して爆薬を固着することが裁可されていた。その特攻用飛行機を用いて出撃命令を下されて内地を飛び立ったのが同年一〇月二二日である。これは海軍の大西瀧治郎司令長官が特攻を最初に指揮した一〇月二〇日の直後であり、関行男大尉率いる「敷島隊」の特攻が大戦果を挙げた一〇月二五日よりも前であったことは重要である。陸軍は前もって特攻の準備を用意周到に行っており、海軍の大西長官に触発されて陸軍が特攻を行ったというよりは特攻を行う機会を待ち倦んでいたかのようである。

東条英機

東条は昭和一九年七月には退陣するが、嶋田と協力して「捷号作戦」で特攻作戦を練っていた光景が思い浮かぶ。作戦上、特攻そのもので得られる戦果には限りがあり、どうせなら陸軍は栗田艦隊に護衛機を付けて、レイテ湾のアメリカ艦隊に大打撃を加えることを検討すべきであった。陸軍の特攻隊の出動は栗田艦隊が逃亡した後であり、最早特攻で得られる最大限の効果を逸してしまっていた。東条・嶋田の体制が繰り出す作戦計画はどれも欠点だらけなのである。

奇襲攻撃を好む東条

東条政権は、真珠湾攻撃をはじめ、ミッドウェー作戦、インパール作戦、捷一号作戦といった大掛かりな奇襲作戦を好んだ。しかも、これらの作戦にはいつも大きなミスがあった。

真珠湾攻撃では奇襲に凝り固まったためにアメリカへの開戦通知が遅れ、「騙し討ち」という世界史における汚点を残し、「リメンバー・パールハーバー」の下、アメリカ国民の戦意にかえって火を点けてしまった。

ミッドウェー作戦では敵に動きを察知され大敗してしまった。イギリスが中国の重慶に立て籠もる蒋介石をインドを通じて支援している補給ルート（「援蒋ルート」）を断つために行ったインパール作戦では、インドのインパールまで進撃する日本側の補給が持たないという単純なミスによって多くの日本兵が餓死して、白骨街道と言われる惨状をもたらした。この作戦の悲惨さは「ビルマの竪琴」で映画化されている。インパール作戦で積極論を唱えたのは東条参謀総長であった（作戦そのものを言い出したのは現地司令官・牟田口廉也中将）。

捷一号作戦については第5章で述べたように失敗した。東条は軍人として最高権力者に立てる器ではなく、才能も人望もなき者が首相、陸相、参謀総長の最高位を独占すれば国が亡ぶのは必至であった。そして、東条ほど奇襲作戦に心血を注いだ軍人もいない。特攻を推進したのは海軍のみではない。東条こそが特攻を産み出し、具体化させ、実現させていったことを本書では考察する。

東条が特攻をどのように思っていたのか、それがはっきりと分かるのが時局が悪化した時に重臣達が裕仁天皇に奏上した『時局に関する重臣奉答録』（防衛省防衛研究所蔵　他に『木戸幸一関係文書』にも収録されている）である。ここで、東条は次のことを奏上している。

「しかしなんと云っても量で戦うと云うことならば太刀打は不可能なり。故に敵が戦艦一隻を、また空母一隻を増したりと知りて、吾またこれに倣わんとするも及ばず。我は特攻隊によらば、一、二機飛行機と爆薬または快速艇を以てこれに対抗するの策を案ずべし。この如くに戦闘の方法を考うるとき対抗の仕方も立つべく、また所要の兵器の生産には事欠かざるべし」

東条がこれを奏上したのが昭和二〇年二月二六日であり、現場から特攻の戦果が挙がらなくなってきたことが報告され出した時である。この時、東条は中央の要職から外れていたとはいえ、このことを天皇にわざわざ奏上するのであるから、どれだけ特攻を信奉していたのかが分かる。

昭和一九年五月四日、東条首相兼陸相兼参謀総長は予告せずに突然に陸軍航空士官学校を訪れている。そして、最後に全員を集めて訓示を行った。この時、東条は候補生に敵機を何で落とすかと試問した。候補生は機関砲と答えると、「違う。敵機は精神で落とすのである。したがって機関砲でも墜ちない場合は、体当たり攻撃を敢行してでも撃墜するのである。すなわち精神力が体当たりという形になって現れるのである」（吉田穆『大空に生きる』一七二〜一七三頁）と言っている。それから一〇日後には早速、航空将校の区隊長が歩兵出身者（歩兵は突撃の精神を第一にしており、東条は歩兵出身）に取って代わられている。これは明らかに自分の意見を航空部隊に浸透させようとする東条人事によるものであった。

東条の腹心・富永恭次による特攻推進

　東条が特攻にのめり込んでいたことは、東条の人事と派閥を見ればよく分かる。陸軍最初の特攻隊「万朶隊」の所属は第四航空軍であり、フィリピンの第一線で指揮を執るこの第四航空軍司令長官は、東条の腹心の富永恭次中将であった。富永は、東条政権において陸軍省のNo.2である陸軍次官と人事局長の要職を兼職して東条首相兼陸相を補佐した。

　富永の横暴ぶりは小東条と言うのにふさわしかった。富永は、東条政権の後任の小磯国昭首相・杉山元陸相体制の下でもしばらく次官を務めていたが、昭和一九年九月に第四航空軍の司令長官に任命された。富永は歩兵が専門であって航空は素人であり、航空に関する無知から現地で混乱を起こしていることが『陸軍特別攻撃隊』に詳しく記されている。なぜ、航空の専門外である富永がこの要職に就いたのか。これには諸説あるが、富永は中央から追い出されたのだという説がある。

　東条は、寺内寿一、梅津美治郎、杉山元らと対立していた。東条は永田鉄山の後継者として統制派の中心人物であったにもかかわらず、同じ統制派の大物達から反発されていたのだからいかに人望がなく、人を束ねる統率力に欠けていたのかが分かる。東条とこれらの軍人の関係は見解に偏りがあるものの当事者が記した『富永恭次回想録』（防衛省防衛研究所蔵）にその内幕が記されている。

　東条は退陣時には首相、陸相、参謀総長、軍需相を兼職していたが、先に参謀総長を辞職することに決した。東条は後任の参謀総長に東条と同期にして右腕たる後宮淳大将を内奏した。

しかし、参謀部作戦課長の服部卓四郎大佐が参謀部の代表としてこれに反対し、梅津美治郎大将か畑俊六元帥を後任とするよう嘆願した。裕仁天皇もまた一旦裁可したものの、『昭和天皇独白録』（一一〇頁）によれば、「もっと大物を出せという意見は出なかったか」と東条に不満を漏らした。そこで東条は後宮総長の取消上奏を行い、梅津が総長に選ばれたのである。

次に陸相の後任を決める三長官（東条陸相、梅津総長、杉山教育総監）会議が行われた。この会議に、人事局長の資格で富永恭次中将が陪席した。富永は三長官会議の前に梅津総長と杉山総監に東条をそのまま陸相に残すように嘆願している。三長官会議でも発言の資格がない富永が東条の陸相留任を主張し、いろいろと口を挟んだために梅津総長は激怒している。富永はこれに憤然として会議室を出た。元々三長官会議に東条陸相の腹心の富永を出席させていること自体が異常であり、梅津の怒りはもっともである。

同じころ開かれていた重臣会議では、木戸幸一内大臣が東条の後継首相に寺内寿一大将を推したが、東条は最前線の現地司令官を戻すことはできないと言って断った。梅津総長が阿南惟幾第二方面軍司令官を推したことにも同様の理由で拒絶している。結局、一旦は東条の陸相留任が決まるが、小磯国昭・米内光政連立内閣の大命降下の報せを受けた東条は米内内閣に反発して辞職することを決断している。これは、東条が首相の時、米内が東条の国務大臣の懇請を拒絶したことに東条が遺恨を持っていたからである。こうして、教育総監であった杉山元の陸相就任が決定したのである。

富永自身も述べているが、富永は東条の腹心として杉山元、梅津美治郎から嫌われていた。富永は杉山陸相に第四航空軍司令長官に命じられた時、青天の霹靂のように驚いている。しかも富永の後任の次官は梅津の腹心の柴山兼四郎中将であったため、杉山・梅津と東条の派閥争いからの転出ということが言われている。確かにその側面はあるが、満洲でも中国でもなく、よりによって一番の激戦地であるフィリピンの、しかも専門外の航空隊になぜ左遷したのであろうか。筆者は捷一号作戦における特攻による奇襲作戦を実行させるために富永を第四航空軍の長官に任命させたのだと考察する。

富永が師団長の経験もないにもかかわらず現地の最高指揮官である軍司令官に抜擢されたことは異例の人事であった。ただし、戦局を左右する最重要地域を管轄する第四航空軍の長官であり、戦局から戦死する可能性が極めて高かった。軍人としての心構えが、左遷されたのか出世したのかの解釈を分ける。

重要なことは、フィリピン防衛という国防を左右する最前線の軍隊の長官は、大本営の作戦を遂行できる主要人物が就かないといけないことである。例えば、同じフィリピンを防衛する陸軍の第十四方面軍司令長官には東条英機と対立しているとはいえ、陸軍の大物・山下奉文大将が就いており、これらの第四航空軍と第十四方面軍を含めた東南アジア一帯を管轄とした南方軍司令長官には、陸相経験者の寺内寿一大将が始終就いていた。東条内閣が退陣した時には重臣会議で後継首相の第一候補が寺内であったが、寺内を戦局が左右する現場から離せないために木戸内大臣と裕仁天皇は東条の意見を受け入れて第二候補の小磯国昭を首相に任命したのである。

寺内を昭和一六年一一月六日に創設した南方軍総司令官に任命したのは東条陸相である。寺内は、これに不満を持っていたのか東条と反目していた。東条が首相として南方の視察に行くことを富永次官が告げたところ、寺内は「総理として来て威張られては、たまったものじゃない」（『富永恭次回想録』）と述べている。寺内は東条の先輩格で、東条の父親である東条英教陸軍中将が激しく反発した長州閥の出身であり、東条は寺内を疎ましく思っていたであろう。しかし、東条派が中央の要職を去った後、元帥の資格を有する寺内は中央の要職に戻ってもよいはずである。元帥とは天皇の軍事顧問を意味するからである。しかし、寺内は終戦まで本土に帰ることなく、南方軍総司令官に就いたままであった。これは、戦時における最前線の指揮官が中央の要職よりも重要である場合があることを示している。現地指揮官の方が総理よりも重かったのである。

捷一号作戦は国運を賭けた一大作戦であり、しかも特攻という「統率の外道」を用いる奇襲戦法を実行するには、航空の素人であっても陸軍において強大な権力を持っている軍人でないと実行できない。そこで、富永恭次に白羽の矢が立ったのである。後に、富永は現地に行って悲惨な目にあったので杉山陸相に行かされたのだと回想するが、当時の富永は勇んで第四航空軍の司令官に就いたのである。これは、東条派に反発していた大本営の服部卓四郎大佐が、「富永中将は航空軍司令官を自ら希望にお出になったと聞いている」（『大本営陸軍部第二課長服部大佐口述書』防衛省防衛研究所蔵）と証言していることから裏づけできる。

隠然たる影響力を持つ東条

東条英機は中央の要職を去っても、隠然たる影響力を持っていた。このことは『細川日記』

に記されている。

「鳩山［筆者注：一郎］氏は東条の持てる金は十六億円なりと云いたる所、［筆者注：近衛］公は、それは支那においてそう云いおれり、主として阿片の密売による利益なりと」（三一六頁）

「里見某なるアヘン密売者が、東条に屢々金品を送りたるを知り居るも、恐らく是［筆者注：中華航空による現金輸送］ならんと」（三一六～三一七頁）

東条はアヘンの密売によって莫大な巨利を得ていた。そして、要人達に高価な「附け届け」をこまめに送り届けていたのである。東条の腹心たちもまだ中央に残存しており、東条の影響を完全に断つのは難しい。その中、権力争いから富永を死地に追いやったとは考えられない。

何よりも、首相の小磯、陸相の杉山、参謀総長の梅津は権力闘争から互いに反目しているとはいえ東条と同じ統制派であり、盟友である。

二・二六事件後、梅津は陸軍省の№2である次官として寺内寿一陸相と後任の杉山陸相の下に仕え、皇道派を粛清している。しかし、一方でこの時、参謀本部で勢力を張っていた多田駿と石原莞爾一派らと激しく対立しており、新たに陸相に板垣征四郎中将が就くことに決まった時、梅津は自身の一派が一掃されることを恐れた。板垣陸相は共に満州事変を起こした石原の盟友だからである。そこで梅津は後任の次官に板垣と同じ岩手出身の東条英機関東軍参謀長を推薦した。梅津は自身の一派が勢力を保つために東条を頼みの綱としたのである。そして、これは見事に成功し、中央に戻った東条はその後華々しい出世をするのである。東条は関東軍参謀長に就いていた時に機密費を私用し、陸軍次官に就いた時にはこの機密費を携帯した。そのため、これを批判した石原莞爾と激しく対立した（田中隆吉『日本軍閥暗闘史』九四、一二〇頁）。陸軍の莫大な機密費を用いた金権政治と憲兵による反対者弾圧の強権政治を行って最高権力者の座を得たのが東条であった。東条と梅津は同類で（ゆえに統制派と分類される）、彼らの争いは身内の喧嘩にしか過ぎないのである。したがって、政治・戦略において東条と彼らに大きな違いはない。唯一の違いはどれだけ欲が深いかである。「捷一号作戦」は既に裁可を受けているのであり、これを変更させるほどの度量を彼らは持っていない。小磯新体制は東条の敷いたレールに乗ったのである。

したがって、富永中将は第四航空軍に就任した後、現地に赴任してきた海軍の大西瀧治郎第一航空艦隊司令長官に惜しみのない協力をするのである。昭和一九年一一月上旬に大西長官がマニラの富永長官を訪れた後、陸軍は海軍特攻隊の偵察や戦果確認に日本軍が誇る高性能偵察機・百式司令部偵察機を用いて協力している。陸海軍の対立が敗戦の大きな理由とされるが、この捷一号作戦においては陸海一致協力している（前述したように作戦そのものには不備はあるが）。

富永恭次司令官は、昭和一九年一二月九日、第四航空軍命令として、「軍は全力これことごとく『ト』号部隊たるの決意をいよいよ堅くし『レイテ』島周辺の敵艦船撃滅を続行しつつ」（『陸軍特別攻撃隊』第二巻、三二七頁）という命令を発している。「ト」号とは特攻のことであり、これは全軍特攻の決意で攻撃を行えという命令である。そして、特攻隊員の前では、「諸子の命は、この富永に預けてもらうが、諸子だけ死んでもらうのではない。諸子のあとには、第四航空軍の全機全軍が特攻となって突入する決心である。そして、この富永も、最後の一機に乗って体当りをする決心である。どうかこれを信じて、安んじて任務を遂行してもらいたい」（同書第一巻、三二七頁）と訓示している。

しかし、富永は副官、参謀たちと共に中央司令部の許可を得ることなく、前線のフィリピンから部下数千人を残したまま、台湾へ飛行機で敵前逃亡している。これに対して同じ陸軍でフィリピンを防衛している山下奉文第十四方面軍司令官は激怒して罵倒したという。

富永恭次の敵前逃亡

富永司令官の逃亡については戦後も様々に論争されてきた。『戦史叢書　比島捷号陸軍航空作戦』には当時の第四航空軍首脳達の回想が記されている。それによれば、富永は昭和一九年一二月下旬から体調が悪化し、同年一二月三〇日には所属する南方軍に病気を理由に辞職を願い出ているが、寺内寿一南方軍総司令官はこれを慰留している。

昭和二〇年一月一日には第四航空軍は第十四方面軍の指揮下に入ることが正式に決定していたが、第十四方面軍の司令官は、東条英機と対立する山下奉文大将であったために富永は不満であったようで、山下司令官のマニラから北部のルソンに移動せよという命令に直ちに従わなかった。富永の辞職願はこのことが原因でないかとも言われている。富永は、この時デング熱に罹って動けなかったと第四航空軍の首脳部達は主張している。しかし、当時、現地で取材を行っていた村松喬は、次のように証言している。

「この熱病をデング熱だという人がいるが、私はそうは思わない。私は急性神経衰弱という病気だったと見ている。何も私は医者でもなく、診察したわけでもないが、デング熱ならば長くても十日で回復するはずなのに、中将の場合は暮から正月にかけて、ずっと熱が下がらず、一月二十日、比島を離脱するまで、ずっと熱がつづいていた」（村松喬「〃魂〃の抜けた参謀たち　富永元中将比島脱出の真相」『サンデー毎日』昭和三〇年五月一五日号、二三頁）

激戦地において精神異常をきたすことはよくあることである。不幸なことは、この間もこの指揮官により特攻が行われ続けたことである。

軍隊には防衛地域が決められている。勝手にあちらこちらに移動されては、生死に関わる作戦を指揮できないからである。第四航空軍とこれを指揮する第十四方面軍の主戦場はフィリピンであり、台湾は含まれていない。台湾は第十方面軍など別の部隊の管轄であった。したがって、台湾へ第四航空軍司令部が後退するには、指揮を受ける第十四方面軍と南方軍、そして大本営の認可を得なければならない。しかし、富永は認可を得る前から台湾へ行く準備をしていた。同年一月一五日、第十四方面軍参謀長が第四航空軍の台湾への移動を南方軍へ意見具申した字崩れの甚だしい電報と軍令部総長指示の電報が混交して到着したために、第四航空軍の隈部正美参謀長は大本営が台湾への移動を認可してくれたものと誤解し、出発直前の富永に報告している。翌一六日、富永は認可が下りたという口実で台湾へ移動し、他の参謀達も後に続いて台湾へと飛び立ったのである。この時の様子を前出の村松記者が次のように記している。

「富永中将は私たち記者連中の姿を認めると、ひとり参謀たちから離れて近づいて来て、これど命令で台湾へ行くことになった。皆さんより一足先になるが、また一緒に仕事をしたい、という意味のあいさつをした。［中略］彼らはその時、なんとしても、たとえ軍司令官を敵機の餌食にしようとも、軍司令官を送り出さなければならなかったのだ、と私は見ている。そうしなければ、彼らが脱出することができないからだ。これがもし、中央の命令であったならばもっと慎重に、参謀のある者も同行して整々と軍司令部の後退は行われたはずであった」（同書、二三頁）

富永の弁解には次の三点で無理がある。

第一点目は、もし台湾への後退が大本営の命令ならば、現場の最高指揮官が戦線を離れるのだから、フィリピンに残された部隊の掌握と指揮をしっかり行っていなければならない。これは指揮官としては当然の責務である。しかし、これらを行わずに富永と参謀達はまるでこっそりと逃げ出すかのように台湾へ後退したのであり、そのためフィリピンに取り残された部隊の動揺は甚だしかった。特攻隊員に「この富永も後から行く」と言って出撃させてきた司令官の取った行動としては許されるべきではない。

第二点目は、大本営の電報を受け取って、なぜすぐにこのことを配属されている第十四方面軍と南方軍に知らせ、確認を行わなかったのかという点である。電文が字崩れし、二つの電文が混交しているのならば、なおのこと確認を取る作業をしなければならない。なぜ、これをしなかったのか。それは第十四方面軍の山下司令官と南方軍の寺内総司令官が富永の台湾への後退に強く反対していたからであり、確認を取ればこのことを否定されるのが分かっていたからである。同年一月二〇日、富永の無断での台湾退却に対して、寺内は次のような電報を送って怒りを露にしている。

「捷号完遂のため滅私奮闘せられたし　本職の意図は既に数次に亘り貴官に開陳せる所なる

に拘らずあるいは上級司令部の作戦指導を誹議するが如くまた順序を経ずして意見を上司に致せるが如きは統帥の神聖を保持する所以に非ずと考え本職の甚だ遺憾とする所なり」（『戦史叢書　比島捷号陸軍航空作戦』五六九頁）

第三点目は、台湾への後退が誤解であったことが分かった時に、なぜ元の持ち場のフィリピンに戻ろうとしなかったのかということである。富永は反省してフィリピンに戻ることをしなかった。南方軍が、第四航空軍の台湾後退を認めたのは同年一月二二日である。富永司令官がフィリピンを脱出して台湾に着いた時、台湾を管轄する第十方面軍は激怒していた。同月一七日に、富永は第十方面軍司令部に行って、南方軍や大本営から台湾への移動が認可されていないことを知らされている（同書、五六七〜五六八頁）。そして、同月二〇日には寺内総司令官から前述の電報で叱責され、完全な統帥違反であることを知りながらフィリピンに戻ろうとはしなかった。明らかな確信犯である。

フィリピンは激戦地であり、フィリピンに戻ることは危険を伴うが、フィリピンに残してきた部隊及び山下奉文司令官は終戦まで命懸けでフィリピン防衛を行ったのである。しかも、この時富永は、台湾で美食をたらふく食っていた（『陸軍特別攻撃隊』第三巻、四七一頁）。そして、親交のある人事局長の額田坦中将（同年二月一日に人事局長に就任）をわざわざ台湾に呼び寄せ、自身の処分が善処されることを要望したと言われている（同書、二六〇〜二六二頁）。

自らに罰則を加えるような人物ではなく、他人に厳しく自分に極めて甘い人物が特攻の指揮官であったのである。

富永が台湾への後退の口実としている二通の電文の混信であるが、これは技術的にめったに起ることではない。森本軍蔵少将は、隈部少将が内地に帰ってきて航空技術審査部総務部長に就任した時にこの件について話し合っている（同書、一九二～一九三頁）。この時、隈部少将は自ら電文を報告したのではなく、入浴中の富永司令官に呼ばれ、南方軍から台湾への後退の命令がきたと言われたのであり、電文は探しても存在はせず、参謀の者達と転出する準備を行ったと告白している。隈部少将の証言が正しければ、はじめから電文の混信を台湾後退の口実にしようとしていたと言える。ただし、隈部少将は終戦直後自決したので真相はこれ以上追及できない。

大本営、富永を罰さず

大本営は富永司令官の敵前逃亡を知り憤った。大本営の第二課長を務めていた服部卓四郎大佐は次のように口述している。

「台湾に退ったときいて予想外であった　４ＦＡ〔筆者注：第四航空軍〕を台湾に退げ戦力を培養して他に使おうという考えは毛頭なかった　あそこまでなるともうやむをえぬ　台湾に退ったのを大本営が知ったのは屏東より第一部長宛親展電報が来て『今屏東についた直ちに作戦、人事、編成関係のしっかりした参謀を派遣してもらいたい』という内容であった　昔お世話になった人であるがそれを超越して私は非常に憤慨した　そんな参謀はやらんでもよい　そこで庶ム課長のところに行き軍法会議にふすべきだと主張した　富永中将は人事の大御所だから柴田庶ム課長もはたと困った　二回目に庶ム課長のところに行ったら人事局長と相談したらしく軍司令官の人事ともなれば人事ではなく統帥上の問題だから総長に云ってくれとの事だった　それで参謀総長に申し上げたところ（その間に富永軍司令官の状況が頻々と入ってきていた）梅津総長はしばらくだまっておられそんなことがあったのか考えておくと云われただけで何もなく経過した　その間に私の転補の発令［筆者注：二月一二日に歩六五連隊長に転任］となった」（『大本営陸軍部第二課長服部大佐口述書』）

富永の処罰を求める声は中央からもあった。服部の転任の理由がこのことが原因かどうかは分からないが、大本営は富永に対して次のような処分を下した。

「冨永第四航空軍司令官の無断台湾後退は、責任を追及し得ない病状のためとして、少なくとも名目的には冨永中将を罰することはなかったのである。病状の程度は微妙であるが、陸軍中央部の人事当局では既に正常な判断能力がないものと判定したのであった」（『戦史叢書比島捷号陸軍航空作戦』五八六頁）

現地軍司令官が軍中央部の許可を得ずに、勝手に持ち場を海を越えて逃亡すれば陸軍刑法により死刑は免れえない。しかし、実際にはあちらこちらに根回しをして第一線から退く予備役編入の処罰で済んでいる。指揮系統を失った前線に取り残された何千名もの部下の多くが戦死している。まえがきで述べた③の場合では、「逃亡罪」を犯した軍人には軍法会議にかけず処刑、または特攻隊員にされている。自分も「体当りをする」と特攻隊員の前で約束した富永は予備役編入後、昭和二〇年七月に再召集され、師団長として満洲に行き、終戦時にソ連に一〇年間抑留され、その後日本に帰国している。

富永は特攻に行くこともなければ、自身が仕えた東条英機の発布した「生きて虜囚の辱を受けず」という「戦陣訓」も守らなかった。上官の命令にどんなことがあっても忠実に従った兵や国民に比して、このような軍人が日本の最高指揮官の一人であり、特攻を次々と実行させていったところに日本の悲劇がある。

東条の盟友・後宮淳による特攻推進

東条が特攻を行う下地を作ったことを示すもう一つの事例は、東条が首相兼陸相兼参謀総長であった昭和一九年三月に、同期で盟友の後宮淳大将に航空総監兼航空本部長の要職を兼任させたことが挙げられる。後宮大将は前職の高級参謀次長を兼職したままである。高級次長とは、東条が何役も兼職するのは激務であるとして、参謀部のNo.2である参謀次長を高級次長と次級次長に分けたものである。ちなみに、次級次長には参謀次長の秦彦三郎中将がそのまま就いている。

参謀次長を二名にしたのは陸軍史上初であるが、これは東条が腹心の後宮を要職に就かせたかったからであることは明白である。東条は後宮を相当信頼しており、前述したように東条は参謀総長を辞する時、後任に後宮を上奏している。東条が自分の腹心の者にいくつも兼職させていること自体、軍が正常に機能していないことを示している。

航空総監兼本部長の要職を兼任した後宮は、富永と同様に歩兵が専門であり、それまで航空の部署に所属したことはなく、航空に関しては全くの素人であった。富永といい後宮といい、航空の素人をなぜ航空に関する最も重要な職に就けさせる必要があったのか。特攻の開発自体は既に検討されており、奇襲戦法を好む東条が特攻を実行させるために後宮をこれらの要職に就かせたとしか言いようがないのである。事実、昭和一九年三月二二日、後宮は航空総監に着任して間もなく、寺田済一航空総務部長に、「体当り攻撃の実施について、計画してもらいたい」と体当り攻撃を戦法として採用するように隊員に指示を与えている（『陸軍特別攻撃隊』第一巻、二六四〜二六五頁）。

航空本部の教育課に勤めていた内藤進は、この頃行われた会議について次のように回想している。

「〔筆者注：後宮〕総監が発言され、『現戦況を打開するため、必殺体当たり部隊を編成する』ことの可否を問う趣旨の質問があったんです。

ところが上の人は誰も発言しないのです。これは大変なことになると思い、私は感情が激していたのでしょう手を挙げてかなり激烈な調子で反対論を述べました。

航空総監は、戦果が挙がらないのは航空がだらしないからだという発想のようですが、私は装備と用兵の問題だと主張したのです。そうしたら石川〔筆者注：泰知〕少佐が立ち上がって、『内藤少佐の意見に全然同意』と言ったため、総監の命でこの会議はなかったことにせよ、御破算だということになりました」（田中耕二・河内山譲・生田惇編『日本陸軍航空秘話』二四九頁）

この時、内藤・石川両少佐が特攻に反対していなければ陸軍はもっと早くに特攻を実施していた可能性がある。後宮は、東条の退陣に伴い、第二方面軍司令官として満洲に赴いた。そして、自らの私腹を肥やすことに精を出した。昭和二〇年七月九日、東杵島炭鉱社の常務である塚原嘉一郎は紹介を受けて真崎甚三郎の下を訪ねて、「砥川の礦区の一部後宮の朝鮮の炭鉱と合併する契約なりしが最近に至り後宮より取消し来り二百五十万円の価格のものを五十何万円かに見積るため憤慨に堪えず」(『真崎甚三郎日記』第六巻、四一六頁)と後宮の悪行を訴えている。表では国のためにと特攻を推進しておきながら、裏では当時にとって二〇〇万円という巨額な金を悪行によって手にしようとした。

後宮は終戦時には自決することなくソ連に抑留され、その後帰国して余生を過ごしている。東条派はこのような人物達で占められていた。このような人物達が産み出した特攻は悲劇以外何ものでもなかった。

航空の素人・後宮淳を支えた面々

後宮航空総監兼本部長は航空に関して無知であったために、陸軍航空の大御所である菅原道大中将を次長に就け、行政事務全般を任せている。第1章で述べたように菅原自身は「次長に就任した時には、もう特攻は決っていた」とも述べている。この時の航空本部次長が「覆すことのできない、既に決まっていたこと」と言うには、上官である後宮か東条が特攻を決めていたからに他ならない。

ただし、菅原は東条派の主要軍人が中央の要職を外された昭和一九年七月に、後宮の後任として航空総監兼本部長に選ばれており、特攻の推進も後宮から継承している。菅原は七月の段階で既に航空機を特攻用に改良することを次々に裁可していった。後に、菅原は第六航空軍司令長官として特攻を推進し、第1章で述べたように帰還した特攻隊員に「何で生きて帰ってきたかっ！」と罵倒し、振武寮で拷問とも言える再教育を行っている。この菅原も終戦後は、真相を秘したまま余生を過ごした。

陸軍の航空専門の隈部正美少将は昭和一八年五月一九日より航空本部教育部長の職に就いたが、東条・後宮体制の下、特攻を主張するようになり、特攻作戦に加わって推進している。

富永恭次が第四航空軍司令官を務めていた時、隷下の木下勇第二飛行師団長を不当に罷免したために（木下は総攻撃の際の航空戦力が足りないため手下の飛行機を一時的に使えるように具申していたが航空に素人の富永長官はこれを認めなかった。やむをえずに強行して飛行機を使用したために富永は激怒して木下を罷免し、軍法裁判にかけることを主張した。しかし、軍司令官には親補職にあたる師団長を罷免させる権限はなかった。しかも、富永自身がこれより遥かに重い逃亡罪を犯した時には罪を逃れた。富永が自身に甘く他人に厳しい指揮官であったことはこのことからも言える）、昭和一九年一一月に第四航空軍参謀長の寺田済一中将が新たに第二飛行師団長に就き、第四航空軍の参謀長に隈部正美少将が就くことになった。この富永―隈部の強力体制により次々と特攻が行われていった。隈部は富永司令官と共に台湾へ逃亡したが、終戦後には壮絶な自決をした。これについては第10章で言及する。

特攻を決定した「市ヶ谷会議」―現場のパイロットは反対していた

東条が特攻を行うことを決定した重要な証拠として、昭和一九年七月七日に行われた「市ヶ谷会議」が挙げられる。陸軍の航空関係者が一堂に会したこの会議に参加した升本清の『燃ゆる成層圏』にその様子が記されている。
この会議では、大本営陸軍部の航空参謀の「Q中佐」（当時少佐、名前のイニシャルではない、升本清と同期）が次のように主張した。
「海軍航空の主力は既に全滅し、さらにサイパン島の完全失陥を見たいま、現有陸軍航空力をもって強大な敵海上兵力を撃滅するには、もはや尋常一様の攻撃手段をもってしては到底成功を獲得する道はなくなったのであります。故に一機をもって一艦を撃沈する特別攻撃によるの他はないのであります」（一三六頁）
これに対して、陸軍随一のテストパイロットである酒本英夫少佐は次のように反対した。
「飛行場の限定された範囲に着陸することさえなかなか困難であるのに、全速力で走りまわる動目標の防空弾幕を潜り抜けて、しかも敵艦の吃水線に体当りすることはすこぶる困難で、かえって必中を期し得ない。むしろ従来の如く精密標準による水平爆撃が有利と思う」（同書、一三八頁）
酒本少佐は、戦後このことを回想している（酒本英夫「私は『特攻』に反対だった　パイロットの立場からの反論」『特攻の記録　「十死零生」非情の作戦』「丸」編集部編）。
酒本の回想では、「Q参謀」は「U参謀」として出てくる。「U」は明らかに名前のイニシャルであり、升本、酒本と同期で当時大本営の参謀に就き、陸軍に知れ渡った優秀な航空専門家と言えば、該当するのは浦茂少佐である（妹尾作太男の著書では浦茂と特定している）。浦は陸軍大学校卒業時に恩賜の軍刀（成績優秀者のみに与えられる）を授かった俊英であり、戦後、自衛隊の第五代航空幕僚長にまで出世している。浦がなぜ特攻を主張し出したのかは分からない。しかし、将来を約束されたエリート軍人で大本営参謀という高い地位に就いている人物が特攻を強く主張した影響力は大きい。

浦と同期の酒本は、練度の低いパイロットが特攻を行うのは技術的に極めて困難であり、「いたずらに特攻の勇者を犬死せしむることになり、指揮官として、忠勇の士に責任がとれるか。〔中略〕飛行機は消耗品として捨てることはできるが、大戦果を期待できる高度の技術を具備したパイロットの養成は、簡単にできるものではない。むしろ現在の状況では、海軍航空兵力の少ないいま、将来の本土決戦用として温存すべきではないだろうか」と主張している。腕に自信のある誇り高きパイロットとして、これは正論であった。酒本少佐と共に竹下福壽少佐も、浦参謀に反対した。

浦参謀は強い反対意見に押された。しかしその時、陸軍航空本部技術部長の駒村利三中将が、「酒本少佐、お前は世界の大勢を知らぬ田舎武士じゃ」（『燃ゆる成層圏』一四〇頁）と一喝して反対意見を抑えたために、特攻を行うことが決定してしまったのである。駒村中将は、東京大学航空科卒の英才にして、航空技術分野の第一人者であり、将官である。その発言力は航空分野において大であり、少佐クラスの若造では一喝されれば黙って従うしかないのである。

特攻を決定した重要な「市ヶ谷会議」での駒村中将の態度を批判する声はどこを見渡しても見当たらない。なぜであろうか。それは駒村中将の直属の上司が、東条の腹心である後宮淳航空本部長（兼航空総監兼高級次長）だからである。そして、このような重要事項を決めるのには上司の裁可がなければ不可能であり、最高責任者の東条陸相兼参謀総長兼軍需相が、この「市ヶ谷会議」に深く関係している。

「市ヶ谷会議」では現場のパイロットは特攻に反対している。特攻が現場から澎湃として湧き起ったものではなく、中央主導で行われたことを示している。

「市ヶ谷会議」に参加した正木博第三航空技術研究所長は、特攻用の爆弾である「桜弾」の実験結果を発表して特攻を推進している。この第三航研は命ぜられて次々と特攻兵器の開発を行った。第一～第八航研は航空本部に直属しており、正木所長は後宮航空本部長から直接命じられて特攻の研究開発を行った（『陸軍航空特別攻撃隊史』二九頁）。

正木は戦後、高木俊朗に特攻は志願によるものであったと批判した。しかし、正木は、なぜ未だに全容が分かりきっていない「市ヶ谷会議」について自身の知っている全てのことを公にしなかったのか。当時の関係者の多くが口を閉ざしたために、真相の追及が困難となり、特攻に関する問題が複雑なものになってしまっている。

生出寿は特攻に対して次のように述べている。

「戦死した陸海軍の特攻隊員は約三千六百名だが、彼らは賛美されるべき神や偶像ではなくて、哀悼されるべき犠牲者であった。［中略］海軍の特攻に関係があった大西以外の戦争指導者、作戦指導者、指揮官、参謀たちのほとんどは、特攻隊員は自由意志の志願によってなったもので、その死の責任は隊員自身にあり、自分らにはないとしているようである。そうでなければ、大西のように腹を切って死なないまでも、戦死した特攻隊員たちとその遺族に、何らかの形で謝罪するはずだが、そういうものは見当たらない。それならせめて沈黙していればまだしも、なかには、特攻隊を美化し正当化し、自分はやりもしないし、腹も切らない

のに、いまの若者たちも特攻隊を見ならうべきだといわんばかりの人物がいる」（『特攻長官大西瀧治郎』一〜二頁）

問題は、彼らは戦後、その罪を認めなかったことである。特攻隊員への遺族への罪滅ぼしや真相を解明させることからはほど遠かった。その無責任な態度は元特攻隊員を苦しめたばかりでなく、現在の日本でも最高責任者である国会議員が国民との公約を平然と破り、何の責任もとることなく、弁解ばかりをして国民の生活を苦しめさせていることに繋がる。これは次章以降読んでいただければ、一層理解していただけるものと思う。

第8章 継続された特攻―統制派による特攻編

上に甘く下に厳しい軍上層部

海軍の関大尉による初めての特攻は目覚ましい戦果を挙げた。当初、特攻は空母の甲板を攻撃して一時的に敵の航空機を使えなくするという限定的な目的であったが、その後も継続された捷号作戦で特攻が主力となって用いられることになった。しかし、栗田健男中将が率いる艦隊がレイテ湾で敵前逃亡をしてしまったために、捷一号作戦そのものが破綻してしまっており、特攻による戦果は限定的なものにならざるをえない。これは、命を懸けた特攻隊員の罪にはならない。無謀な作戦を強いる軍上層部の責任である。貴重な熟練パイロットと飛行機を確実に失う特攻という禁じ手を用いるからには、それに見合う緻密に練られた作戦と戦局を打開する指揮官の実行力がなければならないが、禁じ手に依存した軍上層部にはそれがなかった。

レイテ決戦を大失敗させた栗田健男中将は大した処罰を受けなかった。しかし、命を懸けた特攻隊員が帰還した時には処罰を科した。その後の富永恭次第四航空軍司令官と福栄真平第百二師団長といった現場の最高指揮官の敵前逃亡は起こるべくして起きたのである。

富永は前章で述べたように敵前逃亡をしたにもかかわらず何ら厳しい処罰を受けなかった。

富永には参謀本部第一部長（作戦担当）の時に軍紀違反を行った前科があった。昭和一五年の北部仏印進駐時には、実は現地協定が成立していた。にもかかわらず、現地に行って直接指導した富永は日本軍を仏印に進駐させて流さなくてもよい血を流させたのである。このことは当時、陸軍の中央にいた西浦進が『昭和戦争史の証言　日本陸軍終焉の真実』で証言をしている。富永第一部長の血気にはやる武断政治は国際信義を失わせ日本が国際社会から孤立する要因となった。戦後に元統制派軍人が主張する、アメリカとの戦争を避けようとしたとか南進の意図がなかったとか、青年将校に煽られたとかは責任逃れである。富永は仏印進駐が原因で帰国後に業務停止を命ぜられ、満洲の戦車学校長に左遷させられた。軍人としての出世が閉ざされようとした中、富永を人事局長に抜擢し、後に陸軍次官も兼任させたのは東条英機陸相であった。その富永が再度軍規違反を行ったのだから、同情の余地なく処罰すべきであったが同じ統制派の梅津美治郎総長―杉山元陸相の新体制は処罰を行わなかったのである。

福栄中将は、昭和一九年に激戦地レイテの防衛にあたる陸軍の第三五軍（司令官は鈴木宗作中将）所属の第百二師団長に任命された時に重大な統帥違反を行っている。福栄師団長はレイテ島の防衛を任されているにもかかわらず、レイテ島よりも西方でアメリカ軍から遠ざかる形となるセブ・ネグロス地区への退却を決定したことを私信一本で鈴木司令官に報告したのである。セブ島は管轄区ではあるが、防衛地区から退却するには、当然ながら上官の許可を得なければならず、許可を得ずに先に退却を決定し、上官に追認させようとすることは軍規に反する。追認されなければ当然敵前逃亡である。鈴木司令官は渋々「師団司令部」に限って承認した。しかし、福栄師団長が独断で護衛に大隊長を連れて海を渡ったために、激怒した鈴木司令官は大本営に福栄の罷免と処分を上申している。

最前線で指揮官がこぞって勝手に退却しておいて、現地での士気や軍紀が保てるはずがない。しかし、大本営は大した処罰もせず、終戦まで福栄を師団長に留まらせた。ちなみに、福栄は戦後の軍事裁判で、マレー俘虜収容所長に就いていた時の俘虜虐殺の罪で銃殺刑に処せられた。

戦史を研究していく上では、福栄中将の統帥違反の罪と大本営が行った甘い処分を問題にしないといけない。泣いて馬謖を斬るが如くできずに、軍上層部は戦局の打開を一切特攻隊員に委ねた。ここに当時の軍上層部の人間性というものが表れている。総力戦下における軍隊の作戦・指揮を行う最高責任者が自身の失敗反省をせず、その失敗を埋め合わせようとして無謀な作戦を行っていくのである。特に、大本営の最高責任者である梅津美治郎参謀総長は終戦まで徒らに特攻を推進していく。梅津は東条と肩を並べる統制派の中心人物である。

梅津美治郎、特攻作戦を踏襲

梅津の権力欲は東条に引けをとらない。昭和一八年七月一五日、戦局が悪化して東条政権の後継が考えられるようになった時、高松宮は近衛文麿と会談し、「梅津が先般金を蒔きしことは殿下も承知しあきれあり」（『真崎甚三郎日記』第六巻、四四頁）と、東条の後釜を狙う梅津の金権政治ぶりにあきれ果てている。梅津の軍政は東条と何も変わらない。統制派の軍人達には軋轢が生じているが、これは深い思想・国家戦略の対立によるものではない。真崎甚三郎が皇道派と統制派の対立が思想の対立（皇道思想と国家社会主義思想の対立）と考えたような大した

梅津美治郎

思想の対立はそこにはない。

梅津参謀総長は、前任の東条が画策した捷号作戦とそれに伴う特攻を踏襲した。特攻は元々レイテ決戦という起死回生の作戦を成功させるために用いた非常手段であった。特攻が想定外の大戦果を挙げたからといって継続してよいものではない。当たり前のことだが、優秀なパイロットと貴重な航空機を確実に失う特攻の後には、絶望的な国力となってしまうからである。そもそも、海洋の軍略は海軍、大陸の軍略は陸軍とどこの国でも分担しており、例えば海洋国家のイギリスでは海軍が主である。ミッドウェー海戦で大敗し、昭和一九年六月には、マリアナ海戦における「あ」号作戦が失敗に終わって海軍の空母と航空兵力をほとんど損失してしまった。

マリアナ海戦で残ったわずかな兵力を全て結集させたのがレイテ湾決戦であり、これに敗北して海軍の航空戦力は壊滅してしまった。陸軍は元々大陸戦略が主であり、兵の大半を満洲と中国に残しており、南方の戦線を優位に進める状況にはなかった。残された日本の道は、和平まで味方の損害を少なくさせる持久抗戦しかなかった。持久抗戦を行うには航空戦力をできるだけ保持しなければならない。しかし、このような正道のことを軍の最高指揮官は行わず、「統率の外道」を選んだのである。

勝てないのならば早々と見切りをつけて兵を本土に引き上げればよかったが、次々と輸送ルートを断たれ、「自活自戦」の命令を受けた多くの日本兵が糧食の不足によって、飢え死にした。退くことも兵法である。万策尽きている中で昭和一九年一〇月二五日の特攻が大戦果を挙げて以来、軍部はこれを唯一の頼みの綱とした。特攻は大西瀧治郎一人の責任ではない。

前章で述べたように、東条政権は昭和一九年六月以降、小船艇爆薬を積んで体当り攻撃を行う㋹の開発と製造の要求を行っている。東条退陣後の陸相には、東条と同じ統制派の杉山元大将が就いたが、杉山陸相と梅津総長は当然ながら前東条政権による軍略を破棄することも可能な軍の最高権力者である。しかし、この二人とも、昭和一九年八月の初旬に裕仁天皇へ㋹の特攻兵器について上奏している（『戦史叢書　大本營陸軍部〈９〉』七三頁）。当時、上奏してしまえば決定事項として必ず実行されることになっていた。この両者が特攻をトップダウンで推進したのは言うまでもない。

寺内寿一司令官、特攻を承認

㋹は海軍では㊃（「震洋」）として扱っていたが、効果的に威力を発揮するために大本営の陸海軍部が協力を行い、これらを統合して㊇と呼称し、㊇による戦法を「震天」と呼んだ。昭和一九年八月一二日には捷号作戦に備え、梅津総長は「㊇運用に関する陸海軍中央協定」を指示しており、使用時期については陸海軍の調整の下で行うことを決定している。これを受けて統制派の寺内寿一南方総軍司令官は同年八月二四日に「比島方面作戦指導要綱」を策定して下達している。この中の「十四　水上兵力の基本配置左の如し」の項には、「２　㊇部隊　要地に集結配置するを本旨とす」とある。

このことから寺内が特攻の使用を前提に作戦計画を立てていたことが明らかとなる。同日に発せられた「比島方面作戦に関する南方軍命令」の「一　方針」の項目の「八　決勝を期するため前諸項の外特に重視するもの左のごとし」には、「2、不退転決死の作戦（戦闘）」とある。「決死」と「必死」は異なり、「決死」は生還の見込みがあり、特攻のことを指さない。しかし、この場合の「不退転決死」は「必死」に限りなく近い。ここから寺内が大本営の特攻に賛同していたと考えられるのである。

寺内寿一大将は南方戦線の最高指揮官として昭和一六年一一月六日より南方軍総司令官の要職に就いている。寺内は統制派の中心人物であり、二・二六事件後に陸相となって軍紀の粛清を行うとして徹底的に皇道派を弾圧して、中央から完全に放逐した。寺内の出世には元首相にして陸軍長州閥の大物・寺内正毅の息子であることが影響している。

寺内の人物を物語る次のような逸話がある。

「山岡中将が寺内司令官の下で行った石家荘の作戦のおり、思わぬ犠牲者を出してしまったことについて、山岡が、『多くの戦死者を出して、何とも申し訳なく思っております』と言ったところ寺内が、『君、そんなことは心配しなくてもよろしい。兵隊は招集すればいくらでもあるー』というをきいて、山岡はびっくりして、『貴方は本気でそれを言うのですか』と詰め寄ったところ、『わるいか、わるかったらとり消すよー』と言ったということである」（山口富永『二・二六事件の偽史を撃つ』一〇六～一〇七頁）

このように寺内は兵を消耗品ぐらいにしか考えていなかった。そのような人物が特攻に反対しようはずがない。ちなみに、山岡重厚は、真崎甚三郎を「親父」と呼んで慕った皇道派の中心人物である。山岡は梅津と同期、東条より二期先輩で、軍務局長を務めた潔癖で名高い軍人であったが、二・二六事件後に粛清されて一旦予備役に就く。山岡が軍の要職についていれば日本の状況は異なっていた可能性があるが、これについては最終章で論ずる。

梅津は特攻が戦果を挙げる前から推奨していた。梅津が昭和一九年九月二九日に新たに第十四方面軍司令官に任命された山下奉文大将に送った要望書が「作戦関係重要書類綴」に収められている。この要望書には次のように書かれている。

「四　必勝戦法について

今や優勢なる敵に対し尋常一様の手段を以てしては戦勝を獲得することは至難なり　即ち従来のごとき生温き観念を脱却して国軍独特の殉国の精神力を極度に発揮し　空、海、地共深く敵中に挺進肉薄し　死中克く活を求め　体当りにより一機一艦、一人一戦車撃破主義により敵を必殺必滅するの戦法に徹し　敵の心胆を奪うの要あり」

軍の最高指揮官である梅津が山下に「体当り」攻撃を行うように要望している。つまり、特攻がトップダウンで指示されたことがわかる。同様の指示は、同じフィリピンの防衛に当たっていた富永恭次第四航空軍司令長官にも行っていたと思われる。

山下奉文は「マレーの虎」として恐れられたが、台湾沖での大戦果を疑ってレイテ沖での決戦に反対し、ルソン島の山奥に籠って持久戦を行うことを主張して終戦までルソン島で戦い抜いた。その山下ですら、特攻に関しては、かつての航空総監の経験に基づいて、「おい、あの戦さのやり方は邪道だな」（『日本陸軍航空秘話』二一三頁）と語っている。

大本営による特攻の検討はフィリピン防衛の捷一号作戦だけではなく、本土防衛の捷三号作戦においても行われていた。昭和一九年九月下旬、参謀部で作戦を担当する眞田穰一郎第一部長は、服部卓四郎第二課長の報告と見られている「本土防衛作戦の構想」を受け取っており、ここには「一　航空作戦　航空作戦の初動に体当り必殺戦法により敵の企図を封殺す」とある（『戦史叢書　大本營陸軍部〈9〉』三三六頁）。

消えた大陸指

着々と特攻の準備が進んでいく中、昭和一九年九月二五日の会議で大本営の特攻計画に反対したのが、航空本部に所属していた歴戦のパイロットである丸田文雄少佐である。

「参本側から『もはや航空特攻以外に戦局打開の道なし。航本は速かに特攻を編成してもらいたい』と要請があった。

集まる者二十余名、しばしの沈黙ののち私はひとり猛然と反対した。『どうしても特攻が必要なら、まず陸軍大将から…』と言い終らぬうちに、売国奴扱い、卑怯者扱いのバリ雑言が数人から一斉に出て、私も反論、会議は何が何だか分らぬうちに散会となった。それから三日後の九月二十八日午後、参本は特攻に関する大陸指を航本につきつけてきた」（秦郁彦『昭和史の謎を追う』上巻、五一六〜五一七頁）

大陸指とは陸軍作戦の最高責任者である参謀総長が裁可した命令書である。したがって、陸軍に所属する者はこれに逆らえない。そのため、丸田文雄は次のように回想している。

「それからというのは航空本部（教導航空軍）では教育部長や総務部長が直接各教導飛行師

団に飛んで特攻隊の編成を処置したんです。
　私は、特攻攻撃を敢行して戦死された方々には深甚の敬意を表するものですが、このような事態に追い込んだ陸軍中央部の指導には強い不満を持ちます」（『日本陸軍航空秘話』二二一頁）
　こうして大陸指により陸軍では特攻を行うことが決定的となった。この大陸指を裁可したのが梅津美治郎参謀総長であり、ただ「ひとり」特攻に反対した丸田を何ら擁護しなかった直属の上司は菅原道大航空本部長である。梅津・菅原の両者が特攻に反対していたならば、陸軍では特攻が行われることがなかった。驚くべきことに、この大陸指は何者かによって破棄されたために現存していないのである。誰かが証拠隠滅を図ったことは疑いの余地がない。
　特攻は前章で考察したように東条政権時より用意周到に準備されてきており、特攻を実行させる人事の配置も万全に行っている。最早この状況下で、特攻の志願者がいないので作戦を変更するということはありえないであろう。ここまで環境を整えた後は、問題は誰が一番最初に特攻の引き金を引くかである。そこで、海軍の大西瀧治郎が自ら名乗り出た。大西が特攻を実行させた後は堰を切ったように陸海軍両方で特攻が実行されていく。そして、特攻をトップダウンで指揮した軍上層部、統制派は無責任にもこの特攻を止めようとはしなかったのである。

小磯新体制、東条体制と変化なし

東条首相の後任の小磯国昭は、統制派の中心人物にしてクーデター未遂事件である三月事件の首謀者であり、皇道派と激しく対立した陸軍軍人である。同じ統制派の東条の政策を踏襲しており、特攻もしかりである。例えば、小磯は昭和二〇年一月四日の最高戦争指導会議で、国家総動員による徹底抗戦を主張した「決勝非常措置要綱案」を自ら提議して、これを実行することを表明している。この要綱案の「陸海軍の軍需整備」の項目には、「戦力の増強は航空戦力の維持増強と特攻屈敵戦力の急速なる大量造成とを図るを第一義とし」とあり、特攻の「大量」の使用を主張している。

陸軍の作戦計画を立てるのは参謀部であり、海軍は軍令部である。この両統帥部（大本営）の権限は天皇に直結しているため、戦時においては統帥部は首相より強い権限を持つ。そのため文民の近衛文麿公爵が首相に就いていた時には、軍部は首相をないがしろにして中国との戦争を拡大していった。近衛はこのことを『平和への努力　近衛文麿手記』と『近衛日記』に記している。この弊害を無くすために東条は兼職して戦争を指揮した。

小磯は昭和一三年に予備役となり、その後拓務大臣、朝鮮総督を歴任した。軍中央から六年ほど離れていたとはいえ、かつて陸軍中央の要職を歴任した大物軍人として統帥部に意見を反映できたはずである。この時の軍首脳部達はかつて一緒に陰謀を張り巡らした同志たちである。しかし、統帥部と意見の齟齬をきたしたために、小磯は昭和二〇年三月一六日に自分の意見を反映しやすいように大本営会議（統帥部の行う会議なので従来は首相が参加できなかった）に首相が参加することを上奏している。

しかし、小磯首相によっても状況は何ら打開されなかった。小磯が中国との和平を期待した繆斌工作も腰砕けに終わった。その上、戦果が挙がらなくなってきた特攻に対しても止めさせるようなことは何一つしなかった。陰湿な陰謀を企て皇道派を中央から追い払うことに没頭し、軍閥争いの果てに日本を破滅的な戦争に導いた。小磯は戦後A級戦犯として終身刑に処せられた。

かねてから特攻作戦を計画し、推進していた梅津参謀総長と及川古志郎軍令部総長は、当初、特攻が大きな戦果を挙げたことに自信を持ち、昭和一九年一二月二七日に二人揃って「今後の作戦指導に関する件」で次のように裕仁天皇に上奏した。

「今後におきましては「レイテ」島のみに限定することなく　比島全域において随処に敵の企図遂行を制扼しつつ　その弱点特に船団に対して必殺の攻撃を加え　殊に航空を中核とする特攻により敵を震撼せしめまする」

両総長は、特攻を限定的に使用するのではなく、「敵を震撼」させるために今後も行い続けることを上奏した。そして、一か月も経たない昭和二〇年一月二〇日には本土決戦について策定した「帝国陸海軍作戦計画大綱」を上奏裁可させている。これは、陸海軍における最初で最後の統合作戦計画であり、東シナ海周辺海域における航空作戦である「天号作戦」（天一号は南西諸島・沖縄、天二号は台湾、天三号は東南シナ海、天四号は海南島以西）と本土防衛を行う「決号作戦」とを陸海一致で決定している。

この大綱の「九　以上の外　国軍作戦遂行上主要なる事項左のごとし」の項には、「(四)戦法、編成、兵器の創意に努め特に奇襲特攻を作戦上の要素としいよいよ増加する彼我物的相対戦力の隔絶に対処す」とある。これは強大な戦力を有する敵国に対処するため特攻をどんどん用いますということを上奏裁可させたようなものである。回り出した歯車は止まらない。

これを受けて、同年二月六日に陸軍は「東支那海周辺地域における航空作戦指導要領」で、「本作戦要領には南支沿岸方面における飛行部隊および特攻兵力運用計画をも含ましむ」ことを定めている。詳細な「特攻兵力運用計画」により、正規の部隊と同じように特攻隊の配属先と部隊数が具体的に編成されている。特攻の志願が集まらなかったからといって計画を大幅に変更させるというようなことはありえない。また、「防衛総司令官［筆者注：菅原道大第六航空軍司令官］は敵機動部隊の本土来攻に方りてはその特攻兵力（本土に配置のもの）の全力および所要の直掩戦闘兵力を使用し南西諸島方面来攻に方りては好機特攻兵力の一部および所要の直掩戦闘兵力を使用す」「第十方面軍司令官および支那派遣軍総司令官、南方軍総司令官は好機特攻兵力の一部および所要の直掩戦闘兵力を使用す」ことも定めている。ここでは特攻の「使用」を軍の中央部が指令している。明らかに、特攻に関して軍中央には責任があり、戦後に菅原道大が主張したような特攻の状況とは全く異なる。

陸軍中央は同年一月二九日には第一次の特攻部隊仮編成要領を発令しており、二月二三日には第二次編成要領を指示し、三月二〇日にはその実行を発令している（『戦史叢書　本土決戦準備〈1〉』二八七頁）。

第六航空軍はこの指示を受けて、三月中旬に天号作戦における特攻作戦を詳細に計画している。ここで、特攻の兵力配置と特攻隊による「攻撃の初動を担任させる」（同書、二八六～二八七頁）ことなどを計画しているのだから、菅原が特攻作戦に深く関与していることは明らかだ。

同年二月下旬の新兵備計画では、陸軍省と参謀部が折衝して、「1　航空戦力、防空戦力の拡充強化を絶対優先とす　2　特攻兵器の整備に伴う屈敵兵備の強化」（『戦史叢書　大本營陸軍部〈10〉』二二頁）を決定している。そして、同じころの二月二六日に策定した「本土決戦完遂基本要綱」では「航空および限定せる特攻兵備は優先とし既定計画の完遂に努む」（同書、七四頁）ことを決定した。

「帝国陸海軍作戦計画大綱」を受けて陸海の大本営が昭和二〇年三月一日に決定した「航空作戦に関する陸海軍中央協定」では、東シナ海における作戦（天号作戦）において特攻を重視している。「方針」として「作戦遂行のため特攻兵力の整備並これが活用を重視す」ことが定められており、「両軍はいよいよ特攻精神を昂揚し」と特攻を奨励している。同協定が定めた「全般航空兵力運用計画」における「陸軍航空兵力運用計画腹案」では、各方面の防衛に関して特攻を表す「〇と」の機数が細かく規定されている。例えば、「台湾」「〇と２５０」というように。また、「本土方面」の「６ＦＡ」（第六航空軍）では、「四月五月の間主として教育部隊より可及的多数兵力（主として特攻）を捻出整備す」と規定されている。梅津総長ら参謀部が、特攻を作戦計画としてトップダウンで詳細に練っていたことは明らかである。特攻による戦果が挙がりにくくなってきたこの時期においても、軍上層部はなお特攻に縋りついた。

徹底抗戦の梅津派、陸軍を牛耳る

昭和二〇年四月、陸軍に大きな変化があった。小磯国昭首相の退陣に伴う陸相の交代である。統制派の杉山元陸相に代わって新しく陸相に就いたのは阿南惟幾大将である。阿南は東条に反発していた。例えば『戦史叢書』では、「阿南大将は『温情で統帥する』と絶えず側近に漏ら

阿南惟幾

し、また東條大臣の苛烈な人事を強く批判していた」（『戦史叢書　大本營陸軍部〈10〉』一四八頁）と記されている。

　阿南は家族思いで部下を大事にしていた。しかし、このことと軍政とは分けて考えなければならない。阿南は梅津と同じ大分閥であり、同じ歩兵第一連隊に所属した頃より親しかった先輩の梅津が陸軍次官に出世した時にはその下で兵務局長と人事局長の要職に就いた。梅津が関東軍総司令官の時には阿南は隷下の第二方面軍司令官として補佐した。阿南は同じ統制派の東条らと共に皇道派を粛清し、中国との戦線を拡大してきたのであり、統制派で占められた陸軍三役（陸相、参謀総長、教育総監）の推薦で陸相に就いたことを忘れてはいけない。

　したがって、阿南陸相の行った軍政そのものは徹底抗戦、特攻の推進といった東条の路線と何ら変わりがなかった。「阿南は本心では和平を望んでいた、陸軍の暴発を防ぐためにわざと徹底抗戦を主張したのだ」という腹芸説があるが、政治においては厳然とした結果責任が求められるべきで、阿南の政治行動は全く和平に向かわなかったのである。阿南の軍政によって多くの者が犠牲になったのだ。だからこそ、終戦工作を行っていた近衛文麿や細川護貞らは、新しい陸相が阿南となった時に今までと変わりがないと落胆していたのである。

　阿南陸相に仕えた陸軍省の№2の次官には、梅津の腹心の柴山兼四郎中将が留任した。陸軍部の最重要職が梅津派で独占されていくのである。軍政・軍略は東条派と変わらず、梅津派によって日本は破滅に導かれていくことになる。

阿南は陸相に就く前には菅原道大中将の後任として航空総監兼本部長に就いており、第２章で述べたように残酷な特攻兵器である「剣」の開発と採用を行うなど特攻を推進している。陸相に就任した直後の昭和二〇年四月八日には、全軍に「決戦訓」を布告している。この中に次の項目がある。

「四、皇軍将兵は体当り精神に徹すべし。
悠久の大義に生くるは皇国武人の伝統なり。
挙軍体当り精神に徹し、必死敢闘、皇土を侵犯する者悉くこれを殺戮し、一人の生還無からしむべし」

阿南は本土防衛の「天号作戦」において「天号作戦、航空は一機残らず突っ込む。戦争がうまくいかないのは中央の腹が定まらないからである」（『戦史叢書　大本營陸軍部〈10〉』一四八頁）と発言している。阿南は全機特攻を主張している。

陸相は最高の人事権を持つ。かつて林銑十郎が陸相の時、教育総監の真崎甚三郎を強引に罷免できたのも陸相の人事権がものを言った。この人事権を行使すれば、かなりの政策変更ができる。しかし、阿南は現状を変更しようとしなかった。終戦が長引いたのは梅津総長と阿南陸相が徹底抗戦を主張していたからであり、このことは広く知られている。阿南は航空の最高責任者として特攻の成果が著しく低下してきていたことを把握していたはずだが、特攻を止めさせるような人事はしなかった。むしろ、特攻を行うための人事を行った。これは次のことからはっきりと言える。

海軍の鈴木貫太郎による新内閣の発足と共に、陸相が阿南に交替した他、参謀次長には河邉虎四郎中将が就いている。河邉中将の前職は航空総監部次長兼本部次長（昭和一九年八月～昭和二〇年四月）で、菅原道大とその後任の阿南両航空総監兼本部長の下に仕えている。そして特攻を推進してきた。河邊は統制派の中心人物の下に仕え、彼らに引き立てられて出世してきた。そして、柴山次官とは同期にして盟友である。いわば、梅津―阿南の指示に忠実に従う部下であったからこそ大抜擢されたということが言える。事実、梅津・阿南は昭和二〇年六月二〇日の「参電第八八五　本土決戦根本義の徹底に関する件」では「参謀次長」の名で各軍に「本土決戦における帝国陸軍は挙軍敵撃滅に驀進するの一途あるのみよろしく自己健存の思想の如きはこれを断乎排撃しその任務明示する処に決勝を期し各人各部隊皆我身を捨てて敵を撃つの戦法［筆者注：特攻を意味する］によるべきものとす」と通達している。

河邉の兄は河邉正三陸軍大将であり、兄の方は航空総軍司令官の要職に就いた。この強力な特攻推進ラインにより残虐で無謀な特攻計画が行われる。

特に河邉正三大将が長官に就任した航空総軍は終戦時まで特攻を行った重大な責任がある。航空総軍は、鈴木内閣とほぼ同時期に発足した。陸軍の航空組織は多岐に亘っており、例えば教育を掌る航空総監の下には各教導飛行師団があり、航空本部長の下には各航空廠があった。そして航空総監と航空本部長は兼職であった。また、沖縄作戦を担当していた陸軍第六航空軍は陸海軍の運用の一体化の必要性から海軍の指揮下に入っていた。

戦況が逼迫するにつれ、教育組織を航空兵力として用い、兵器の機材の生産と補給も航空兵力と一体化させる必要があった。そこで、一元化を進めるために第六航空軍と航空総監、大本営の隷下にあった第一航空軍を統合して航空総軍を新たに設立した（ただし、航空本部は存続。

本部長は寺本熊市中将）。五月には関東軍隷下の第二航空軍と支那派遣軍隷下の第五航空軍を編入して大組織となる。航空総監部は不要となり、四月一八日には廃止され、職員は航空総軍司令部に移った。また参謀副長以下には航空本部との兼職者が多かった。航空分野の要職を歴任してきた河邉虎四郎が参謀次長に抜擢された理由として、航空に不慣れな兄・正三を補佐しながら、航空総軍を掌握して指揮しようとしたと考えられる。これは特攻を行う巨大組織であった。

河邉兄弟による破滅の特攻

この巨大組織には大きな問題点が存在する。それは、河邉正三大将が長官に就いたことである。河邉は、航空部隊での勤務経験は全くなく、専門が歩兵である。ビルマ方面軍司令官の時には、隷下の第十五軍司令官の牟田口廉也中将の強硬なインパール作戦の主張を受け入れている。この無謀な作戦失敗の責任を取ることなく、専門外の航空の最高責任者に抜擢された人事には疑問符が付く。弟が参謀次長に就くことで航空総軍を掌握できるから問題ないと考えたのであろうか。しかし、航空総軍の参謀で教育を担当したのが、かつて第四航空軍高級参謀として富永恭次長官の敵前逃亡を手伝った松前未曾雄大佐であったのだから、あまり期待できない。この松前が残虐な特攻兵器「剣」を採用するように何度も航空審査部審査主任の高島亮一少佐に圧力をかけたことは第２章で述べた。

航空の素人である河邉司令官は、四月一〇日の日記にこう記している。

「総軍と称するも　不完全なる人と不十分極まる器材とを以てする消極的防衛か主任務ないしは全能力にして　特攻部隊の養成及びその使用に多少の積極性を感ずるのみ　したがってこれを詮じ来れば『何れの時、何れの方面への特攻にこの身を托して衝くべきや』が総司令官に残されたる死処選定の一途なり　これならば真個の素人なるこの航空総軍司令官にも何とか御用に立ち得べし」（『戦史叢書　本土防空作戦』五一七頁）

河邉には状況を打開する具体策は何もなく、ただ特攻を行うことのみ考えていたのである。この頃には粗製の飛行機と操縦時間が二〇〇時間未満の未熟なパイロットで大半を占めるようになっていた。敵軍も特攻への対策を立てていることから、特攻以外の戦法を考えなければならない時期であった。重要な時期に航空に「素人」の軍人が航空の最高指揮官であったことが日本の不幸であった。

河邉は、破れかぶれの全軍特攻を指示している。昭和二〇年四月一三日、航空総軍司令部が作成した「航空総軍決号作戦要綱」では、「仮称特攻部隊編成は六月末までに特攻機少くも二千機（直掩機などを含む）以上の必成を期しかつその過半は同月末において作戦に使用し得しむ　また仮称特攻部隊の特質に鑑みその編成配置、訓練および管理には万遺憾なきを期す」とあり、「特攻機少くも二千機」は志願者が集まろうが集まらなかろうが確実に作戦として用いることが規定されている。さらに、「敵の本土上陸企図に対しては全軍特攻の戦法を敵に強要しこれを洋上に覆滅す　その主攻撃目標は敵輸送船団とす」と規定している。つまり、航空総軍に所属する者は全員否が応でも特攻隊である。

この状況下では、何人も特攻を拒否することはできない。これは、特攻を中央が計画し、命令したことを明らかに示している。この時、「国を亡ぼすものは東條なり。大阪を焦土に化するものは河邉なり」（航空総軍の本部は大阪にあった）という文書も出回っていた。特攻をはじめ、戦争での河邉の罪は重い。

昭和二〇年六月八日の御前会議には首相、陸相、海相、及び要職に就く者が参加した。この会議に参加した河邉虎四郎参謀次長は、「皇国独特の空中および水上特攻攻撃は『レイテ』作戦以来　敵に痛烈なる打撃を与えて来たのでありますが　累次の経験と研究を重ねました諸点もあり今後の作戦におきまして益々その成果を期待致しておる次第であります」（『戦史叢書大本營海軍部・聯合艦隊〈7〉』三四七頁）と発言している。

御前会議で発言した内容はとても重い。なぜなら、発言したことに偽りや約束不履行があれば統帥部の最高責任者である天皇を欺いたことになり、軍人として許されないことだからである。したがって、河邉は天皇に大本営として特攻を継続して実行することを約束したことになる。

大本営の参謀部は戦争末期の七月一四日、大陸指第二千五百二十四号で、「航空総軍司令官は別冊『決号航空作戦に関する陸海軍中央協定』に準拠し航空作戦を実施するものとす」と指令を出している。この中央協定では、「敵の本土上陸作戦に対する航空作戦指導の主眼は主として特攻攻撃により敵上陸船団を撃滅するにあり」と規定しており、別紙の「陸軍航空兵力配備並運用計画」では、第一航空軍は「特攻約六〇〇機」、第六航空軍は「特攻約一、〇〇〇機」、第五航空軍は「特攻約五〇〇機」を規定している。

特攻に関して、「大本営は指示を一切していない」、また「指示をした大陸指は存在しない」

とする論調が見られるが、これは明らかに間違いであり、特攻の配置と機数を大本営ははっきりと規定している。大陸指は陸軍において絶対であり、志願者が募らなかったからといって予定機数を減らすということは絶対にありえない。

これを受けて、河邉参謀次長の手記には、河邉司令官は七月二四日、大本営に作戦準備の報告を行っている。この時の河邉参謀次長の手記には、「キ115（ト号）今後の生産二九〇を予定」「航空総軍司令官、上司への具申　1　特攻機の活動を主体とす　したがって邀撃必ずしも意のごとくならず」（『戦史叢書　大本営陸軍部〈10〉』三八二〜三八三頁）と記されている。航空総軍の河邉司令官と大本営が一体となって特攻を推進し、第2章で述べた残酷な特攻兵器「剣」こと「キ115」の生産の話も首脳部で決定している。この会議には河邉虎四郎参謀次長、作戦担当の宮崎周一第一部長、その他が参加しており、梅津参謀総長がこのことを知らないとは考えられない。

国民義勇戦闘隊　全国民が特攻隊員に

統制派の無慈悲さは国民を徹底的に犠牲にしようとしたことである。これは、「国民義勇戦闘隊」に表れている。これについては、『戦史叢書　本土決戦準備〈1〉―関東の防衛―』、『戦史叢書　本土決戦準備〈2〉―九州の防衛―』、「大本営の本土決戦準備」（防衛省防衛研究所所蔵）に詳しく記されている。

昭和二〇年三月二四日、統制派の中心人物である小磯国昭首相は、「義勇奉公隊（仮称）［筆者注：国民義勇隊のこと］組織に関する件」を閣議決定した。これに、「状勢急迫せる場合は武器を執って蹶起するの態勢へ移行せしめんがため左記により全国民を挙げて義勇奉公隊（仮称）を組織せしめその挺身出動を強力に指導実施するものとす」としており、活動は防空・防衛・陣地構築・補給輸送といった軍事活動の援助に加え、「状勢急迫」の場合には武装隊の組織と出動を行うものである。これに続いて、小磯内閣は四月二日には「国民義勇隊組織に関する件」を閣議決定している。

この閣議決定を受けて鈴木貫太郎新内閣では、四月一三日に「国民義勇隊組織」「状勢急迫せる場合に応ずる国民戦闘組織」を閣議決定し、「状況急迫した場合は必要地域の国民義勇隊（仮称）を戦闘隊〔筆者注：国民義勇戦闘隊〕に転移させること、戦闘隊組織と国民義勇隊の組織を表裏一体とすること」を定めた。適用は男子は一五歳～五五歳、女子は一七歳～四五歳と決定した。ただし、「国民義勇隊組織」では「年齢の制限に拘らずいやしくも参加の希望あるものはあまねくこれを加入せんむるものとす」として「志願」すれば、誰でも国民義勇隊に入れることを規定している。その後、国民義勇戦闘隊は「兵站的業務」を主として、「状況により戦闘任務に服して郷土自衛を完うする」ことが閣議決定されている。

そして、これらに法的強制力を付与したのが六月二二日に制定された「義勇兵役法」である。裕仁天皇は同法を次のように裁可している。

「朕は曠古の難局に際会し忠良なる臣民が勇奮挺身皇土を防衛して国威を発揚せんとするを嘉し帝国議会の協賛を経たる義勇兵役法を裁可しここにこれを公布せしむ」（『戦史叢書　本土決戦準備〈1〉』五六五頁）

この義勇兵役法では適用年齢を男子は一五～六〇歳、女子は一七～四〇歳に制定した。逃亡したり、仮病を使って兵役を逃れようとする国民には「二年以下の懲役」が科せられる。何人もこれから逃れたくとも逃れることはできない。さらに、同法はこの適用者以外に、「義勇兵役を志願する者を勅令により採用」することを定めている。第1章で述べたように絶対的な軍事独裁政権、軍国主義に染まり切ったマスメディア・教育・社会、肉親と郷土を奪われることによる熱り立つ国民感情からは、全国民が「志願」せざるをえない。万一、「志願」しない場合には「非国民」として、その社会で生きていくことができなかったであろう。

筆者が体験談を伺った元神雷部隊隊員の浅野昭典は昭和一八年に中学三年生、弱冠一四歳の時に志願して海軍の甲種飛行予科練習生の第一三期生として入隊した。中学校では勉学をせずに軍需工場での手伝いに明け暮れた。町に出れば至る所に志願兵募集のポスターが貼ってあった。周囲の友人たちや学校、社会も軍隊に志願することを奨励していた。そのような環境の中で一四歳の少年が軍隊に志願することは自然であった。浅野は軍に入隊後、年輩の同期生達と同じ苛烈な訓練と罰直(バッターで尻を撲られるなど)を受けた。

軍隊は子供だからといって手加減はしてくれない。そして、軍隊で徹底的に鍛え上げられた浅野にとって周囲の軍人と同様、特攻に志願することもまた自然であったのだ。浅野は第2章で取り上げた特攻兵器「桜花」の練習機に搭乗しており(同部隊では「桜花」の飛行練習を行った特攻隊員から次々と特攻を行った)、後は「桜花」による特攻の指示を待つばかりであった。幸いにも終戦となり、「桜花」での特攻を行わなくても済んだが、終戦が長引いて本土決戦になれば「桜花」によって特攻を行わなければならなかった。終戦時、浅野はまだ一六歳であった。浅野は「何が何だか分からないうちに終戦を迎えた」と回想する。このような状況は、ただ浅野に限ったことではなく、本土決戦時には老若男女の多くの国民が同じように志願して国民義勇戦闘隊に加わったであろう。

もっとも、国民義勇戦闘隊は戦場の最前線に行くことや特攻隊になることを直接規定してはいない。主な任務は軍の後方支援であり、本土防衛を行う第十六方面軍では「特別の場合」を除き、特攻を実施しないように「計画し指導」していた（『戦史叢書　本土決戦準備〈２〉』四一八頁）。

しかし、沖縄での本土決戦の例を見ればわかるが、このような計画通りにはいかない。沖縄で軍の後方支援を行った「ひめゆり部隊」は広く知られているが、女学生らで構成された同隊からは多くの死傷者が出た。戦場では前方も後方も関係なくなる。そして、「生きて虜囚の辱を受けず」の戦陣訓から玉砕や敵陣への斬り込み特攻が行われる。何よりも、国民義勇戦闘隊の後方支援は軍上層部にとって建前である。そのために「特別の場合」「指導」などという表現を用いている。第４章では海軍軍令部次長の大西瀧治郎中将が国民義勇戦闘隊の「二千万」及び全国民を特攻として用いると主張したことを論じた。阿南惟幾陸相は前述したように「決戦訓」で全兵隊に「体当り精神」を主張しており、徹底抗戦を行うつもりであった。

陸軍参謀本部で作戦を担当する第一部長の宮崎周一中将は当時の状況を次のように回想している。

「どんな構想の作戦をもって戦わんとするか、選択の余地などあろうはずはない。作戦は連続不断の攻勢。戦法は航空全機特攻、水上、水中すべて特攻、戦車に対して特攻、地上戦闘だけが特攻を避けられよういわれはない。頼むは『石にたつ矢』の念力のみ。恐るべきは自己の内心にきざす疑念だ、将兵の内心にわだかまる精神の動揺だ、これが作戦担当の立ち場におかれた私のつきつめた心境であった」（『戦史叢書　本土決戦準備〈1〉』五〇〇頁）

これは宮崎だけの考えではなく、本土決戦時における全軍特攻の案は直ちに河邉虎四郎参謀次長、梅津美治郎参謀総長、阿南惟幾陸相に採用されたであろう。

大本営陸軍部は昭和二〇年四月二五日、「国民抗戦必携」を公布している。ここでは、一億特攻皇土護持に奮戦し、国民は国民義勇戦闘隊として軍の作戦に協力し、挺身斬込戦法を行うことを要望している。「挺身斬込戦法」とは敵陣に突撃して相手と刺違えることであり、圧倒的な軍備を備えている敵陣の前では生還の見込みがない一種の特攻である。同じく、大本営陸軍部が六月六日に公布した「国土決戦戦法早わかり」では「挺身斬込戦法を重視」することを要望している。

陸軍は本土決戦を行うための三つの総軍を新設し、多くの部隊を統合させた。東日本の防衛を行うのが第一総軍（総司令官は杉山元元帥）、西日本を防衛するのが第二総軍（総司令官は畑俊六元帥）であり、もう一つは前述した航空総軍である。この第一・二総軍の決戦綱領では、「米軍の来攻に当っては一億特攻の攻撃精神を発揮してこれを撃滅し、米軍の一兵といえども生還せしめない覚悟を以て、勝利かしからずんば死かの一念に徹し、刺違への戦法を以て戦う」ことを規定し、空中・水上・水中での特攻の実施に「地上戦法もまた特攻戦法に徹底する」ことを規定している。そして、国民は軍の後方支援を行い、「直接戦闘に協力する」ことを規定している。無慈悲な「一億総特攻」を主張したのは統制派の軍人達であった。

統制派の軍人達は徒らに特攻を実行し、明らかに戦果が挙がらないような場合すらも実行した。しかも、特攻隊員が生還した場合には厳しい処罰を下したのである。しかしながら、特攻隊員の志願を盾に、これらの者が批判されることは極めて少ない。「この時にはこのようにするしかなかった」と元統制派の軍人達は主張する。しかし、統制派が軍で主導権を握ることができたのは、そもそも中国とアメリカとの戦争に反対していた皇道派を粛清、弾圧したからであり、国民から望まれて権力の座に就いたのではない。自ら行った権力争いの果てに「策がない」ではあまりにも無責任である。しかも、戦後、裁かれなかった元統制派の軍人達とその関係者は、あろうことか戦争責任と関係のない皇道派を批判し、その罪をなすりつけた。救いがたき所業である。己が罪を他人になすりつける、己が罰を他人に受けさせようとするのはあまりにも醜悪ではないか。読者の方々はぜひ最終章を読んでいただきたい。私たちの社会にある危機は自然と生まれているのではない。作られているのである。また、それに対して私たちはあまりにも鈍感過ぎるのだ。

人間の罪に対する罰は等しく神に科せられている。たとえ、この世で裁かれずとも。

第９章
継続された特攻—海軍による特攻編

米内・及川体制も特攻作戦を継続

海軍における特攻は第6章で述べたように、中央によって発案され、指揮された。そして航空機、小船艇、戦艦など、その規模は陸軍よりも大きかった。

海軍における特攻は陸軍の東条と二位一体の嶋田繁太郎海相兼軍令部総長によって生み出された。嶋田が捷一号作戦で特攻を用いることを大海指で指示したことは第6章で述べた。昭和一九年七月一七日に退陣した嶋田海相（総長の退陣は同年八月二日）の後任の米内光政海相、及川古志郎軍令部総長も嶋田の基本的な軍略を踏襲した。嶋田が発令した大海指四三一・四三五号を受けて、同年八月上旬に策定した「聯合艦隊作戦要綱」と「聯合艦隊捷号作戦要領」では「作戦要領」の項目に、「特攻部隊」が規定され、「水上および水中特攻部隊の使用は大本営において管制し、特令により作戦に参加する。主攻撃目標を敵輸送船または上陸用舟艇とし、敵上陸の初動一挙に大兵力を集中使用するに努める」（『戦史叢書　大本営陸軍部〈9〉』一五六頁）と規定されている。特攻を「大本営」が「管制」即ち指示することを明白に規定している。大西瀧治郎長官が特攻を初めて実施する二か月以上も前のことである。

米内・及川両首脳は嶋田が設立した「奇襲兵器の促進掛」を改編して昭和一九年九月一三日に「特攻部」を発足させた（昭和二〇年四月一五日には「特兵部」（特攻兵器本部）に統合）。部長にはそのまま大森仙太郎中将が就き、特攻兵器の開発を行った。特攻を「統率の外道」として止めなかったどころか、正規の部署を設けて専門的に開発しているのだから特攻を中央が促進したことは疑いの余地がない。

特攻部の存在は当時秘密にされた。水雷の権威である大森中将は特攻隊員の前で「われわれがふがいなくて、戦争はどうにもならない戦局におちいった。ここで戦局を挽回するためには諸君に死んでもらうほかなくなった。はなはだ申訳ないが諸君に死んでほしい」（岩井忠正・岩井忠熊『特攻　自殺兵器となった学徒兵兄弟の証言』一三五頁）と言って深く頭を垂れた。しかも、大森自身は特攻隊員の後を追うことなく戦後余生を全うしたのだから、軍中央の無責任で残酷極まりない依頼であった。

米内光政海相及び小磯国昭首相が特攻を推進したことは、昭和一九年八月二五日の「勅令第五百二十八号　海軍特修兵令中改正」で明らかである。

「同条中第十六号を第十七号とし以下順次繰下げ第十五号の次に左の一号を加う

十六　特攻術」

「第十六号を第十七号とし以下順次繰下げ第十五号の次に左の一号を加う

十六　特攻術　掌特攻兵」

この勅令は明らかに軍事作戦に特攻による新戦術を加えたものである。これにより、禁じ手である特攻を軍令部が正規の戦術として用いることができるようになったのである。この勅令には、「裕仁」の直筆の署名の下に「御璽」の印が捺印されており、その隣には、「内閣総理大臣　小磯国昭　海軍大臣　米内光政」が署名されている。小磯と米内が特攻を軍事作戦として実施することを上奏裁可させたのである。これにより、軍令部が特攻の命を下した時には、何人も不法・不当であると批判できず、全軍特攻が命令されればそれに従うしかなくなったのである。特攻が次々と実施されるようになった最大の責任者の一人が米内光政海相である。

第2章で述べたように「桜花」の搭乗員が一般に募集されたのは昭和一九年八月頃であり、特攻専門の部隊である第七二一航空隊（神雷部隊）が編成されたのは同年一〇月一日である。これは大西が初めて特攻を実施する半月以上も前であり、新たに部隊を編成する権限は軍政を掌る米内海相が持っている。「桜花」による特攻を試作機ができる前から及川総長が了承し、これに応じて部隊を編成させたのが米内海相であった。

及川総長は同年一一月二三日に、米内海相は同年一二月三日に神雷部隊の視察を行っている。同年一二月一日には豊田副武連合艦隊司令長官が同隊視察時に神雷部隊の鉢巻と署名入り短刀を隊員に贈り、昭和二〇年一月一七日には裕仁天皇より侍従武官の御差遣があった。海軍がいかに「桜花」に期待をかけて推進したのかが分かる。しかし、最高責任者の誰もがこの兵器を直接見て特攻を止めなかった。

元特攻隊員・神津直次による米内光政、井上成美批判

嶋田海相の後任である米内光政は、終戦工作を行ったことで知られている。しかし、特攻に

関しては止めなかった。特攻兵器「回天」の特攻隊員であった神津直次の『人間魚雷回天』には、昭和一九年八月二〇日付の海軍省人事局の回天隊員募集の公文書が掲載されている。この文書には及川軍令部総長と米内海相、井上成美海軍次官、伊藤整一軍令部次長などが捺印裁可している（同書、二六三頁）。この文書では、特攻の説明がなされておらず、「必死」の言葉がなく、志願兵を募っていることから、神津は次のように締め括っている。

「米内光政、井上成美の名前は平和主義者として知られており、当時の頑迷な軍人とちがって、すぐれた人といわれている。それは正当な評価なのであろう。だが、回天搭乗員募集にあたり、若者に『その性能上特に危険を伴うが、元気溌剌なら志願しろ』という、無類の名文句で応募者を募ったのは、まさに、彼らの責任である。純真な若者を『甘言を弄して釣った』と言っては、いいすぎだろうか。説明の裏の意味するものを、察しとる頭脳をもたなかったほうに、責任があるのだろうか。秘密兵器だから、その性能、用法に触れての説明はできなくとも、若者を死地に赴かせるのならば、『体当たり兵器』と正確にいうべきだ。せめて、『生還を期待できない兵器』ぐらいの表現はあるべきではないのか」（同書、二七三頁）

さらに神津は、特攻の責任を負って切腹した大西瀧治郎の特攻隊員へのお詫びの遺言を引用して次のように述べている。

「真の特攻実施決定者、搭乗員募集の責任者である、帝国陸軍と帝国海軍の最高首脳部からは、ついにこのような言葉を聞くことがなかった。回天特攻作戦で死んだ搭乗員、整備員、潜水艦組員、その他の死者の霊は、今いずこにあって、いかなる感慨を抱いているのだろうか」（同書、二七四頁）

筆者が三村文男を通じて知り合った神津直次は、現在、高齢のために特攻隊員時代のことをもう回想することができない。それは、特攻隊員時代の思い出があまりにも苦しいからである。筆者が何度も戦争体験を伺おうとしたが断られている。戦争体験者が過去のトラウマに向き合うことは戦後世代が想像するよりも大変なことなのである。かつての特攻隊員が最早苦痛によって回想できず、真相を突き止めることができなくなっているのなら、後世の者がその役割を買ってでなければならない。

米内光政は、ドイツ・イタリア・日本との三国同盟に反対し、終戦工作を行っている。しかし、その政治手腕には疑問符が付く。例えば三村文男は、『米内光政と山本五十六は愚将だった』で米内を批判している。中国への戦線の拡大、軍政の失敗、遅すぎた終戦など数々の失政を行ったこともまた事実である。

同じく、海軍三羽烏（米内光政・井上成美・山本五十六）の一人である井上は、軍務局長、海軍次官として米内海相の下に仕え、平和主義者として評価されている。アメリカとの開戦の一〇ヶ月前には「新軍備計画論」の建白書を及川海相に提出して、アメリカと戦争をすれば日本は必ず負けることを警告している。しかし、「統率の外道」である特攻に関しては反対しなかった。井上成美を礼賛した阿川弘之は次の逸話を紹介している。現場の涼月砲術長の倉橋友二郎少佐がかつての上司である井上成美次官を訪ねて、特攻について次のような意見具申を行った。

「あれは作戦の外道です。何とか今のうちに歯止めをかけないと、やがて特攻戦法が普通の攻撃法という異常事態になりかねません。私は、ミッドウェー、マリアナ沖、レイテと、三度の作戦失敗で、この戦争はもう先が見えたと思っております。国破れて山河だけ残っても何にもなりません。もし国が破れるものなら、残すべきは人ではないでしょうか。特攻を、今すぐにも禁止して頂きたいと思います」(『井上成美』四七二〜四七三頁)
しかし、井上はこれを黙殺した。阿川弘之は次のような逸話も記している。
「昨年[筆者注:昭和一九年]十月フィリッピンで始った航空特攻が、沖縄戦を境に海軍全般の戦法になろうとしていた。井上はもともと航空優先論者で、重巡洋艦喪失の親展電報を悲痛な顔して届けに来る副官に、『フネでいくさをしてるんじゃない』と、捨てぜりふの如ききつい言い方をしたりする人だったが、特攻に関して秘書官たちは、井上が、『これはもはや、兵術というものとちがう』と言っているのを聞いた。
『このままだと、こうした悲惨なことが際限なくつづきます。大臣、手ぬるい。一日も早く』と、叱りつけるような調子で米内につめ寄っている光景も見た」(『米内光政』四八三〜四八四頁)
「彼[筆者注:米内光政]はしかし、特攻隊について副官たちに何も言わなかった。賞讃もしないが批判もしない。『大臣、手ぬるい』とつめ寄る井上中将に対しても、相変らず『うん、うん』だけで、最高戦争指導会議に出席して特攻の戦果を聞く時、口をへの字に曲げた表情からおおよそを察する程度であった」(同書、四八六頁)
表現が抽象的な面もあるが、軍隊で「手ぬるい」とは「もっと積極的に行え」という意味であり、この両者が特攻を容認していたことを表している。
海相・海軍省は海軍の軍政・軍務を掌り、絶大な権限を持っている。これらの組織が強硬に特攻に反対すれば、組織的な特攻を実施することはできない。前述した例の他にも、「内令兵第八号」（軍極秘）では、「試製桜花を兵器に採用し桜花一一型と呼称す」ことが制定され、「昭和二十年三月十七日　海軍大臣」と米内海相が裁可している。この四日後に野中五郎少佐の桜花部隊は出撃して全滅した。「内令第一八一号」では「昭和二十年三月一日　海軍大臣」と米内海相の裁可により、「特設特別基地隊」を「特設特攻戦隊　特設突撃隊」に規定を変更している。これにより指揮系統は司令―副長―特攻長―特攻隊長となり、「第六十一条の二十五」では「特攻隊長は司令の命を承け司令指定の特攻隊を監督し戦闘に当りその指揮を執り特攻兵器の使用および整備に関することを分担し主任者の指示に従いこれが教育訓練を掌り分担の諸物件を整備す」ことが規定されている。これにより、国策として全国各地に特攻専用の基地が設けられて特攻が行われていく。

このような軍政から、特攻作戦に直接関係した海軍の高級将校は、「特攻をせざるをえなくしたのは、米内大将、山本大将、井上中将などである。これらの人々がいま少し、頑張っていてくれたら、特攻はせずに済んだであろう」（奥宮正武『海軍特別攻撃隊　特攻と日本人』一六一頁）と回想している。

大西瀧治郎を重用した米内光政

米内新体制は特攻を着々と準備し、大西瀧治郎を第一航空艦隊司令長官に任命したことは第４章で述べた。『戦史叢書』にも次のように記されている。

『あ』号作戦の失敗により、戦局は重大段階に突入した。ここにおいて海軍航空の第一人者である大西中将を主作戦正面を担任する一航艦の司令長官に採用し、この難局に対応させることとした。その人選のうらには、戦況によっては特攻の採用はやむなしと考え、これを実施できるのは、航空関係者に信望のある大西中将をおいて他にないとの理由もあったのではなかろうか」(『戦史叢書　海軍捷号作戦〈2〉』一〇三頁)

ここでは、米内海相と及川総長が大西を用いて特攻を行わせたと記している。第4章で述べたように、昭和一九年一〇月五日に大西新長官が及川総長に特攻を行うことを具申したところ及川がやむをえず黙認したという戦後に有名になった証言は同席した中沢佑元第一部長によるものである。しかし、妹尾作太男は、この時には中沢部長は日本国内におらず、中沢が大西と及川との面会の場に立会うことは「物理的に不可能」であり、同席していた伊藤整一次長はその後戦死し、及川も昭和三三年に逝去したことから、生き残った中沢が偽証したと主張している(妹尾作太男「神風特攻の『神話』への疑惑」一二一〜一二三頁)。

なぜ、中沢はこの場に同席して聞いたという偽証を行ったのか。妹尾が「必ずや海軍中央部からの指示なり、慫慂があったに相違いない」(同書)と主張しているように、特攻の責任を大西瀧治郎に全て負わせようとしたのではないだろうか。

このことから、昭和一九年一〇月五日が実質的に特攻を実施することを決定した日である可能性は高い。その根拠は、同日に大西長官が吉原矢之助海軍報道班員に「特攻隊の活躍ぶりを、内地に報道してほしい」(大野芳『追跡ドキュメント　消された戦史』一五八頁)と語っていることである。このように記者に語ったのは中央の決定・決済があったからであり、もし特攻を勝手

米内光政

に実施しようとするならば、このように記者に語ることは統帥違反として大問題になりかねない。

この両首脳はじめ中央は大西長官の特攻実施後、特攻にのめり込む。最初の特攻の大戦果を受けて、昭和一九年一〇月二七日の「省部懇談」では作戦担当の中沢佑第一部長が特攻戦法を「主用」とすることを及川総長以下幕僚に主張した。なお、この会議では、参謀の源田実大佐は台湾沖航空戦での大戦果の誤報を信じ、桜花を用いてアメリカの渡洋を防ぐことを主張している。

同年一一月五日、現地の第二航空艦隊首席参謀柴田文三大佐は、敵空母一二隻が出現した時、業務記録に、「真に天下分目の決戦なり　全員特攻隊となりて敵に当るを要す」（『戦史叢書　大本営海軍部・聯合艦隊〈7〉』五九頁）と記している。第4章で述べたように、第二航艦と統合した第一航艦の二〇一空の玉井司令は大本営に上申して、修理した航空機で十分に作戦を立てずに特攻を行わせた。

同年一〇月二三日にフィリピンの飛行場へ進出した福留繁第二航艦長官は大西長官の特攻の提案に何度も反対していたが、一〇月二五日に特攻が戦果を挙げたことからその日の深夜に幕僚と協議して特攻を容認した（猪口力平・中島正『神風特別攻撃隊の記録』九二〜九三頁）。しかし、実際には第一航艦と第二航艦の編成を認めた「ＮＳＢ電令六九六号」が出されたのが二五日の午後五時三〇分であり、二五日の昼過ぎ頃には早々と特攻を認めていた（金子敏夫『神風特攻の記録』一五四、一六一頁）。そして、二〇一空に次いで特攻を編成（「第二神風特別攻撃隊」）した第二航艦隷下の七〇一空の木田達彦司令は、軍需省設立時に課長として同省№2の大西の下で働いていた。木田司令は大西長官の特攻の提案に同意している。大西は木田の同意を得てから第4章で述べた訓示を行っている。

福留長官は同年一一月一六日、大本営に「各機種共体当り攻撃を主用するに非ざれば作戦目的達成の算」がないという意見を打電しており（『戦史叢書　大本營海軍部・聯合艦隊〈7〉』八九頁）、特攻を行うための航空兵力の増強を要望している。

福留は本当に特攻に反対していたのであろうか。この変わり身の早さには少なくとも「海軍乙事件」が関係していると筆者は考える。この事件は昭和一九年三月に古賀峯一連合艦隊司令長官が殉職し、参謀長の福留が捕虜になった事件である。しかも、海軍の軍事機密である「Z作戦計画」までアメリカ軍に没収され、日本軍の作戦計画は筒抜けとなってしまった。マリアナ沖での「あ」号作戦の失敗の要因ともなっており、本来ならば重罪間違いなしである。しかしながら、その後どういうわけか航空隊の指揮経験がないにもかかわらず、同年六月に第二航艦長官へと栄進した。下の者に厳しく上の者に甘いのが当時の海軍上層部であった。このような人事を行ったのは嶋田海相である。しかも嶋田海相は福留の事情聴取を直接行っている。したがって、福留は嶋田海相には全く頭が上がらなかった。このような立場にある福留が嶋田や海軍上層部の特攻による奇襲作戦に反対できるとは思えない。

福留長官の要望を受けて大西長官は直接本土に帰り、及川総長に練習航空隊から飛行機を二〇〇機ほど捻出して航空兵力を増強させることを要望した。これはすぐさま軍令部と海軍省に受け入れられ、及川は一一月一九日に次のように裕仁天皇に上奏している。

「内地にありまする練習航空隊の教官教員を以ちまして特別攻撃隊を編成　これを台湾方面に急速進出待機せしめ　所要の場合作戦可能ならしむる措置が必要と考えます　十二月中旬になりますれば予てより準備中の特攻部隊（興国兵器「桜花」）も進出せしめ得る見込でございまするのでその時機までの応急措置として　台湾、内地方面の練習航空隊より約一五〇機を抽出　なるべく速に台湾に進出せしむる方針でございます」（『戦況奏上書』）

一度、天皇に上奏すると、決定事項は覆すことはできない。したがって、これは特攻がその機数までトップダウンで決定されたことを示している。まえがきで述べた①の場合においてのみ特攻が行われたのではない。②のパターンであり、しかも一五〇人の特攻隊員を必ず集めなければならない状況にあったのである。

同日、井上成美海軍次官と小沢治三郎軍令部次長の連名で連合艦隊司令長官と練習航空隊司令官に次のように通知している。

「〇大［筆者注：特攻兵器「桜花」］兵力現地進出まで北菲［筆者注：北フィリピン］方面に対する敵の新政略作戦に備え十一月二十日附第二〇一海軍航空隊へ艦戦特攻隊一五〇機臨増せられたり

右兵力は練習航空隊教官教員及教育用機材［中略］を以て編成せられたるものにして　爆装工事実施後十一月末までには台湾方面に進出可能の見込なり　なお〇大兵力進出後は右兵力は原隊に復帰せしめらるる予定」（『大海機密第二〇一三五一番電』）

この通知のため中沢佑軍令部第一部長と海軍省軍務局長多田武雄中将は連名で体当り攻撃のための爆装の指示を練習航空隊の司令官と鎮守府司令長官に与えている（『戦史叢書　大本営海

軍部・聯合艦隊〈7〉』九二頁）

こうして台湾に特攻兵力が配備され、同年一一月二四日、福留長官は「一GFGB電令作第五二号」により、「敵新政略部隊来襲前　特令により特攻隊兵力を菲島〔筆者注：フィリピン島〕に進出さしめ　爾後第一特攻隊〔二〇一空〕に編入し主として敵輸送船団撃滅に任ぜしむ」という指令を与えている。しかし、軍令部や連合艦隊司令部は敵部隊の本土襲撃を恐れ、特攻に対しては「北菲〔筆者注：北フィリピン〕方面敵来襲時の外使用せられざる方針」（同書、九三頁）を指示している。

この大本営の命令に違反して特攻機二〇機をフィリピンに進出せしめたのが福留長官であり、「敵の『アルベラ』上陸に伴い『レイテ』方面戦局の急迫化並に当部隊現有兵力の状況に鑑み台湾より進出しある新編零戦特別攻撃隊（二〇機）を当面の作戦に使用することとす」（同書）という電報を大本営に送っている。この時、既に大本営はフィリピンでの航空部隊の編入を解いて内地復帰を命じており、フィリピンの航空兵力は極めて手薄となっていた。福留はこの貴重な特攻の新兵力を中央の作戦命令に従わずに独断で用いた。中央と現地軍が亀裂した中で用いられた特攻隊員は不幸であった。

特攻作戦を指示した及川総長と軍令部

昭和一九年一二月二七日、及川古志郎軍令部総長が梅津美治郎参謀総長と共に今後の作戦指導に関して特攻を用いて敵に打撃を与えることを上奏し、昭和二〇年一月二〇日には策定した

「帝国陸海軍作戦計画大綱」を上奏して裁可させたことは前章で述べた。海軍の最高責任者の下で軍令部は特攻一色となっている。

大本営の軍令部は昭和二〇年二月四日、軍令部総長官邸で図上演習を行っている。及川自身が参加したかは不明だが、及川の指示でこの研究を行ったものと思われる。この研究で、大前敏一第一課首席課員（第一課は作戦担当）は、「特攻の同時大規模使用を可とす　大規模使用には相当の練度を要す」（『戦史叢書　大本營海軍部・聯合艦隊〈7〉』二四二頁）と述べ、松浦五郎第十二課部員（第十二課は海上護衛担当）は、南西諸島への作戦において「命中率の良い特攻を採るべきものと思う」（同書、二四三頁）、「一六隻の空母を攻撃するに　約二〇〇機の特攻を要す〇大（桜花）を一〇〇として　あと二〇〇を特攻（銀河）別に艦攻（艦）爆約一五〇を特攻とすれば確算ある効果を期待し得べし」（同書）と述べている。

及川古志郎

練習航空隊の戦力化について、田口太郎第二課長は「練習生が練習機で特攻をやる方法（の）研究を要す」（同書、二四四頁）と述べ、これを受けて、寺崎隆治部員は「白菊（偵察用練習機）多数あり　これが戦力化を要す」と述べている。ここでは、大本営が特攻を計画し、大本営の命令として実行されていったことが記されている。

終戦まで軍首脳部は特攻に過大な期待を寄せた。しかし、当時の第一線の将校が特攻の戦果が挙がらなくなったことを早くに報告しているのも事実である。昭和二〇年二月一〇日、フィリピンのマニラで敵軍と抗戦していた岩淵三次第三一特根司令官は大本営と連合艦隊司令部に、「唯一の頼みとする特攻も　敵の警戒と『ゲリラ』の妨害、兵器の不備（特に海軍）練度の不足のため　全く予期の成果を収め得ず」（同書、一二七頁）という電報を送っている。岩淵は敵に包囲され、同月二六日に自決しており、この電報は命を懸けたメッセージだったのだが、大本営は重く受け止めなかった。

同月二月一九日、第二航空艦隊は第六〇一海軍航空隊を特攻隊に編成し、「第二御盾特別攻撃隊」と命名している。この部隊は中央組織の命令・主導によって全隊員特攻隊員となったのである。これが編成の恐ろしさである。現場のパイロットがこの編成を恐れていたことが渡辺洋二の『彗星夜襲隊』に記されている。この頃、自隊が特攻部隊に編成されたという隊員の噂を聞いた美濃部正少佐は、「噂の悪影響を懸念したためか、少佐が『うちの隊から特攻には絶対に出さない。夜間作戦をやれる人間が少ないから（特攻に出したのでは）あとがなくなってしまう』と言明したのを、木津少尉は記憶している。この言葉で、隊内の空気がぐっと明るくなったという」（『彗星夜襲隊』八六頁）。

最早、軍中央は特攻のことしか頭になく現場の意見や空気も察しようとはしなかった。昭和二〇年二月二五日、陸海軍省では戦備について話し合い、三月一七日には軍令部の黒島亀人第二部長と参謀部の宮崎周一第一部長とも協議して、「陸海軍省部局部長諒解覚」を合意し、これを受けて四月一日には陸海の統帥部の次長（海軍・小沢治三郎、陸軍・秦彦三郎）の間で「昭和二十年度前期陸海軍戦備に関する申合」を決定している。この要綱の「二十年度前期航空機整備量」の項目の「要綱」には「陸海軍全機特攻化を図り重点機種の整備を確保しつつ本年度中期までに極力機種を整理す」とある。陸海軍は航空機を「全機特攻化」にしようとしたのであり、これが実現されれば必然的にパイロット、学徒の練習生も含め皆特攻隊員となる。ただし、これは「申合」だからまだ拘束性はない。これが大本営の発令する「大海指」（陸軍は「大陸指」）であれば、何人も拒否することはできなくなる。

前章で述べた「帝国陸海軍作戦計画大綱」を受けて、昭和二〇年三月一日、及川総長は「大海指　第五一〇号」を発令し、航空作戦においては「航空作戦に関する陸海軍中央協定」に準拠することを指示した。この協定の「海軍航空兵力運用計画腹案」の「本土方面」の「１０ＡＦ」（第十航空艦隊）では「実用機七〇〇、練習機一、三〇〇」と規定されているが、「註　１０ＡＦは作戦予備兵力として四月末を目途とし特攻訓練を概成す」と記しており、これらの航空兵力を特攻として用いることを示唆している。これによって第１章で論じたように第十航空艦隊では保有全機が特攻を命じられることになった。練習機の名称に由来する「白菊特攻隊」はこのようにして誕生したのである。

この協定では陸軍が全方面に特攻を用いることを計画していたことは前章で述べた。陸海軍の各部隊の指揮官が細部に関して協定することを規定しているのだから、「大海指　第五一〇号」は特攻を直接指示してはいないが、それに近いものがある。

同月二〇日に発令した「大海指五一三号」では、はっきりと特攻を指示している。「大海指五一三号」により準拠すべしとした「帝国陸海軍作戦計画大綱に基く帝国海軍当面作戦計画要綱」では、「作戦指導の大綱」の項目に、「極力皇土防衛の態勢を強化し　敵の直路皇土要域来攻に対しては　機を失せず機動兵力特に航空および特攻兵力を移動集中してこれを反撃撃滅す」「天号作戦においては　先づ航空兵力の大挙特攻攻撃を以て敵機動部隊に痛撃を加え　次で来攻する敵船団を洋上および水際に捕捉し　各種特攻兵力の集中攻撃によりその大部を撃破するを目途とし」「決号作戦においては各種特攻攻撃を以てする敵船団の洋上および水際撃破を重視す」が規定されている。こうして、四月の沖縄航空戦での天号作戦では壮烈な特攻攻撃が行われることになったのである。

特攻を指示した「大陸指」、「大海指」は無い、というような論説は誤りであり（前章で論じたように重要なものは終戦時に破棄された）、当時これらの大本営の指示は絶対であった。徴兵制度の中で、望もうが望まなかろうが赤紙が来て兵隊となれば誰も逆らうことができない。天号作戦では、及川総長は、豊田副武連合艦隊司令長官と神重徳連合艦隊参謀の戦艦「大和」による無謀極まりない特攻を許可した。これに対して現場の森下信衛第二艦隊参謀長は軍令部に対して、「大和」ら水上部隊の使用方針を明確にせず、整美実施期間中に突然に杜撰な特攻作戦を行ったことを強く抗議しており、「これを要するに作戦はあくまで冷静にして打算的なるを要す　徒に特攻隊の美名を冠して強引なる突入作戦を行うは　失うところ大にして得るところ甚だ少し［中略］特攻部隊の使用に当りては　いかに九死一生の作戦にありても目的完遂の道程においては最も合理的にしてかつ自主的なるごとく細密なる計画の下に極力成算ある作戦を実施する要あり　思いつき的作戦あるいは攻略的作戦に堕し　貴重なる作戦部隊を犬死せしめざること特に肝要なり」（『戦史叢書　大本営海軍部・聯合艦隊〈7〉』二八二～二八三頁）と大本営の軍令部に直接訴えているのである。しかし、現場の高級将校である森下参謀や艦長達の意見に及川は耳を傾けなかった。大本営は反省することなく次々と無謀な特攻を繰り出していく。

特攻体制の完成

特攻を作戦指揮した及川古志郎軍令部総長は昭和二〇年五月に退陣した。後任には、強引に戦艦「大和」の特攻を命令した豊田副武大将が抜擢され、次長には特攻を初めて指揮した大西瀧治郎中将が選ばれた。海軍省のNo.２である井上成美次官の後任には大西瀧治郎と無二の親友の多田武雄中将が選ばれ、多田次官と大西次長は一緒の部屋で執務を行った。すなわち、大西瀧治郎を最も理解しうる人が新しく次官となったのである。これらの人事を行ったのは米内光政海相であった。この布陣では特攻作戦の見直しが行われるはずがない。

陸軍では原則として三役（陸相、参謀総長、教育総監）の協議で後任を決めるが、海軍では海相が最高の人事権を持つ。これでは今後もどんどん特攻をやれといわんばかりの人事である。米内は豊田抜擢の理由を裕仁天皇に「懸隔せる彼我航空兵力の制扼下に常に受身の作戦をせざるを得ざりしものは諒とすべきものあり」（『戦史叢書　大本営海軍部・聯合艦隊〈７〉』一五九頁）と説明している。積極的に作戦を取ろうというのは結構なことだが、現場の指揮官が反対する戦艦「大和」特攻のような無謀な作戦を徒らに行う軍人が最高指揮官では、兵はたまったものではない。

裕仁天皇自身もこの人事には危惧しており、「戦争継続論を主張した豊田（副武）は賛成出来ぬ人物である、強がり許り云っている、かかる人物がいるから、陸海軍不一致になるのである。『マリアナ』の指導も失敗だった、司令官として成績不良の者を軍令部総長に持って来ることは良くないと米内に注意した事があるが、米内はどうしても持ってきたいと云う。〔中略」軍令部総長と次長（大西瀧治郎）との人事は米内の失敗である」（『昭和天皇独白録』一三六～一三七頁）と独白している。米内を称賛した阿川弘之の『米内光政』でさえ、「人事に関して、米内さんは無茶苦茶なところがあった」（四八九頁）と評している。周囲の者でさえ米内の政治手腕には疑問に思っていたのである。同じく海軍の高木惣吉元少将の『山本五十六と米内光政』（二〇六頁）では、当時の通信社の部長が米内に関して「まあ人事はデタラメに近かったナ」と評している。「無茶苦茶」で「デタラメ」な人事によって特攻が継続されたのだから、英霊達も浮かばれない。米内の罪は重い。

ちなみに、米内は豊田連合艦隊司令長官の後任には軍令部次長であった小沢治三郎中将を任命している。小沢は次長に就く前にはレイテ沖決戦で自ら命懸けの囮部隊を率いた勇将であるが、一方、及川総長の下で特攻を推進していた。連合艦隊は同年五月一日に海軍総隊司令部の指揮下に入ったが、小沢はこの長官を兼職したので海軍の三役とも言われる現地の最高指揮官となった。小沢は七月二〇日、「海軍総隊電令作第一三〇号」で「主として敵艦砲射撃部隊の要地攻撃などに対し　少数水中特攻兵力を敵情に応じ計画的に配備し　好機これを奇襲減殺」することを命じている。前任の豊田副武と同様に特攻を継続し、終戦まで行い続けた。

このように軍首脳部が特攻推進者で固められたのだが、彼らの中にも悲劇的な逸話がある。大西瀧治郎は八月一四日に和平の御聖断が下った後、矢次一夫と別れの盃を行っている。

「比島の司令官時代、彼の同期生であり、親友であった多田海軍次官の一人息子が、比島沖の特攻に参加して戦死したことであった。大西は子供がなく、若い頃多田と隣同士で住んでいた時代、多田に子供が生れ、大西はこの子をよく抱いて可愛がったという。だから自分の子のような愛情があったわけだが、比島で、ある晩のこと、大西が執務している部屋の戸を叩き、『おっちゃん』と呼ぶ者がある。振り返ると、そこに多田圭太中尉が立っており、さようなら、と一言、挙手の礼をしたかと思うと、脱兎の如く去った。あっ、と思った大西が、あとを追って表に出ると、折柄月明の中を走り行く青年将校がいた。ああ、あの子も、遂に行くのか、と、思わず挙手したまま熱鉄を呑む思いで見送ったが、それから間もなく、『これより敵艦に突入す』と無電連絡があり、壮烈な戦死をしている」（矢次一夫『昭和動乱私史』下巻、三五二頁）

大西はこの話を多田次官に話せずにいたため、矢次に伝えてもらうように頼んでいる。それもそのはず、大西が始めた特攻で親友の息子を死なせたのだから、直接話すことはできなかったのであろう。大西がこのことを後悔したのなら、特攻を止めてもよさそうなものだが、大西は軍令部次長の要職に就きながらも終戦まで止めなかった。その理由は第４章で考察した。

新たに軍令部の最高責任者に就いた豊田・大西のコンビは次々と特攻を繰り出していく。彼らの経歴からすれば当然のことかもしれない。昭和二〇年五月二九日に第一部（部長は富岡定俊少将）は、「水上水中特攻作戦指導要領腹案」を策定しており、特攻の機種別に細かく攻撃目標を規定している。これは軍令部が組織的な特攻を行おうとしたことを表している。六月八日の御前会議には、鈴木首相、米内海相、阿南陸相、豊田総長、河邉参謀次長、陸海軍省軍務局長ら要職にある者が参加しており、この席上で河邉が特攻を継続させていく発言をしたことは前章で述べたが、豊田総長も、「作戦実施に当りましては全軍特攻精神に徹し」（『戦史叢書大本營海軍部・聯合艦隊〈７〉』三四八頁）と発言しており、大本営の陸海軍部両方で特攻を行っていくことを裕仁天皇に約束している。

本土決戦により全国民は特攻を行って散る

この御前会議を受けて軍令部が六月一二日に作成した本土防衛の「決号作戦に於ける海軍作戦計画大綱（案）」では、特攻が作戦計画として細かく規定されている。「作戦方針」の項には、「帝国海軍はその全力を緊急戦力化し特に航空兵力の実動率を画期的に向上せしむると共に航空関係並に水上水中特攻作戦準備を促進す」「前項作戦実施に当りては　爾他一切を顧みることなく航空および水上水中特攻の集中可能全力を以て当面の撃滅戦を展開するものとし　おおよそ百の戦闘は特攻を基調としてこれを遂行す」と規定されており、「作戦指導」の「対上陸作戦指導」では「海軍は特攻機実動二、五〇〇機（三、〇〇〇機準備）を七月十五日までに完整　輸送船艇にのみ集中攻撃を加え四〇〇隻以上を撃沈す」「特攻攻撃に当りては黎明薄暮月夜など天象の極度利用を計ると共に　実用機特攻は情況に応じ制空隊協力の下に果敢なる攻撃を行う要あるを以て所要制空隊の整備を要す　なお好機に投じ特攻の昼間の『ゲリラ』用法をも併用し敵の虚に投ず」「敵の上陸掩護艦隊に対しては厳に航空特攻を指向することなし　水上水中特攻においても輸送船を第一目標とするも水中特攻については　好機に投じ艦艇に対し攻撃するを妨げず」と規定している。

この大綱案では特攻の用い方について、機数、攻撃対象、時機までも明確に規定している。これは自発的に行う特攻とは明らかに違って中央の命による組織的な特攻である。

しかも、六月一六日に米内海相と豊田総長の下で決定した「決号作戦戦備実行方針」では、「キー一一五　九月末までに一六〇機以上」を準備することを規定している（『戦史叢書　大本營海軍部・聯合艦隊〈7〉』三六〇頁）。「キー一一五」とは別名「藤花」（陸軍では「剣」）であり、その残虐性は第2章で述べたが、この純然たる特攻兵器（現場の工員は「自殺機」と呼んだ）に一六〇人以上の特攻隊員が必要となる。同じく九月末までに「橘花」を一六〇機以上、「秋水」を四八〇機以上準備することもここで規定している。「橘花」はジェット機であるが、海軍はこれを特攻機として用いることを計画しているため実際には特攻目的の航空機である。「秋水」は最新の技術を用いたロケット戦闘機であるが、飛行のためには莫大な化学燃料が必要であり、当時の日本にはこれを賄えるだけの燃料がなかったのであるから極めて杜撰な計画と言えよう。

七月一三日、豊田総長は「大海指第五二六号」で「決号航空作戦に関する陸海軍中央協定」を準拠するように発令している。前章で述べたように、この協定では航空作戦において特攻攻撃を主体とすることを規定している。

戦争が長引き、米軍の日本本土進出に伴う本土防衛の決号作戦が発動されれば、日本軍はどのようになったか。一般国民は国民義勇戦闘隊に編成され、残された者も「志願」により国民義勇戦闘隊となる。前章で述べたように陸軍は全軍特攻を考えていた。海軍も同じである。前述した昭和二〇年六月八日の御前会議を受けて同月一二日に作成した「決号作戦に於ける海軍作戦計画大綱（案）」には、「凡百の戦闘は特攻を基調としてこれを遂行す」とあり、これに従い全軍特攻が行われる。最高指揮官である豊田副武軍令部総長が裁可しているために海軍の兵は皆従わなければならない。逆らえば「抗命罪」が適用される。そして、本土決戦時には水上では「震洋」、水中では「回天」や「伏龍」、空中では「桜花」や「藤花」（キ一一五）「剣」）のような残虐な特攻兵器で、本人が望もうが望まなかろうが特攻を行わなければならなかった。特攻兵器のない者は竹槍での敵陣突撃（挺身斬込攻撃）か玉砕を行うしかなかった。

組織的な特攻は国の命令である。国の命令に従い、国を信じて死んでいった特攻隊員には何の罪もない。現代において、特攻隊員を嘲笑する者は、その当時の何人がこのような惨事を避けることができたのか考えてほしい。国家は特攻機数まで明確に規定していたのであり、その機数分は誰かが特攻隊員となって死なねばならなかったのだ。「全軍特攻」になった場合には皆死ななければならない。この罪は全て国家権力者に帰す。しかし、彼らは一部の者は自決をして罪を償なったが、多くの者は罪を償っていない。いや、それどころか恐るべきことに罰を逃れたのだ。

最後に、特攻を多く出し、極めて高い戦死率であった甲飛十期の特攻に関する代表意見を記しておく。

「作戦の敗因として、しばしば未熟練搭乗員あるいは搭乗員の練度が低いことが第一にあげられている。しかし、搭乗員自身が好んで未熟練になったわけでもあるまい。十分な訓練を積んで始めて練度も高まり熟練搭乗員となることができるのであって、飛ぼうにもガソリンもなく、満足な訓練も与えなくて何が未熟練だといいたい。それとも搭乗員の配置につけておけば訓練はしなくても練度は高まると考えていたのであろうか。

柱島の泊地や、日吉の雑木林にいた帝国海軍の作戦指導者たち［筆者注：日吉には連合艦隊司令部があった。司令長官は豊田副武ら］は、作戦を行なう以上は勝つ自信があってのことだろう。勝つ見込みもなくやったとすればそれこそ出鱈目な作戦であり、国を亡す輩である。敗因が作戦の失敗であるとはなかなかいえないが、素人目には、わが作戦は敵より見劣りがする。日本の軍部は作戦の失敗を素直に認めるべきであろう。［中略］特攻攻撃は戦法としては戦史に先例がなく、人の一生は一死しかないものに対して必死を命ずることは、『特攻隊員とは罪なくして受けた死刑の宣告であり、統帥の邪道である』といわれ、種々批判されるべきものがある。特攻隊員の中には自己の信念に殉じたもの、あるいは心底に迷いのあった者もあろう。しかし、あのように潔く散っていったその崇高な行為に対し、未来永劫にその魂を救ってやるのが我々生残った者の務ではなかろうか」（甲飛十期会『散る桜　残る桜　甲飛十期の記録』四七八頁）

「国を亡す輩」の罪が問われなければ、当然国家は危機に瀕する。特攻隊員の魂を救うことは現代人が救われることに繋がることを私達は気づかなければならない。

第10章
免責された戦犯たち

歴史的観点から特攻の命令者・計画者を裁く

三村文男は、「全ての特攻命令者・協力者を殺人罪で告発する」（『神なき神風』八七頁）と訴えている。総力戦となった第二次世界大戦では各地で惨事が多発したために、①平和に対する罪、②人道に対する罪の両面で戦犯が裁かれた。①平和に対する罪は、侵略戦争や国際法に違反する戦争の計画・開始・遂行の責任を問うたものであり、②人道に対する罪は、一般民衆や捕虜に対して大量殺人・虐待など人道上乃至国際法上に反する行為を問うたものである。極東軍事裁判では、①はA級戦犯、②はB、C級戦犯として裁かれた。問題は、戦勝国・敗戦国を問わずに公平・公正に裁かれたかどうかである。

戦争末期、日本が亡びるかどうかの瀬戸際にあったとはいえ、当時の最高権力者だから、軍の作戦だから、法律上問題ないから、といって何をやっても許されるわけではない。現代は、歴史上人権を最も重んじる時代である。人権は自然権といって人が生来より持つ固有の権利である。そして、この権利を否定する者は現代では存在しない。それは、この権利がもっともなものと思っているからである。

これまで述べてきたように、特攻の発案者・計画者・命令者は現代はもとより当時も批判の対象となってきた。なぜ彼らに②人道に対する罪が適用されないのであろうか。筆者はまえがきで、①特攻を自ら進んで行った場合、②特攻を命令及び特攻作戦を計画した場合とに明確に区別した。①の者に何ら罪はなく、その崇高な精神は尊ばれてしかるべきである。しかし、②の者達のその罪悪は許されるべきではない。現実的に、当時の関係者はほとんど他界してしまっており、今から裁いて刑を科すなどということは不可能である。しかし、同じ悲劇を繰り返させないためにも過ちを犯した者達の罪を問うことは決して無駄なことではない。このような作業が遅々として進んでいないことが、現代社会の大きな問題なのだ。

本書をここまで読まれた方々には、特攻が大本営の主要な作戦の一部であったことを理解していただけたと思う。天皇にまで上奏し、大本営で決定された特攻作戦は強制と同じであり、現場のパイロットに諮ったところ志願する者がいなかったからといって作戦を変更して取消すなどということは当時の情勢から絶対にできないことであった。また、戦争が長引いていれば、「剣」などの残酷な特攻兵器を大量に生産しておいて、未使用のままに置いておくなどということはありえない。特に、一〇代、二〇代の従順な若者に特攻教育を施し、この若者たちの志願を口実に特攻に駆り立てたであろう。

国が亡びるかどうかの瀬戸際にあったとはいえ、国民の人権・生命をないがしろにすることは許されない。戦時中であろうと、たとえ本人が志願したとしても、人命を尊重しない行為を国家が計画・推奨・遂行したことは大罪である。国家は国民の命と人権を守るために存在する。しかし、戦後になっても軍上層部からは反省の弁がほとんど聞かれないのである。

責任から逃れようとするかつての軍上層部

昭和二八年に出版され、その後も再版され続けた服部卓四郎の『大東亜戦争全史』では、特攻に関して次のように記されている。

「この肉弾攻撃は、上からの命令によるものではない。高田少佐［筆者注：高田勝重戦隊長、昭和一九年五月下旬に体当り攻撃を行う］（戦死後特旨により二階級進級）は出発にあたり、部下と共に生還を期せず、誓って任務を完遂し、友軍の危急を救うべきを約した。攻撃隊のうち三機は敵駆逐艦に突入して轟撃沈せしめ、他の一機は帰還しなかった。

これら航空部隊将兵の壮烈なる攻撃精神は、深くその源を民族古来の伝統に発し、戦局の危急に際し期せずして発露せられたもので、これは悉ち全軍に伝えられ、昭和十九年夏頃には第一線部隊、就中航空部隊においては我が軍が敵の鋭鋒を喰い止め得る唯一の道は、必死必殺以外に方法がないとの気運が台頭して来た。

大本営もまた研究を重ねた結果、捷号作戦において戦勢を挽回するためには、不本意ながら、この特攻戦法の価値を重視しなければならなかった。そうして、特攻を志す勇士を特別に所遇するため、特攻を志願する将兵を以て正式に軍隊を編成しようと企図した。しかるにこれに対し、中央部の一部においては『絶対に死を避けることが出来ない方法というよりむしろ死ということを任務遂行の不可欠の手段とするような方法で敵を攻撃する軍隊を正式に編成するのは統帥の道に反する。この攻撃方法によるべきかどうかは、任に当る各勇士に委せらるべきである』との見解が強く表明された。大本営は、この見解に同意し、特攻を志す義烈の士は、これを個人として作戦軍に配備し、作戦軍はこれらの戦士を以て臨時に特攻隊を編成し、これにふさわしい特別の名称を附した」（六八三頁）

服部卓四郎元大佐は大本営の要職を歴任し、参謀本部の第二（作戦）課長に二度就いている。特に、昭和一八年一〇月から昭和二〇年二月までの第二課長時代は特攻作戦に対して責任を負っている。戦後、多くの軍部の資料が証拠隠滅のため焼却されたが、服部は残された大本営の資料を用いて『大東亜戦争全史』を記したために、政府公刊の『戦史叢書』が出版されるまでは準公刊書の扱いを受けた。また、海外にも翻訳されて出版されており、世の中に与えた影響は計り知れない。この中で、服部は特攻が「上からの命令」ではないことを強く主張している。しかし、これが自身の責任を逃れるための真っ赤な嘘であることを服部自身が告白している。

『大東亜戦争全史』出版後の昭和三三年一月三一日付の『大本営陸軍部第二課長服部大佐口述書』では、次のように記している。

「特攻攻撃は私から云い出したのではなく航空班の意見であった　一九年二～三月頃（松田）

一九年六～七月頃会議の際遠藤中将が便所で一しょになった時

『海軍が特攻攻撃をやると云っている陸軍もやらねばならんぞ』と云われたが私はそんな事は考えていますよと答えた」

「松田」とは松田正雄中佐のことで、松田は参謀部の航空部門を歴任しており、昭和一九年二～三月頃は陸軍省軍事課航空編成班長を務めていた。したがって、高田少佐が体当り攻撃をする前から陸軍の中央によって特攻が主張されたのであり、軍需省航空兵器総局長官の遠藤三郎中将が特攻のことを服部大佐に持ち掛けた時は「第一線部隊」による特攻の「気運が台頭して来た」時よりもやや前か同時期である。

このように服部卓四郎自身が特攻が「上からの命令」で進められたことを告白していることは重要である。服部卓四郎は『大東亜戦争全史』で述べたこととは裏腹に、自身の罪に苛んで本当のことをごく一部だけ告白したのだと筆者は考える。

特攻を推進した遠藤三郎中将は、陸海軍の航空戦力を統一化して強化するために東条が設立した軍需省の航空兵器総局長官という最重要職に就いていたが、元来はこの長官に海軍航空の第一人者にして遠藤中将より先輩の大西瀧治郎中将が目されていた。しかし、大西は相手を上に立てて自分が実権を握るという得意の手法により、遠藤を長官に推して自身は兵器総局総務局長に就いた。したがって、遠藤は大西には頭が上がらない。この状況下で、「海軍が特攻攻撃をやる」と言ったのは大西である可能性もあるが（第4章で述べたように七月頃には嶋田総長に特攻を具申している）、断定はできない。少なくとも軍中央部に特攻の意見が出ていたことを嶋田繁太郎海相兼軍令部総長が知らないはずがない。

遠藤長官の直属の上司は東条英機軍需相（兼首相兼陸相兼軍令部総長）である。また、松田中佐が特攻を主張し出した時期は、東条が腹心の後宮淳大将を航空総監兼本部長（三月二八日に就任）に抜擢して後宮が特攻を主張し出した時期と近い。もし、松田中佐が独断で特攻を主張したのなら、上司が諫めてもよさそうなものである。しかし、松田中佐の直属の上司は陸軍省軍事課長の西浦進大佐で、かつて東条陸相の秘書官を務めた東条の腹心である。西浦は一〇年以上軍事課に勤めており、軍事課内を完全に掌握していて、松田中佐の言動を把握していたはずである。

昭和一九年六月、西浦は航空本部総務課長を兼任する。東条は腹心に兼職させて軍部を掌握することを常套手段とした。西浦の上司である軍務局長は佐藤賢了少将で、同じく東条の腹心であった。ちなみに、軍務局軍務課長は西浦大佐と同期にしてかつて東条陸相及び東条首相秘書官を務めた側近・赤松貞雄大佐であった。すなわち、軍務局全体が東条の腹心で固められていたのである。軍務局の上官は東条陸相及びその腹心の富永恭次次官であり、もし東条が特攻に反対していたならば、松田中佐一人の意見など抑えることは容易い。

松田の主張は東条派の主張でもある。したがって、服部が渋々了承したのも分かる。しかし、軍事作戦は本来参謀部が行うものであり、陸軍省は軍政の担当である。服部は口述書で、松田中佐に責任があるかのように書いているが、戦後になって防衛庁戦史室に勤めていた松田正雄元中佐は、参謀本部第二課航空班長の鹿子島隆中佐が特攻の主唱者であることを、「防衛庁戦史室の関知する限りでは上記の結論［筆者注：鹿子島中佐が特攻の主唱者であること］に誤りはない」（『陸軍特別攻撃隊』第三巻、三八七頁）と認めている。鹿子島中佐が特攻を強硬に主張していたことは福島尚道も証言している（小沢郁郎『つらい真実　虚構の特攻隊神話』一四二頁）。

自分の所属する部下の意見を制止できないようでは上官の責任が問われる。しかも、神直道・内藤進の証言によれば、「十八年末頃から参謀本部作戦課を中心に体当り戦法を推進する動きが高まり、パイロット出身者が多い航空総監部と航空本部に反対論が強いのを見た東条首相兼陸相は十九年三月二十八日、安田航空総監兼航空本部長を更迭、特攻論者の後宮参謀次長を兼任させたが、反対論はなおくすぶっていた」（秦郁彦『昭和史の謎を追う』五〇七頁）とある。

参謀本部の第二課が特攻を主張し出したのは松田中佐よりも以前であった。しかも参謀部は航空総監兼本部に所属するパイロット達の特攻の反対意見を抑えて特攻を主張したのである。当時の軍上層部が責任の擦り付け合いをしていること自体反省をしていないことを示している。

特攻の命令者を裏付ける研究会

ここで、特攻の真相を追及する上で重要な資料を提示する。昭和三二年三月一日、河邉正三（元航空軍総司令官）、菅原道大（元第六航空軍司令官）、浦茂（元陸軍省軍事課長）、田中耕二（元陸軍参謀本部員）、浜谷政雄（元陸軍省員）、汾陽光文（元参謀本部員）、松田政雄（元参謀本部員）ら元陸軍首脳が一同に会して特攻に関して研究を行っている（『陸軍航空特攻資料収集要領研究会』防衛省防衛研究所蔵）。

この資料はメモ書きであり、字崩れも多く、判読が困難である。内容も関係者でなければ理解困難であるが、特攻について、「3、中央において最も早く言い出した人、および時期と場面　その意見」の項目には、「後宮大将　阿南大将　東條大将　杉山参謀総長　中堅幕僚　発言の順序　田中（松田　浜谷）」とある。時期は書いていないが、「杉山参謀総長」とあることから杉山がその職に就いていた昭和一九年二月以前には少なくとも特攻が主張されていたことが分かる。その後には、「服部→作戦課長返咲き　全般の作戦研究会を行った。（高瀬、大賀氏がやった）　軍事課、南、国武が中心の国力推移の研究会を行った　この時服部氏が立って（爆弾的発言をした）（そのとき□□［筆者注：字崩れのため判読できず］が特攻の発言をした）」とある。「爆弾的発言」が特攻を意味することは言うまでもない。服部卓四郎自身が特攻を主張していたのだ。

服部は、東条参謀総長が後任に後宮大将を上奏した時のような猛反発を特攻に対しては行わず、特攻を作戦として昭和二〇年二月一二日まで承認し続けた。服部は戦後、戦犯にならず、ＧＨＱの歴史課に勤めた。しかし、この時に陰湿な陰謀に関わっていたことがＣＩＡの公式文書により明らかになった（二〇〇七年二月二七日付『神戸新聞』の記事参照）。

ＣＩＡの公式文書によれば、服部は日本の再軍備に反対する吉田茂首相を転覆させるクーデター計画をＣＩＡに報告している。戦前の数々のクーデター事件が軍の暴走に繋がったことを、戦後においても服部は反省しなかった。しかも、民主主義政治の中で生まれた自国の首相をかつての敵国であったＣＩＡと相談の上で転覆させようとするなど、祖国の発展を信じて敵軍撃滅のため心身共に捧げた特攻隊員の精神を踏みにじるものとしか言いようがないことを行っている。その上、『大東亜戦争全史』の記述からは反省などしていない。特攻を推進した多くの軍首脳部が、戦後の自らの醜態を隠したいがために特攻が上からの命令ではなかったことを強調しているのかもしれない。だとしたら、これこそが特攻隊員への冒瀆以外に何物でもない。

海軍の恐るべき組織防衛

Ａ級戦犯として死刑となった東条と二位一体の嶋田繁太郎は、極東軍事裁判において東条と同じく極刑必至であったが、最高刑の死刑が科せられずに終身刑となった。これにより、海軍において裁かれるべき人物が裁かれないことになってしまった。アメリカとの開戦時に海相の職に就き、後に軍令部総長をも兼職し、東条とマンツーマンで軍政を敷いた嶋田がA級戦犯の終身刑止まりでは、それ以下の海軍軍人がB、C級戦犯を除いて死刑として裁かれることはない。

A級戦犯で死刑となったのは、東条英機（元首相・陸相・参謀総長など）、木村兵太郎（元陸軍次官、東条陸相の下に仕えた）、板垣征四郎（元陸相、関東軍高級参謀在任中に満州事変の中心となった）、武藤章（元陸軍省軍務局長、アメリカとの開戦時に軍務局長の要職に就いていた、統制派の中心人物の一人）、松井石根（元陸軍上海派遣軍司令官・支那派遣軍司令官、中国との戦線を拡大させていった）、土肥原賢二（元陸軍奉天特務機関長、中国で謀略活動を行った）、広田弘毅（元首相・外相・駐ソ大使、二・二六事件後の首相として軍国化を招いた責任を問われた）の七人であり、一人も海軍軍人がいない結果になった。

海軍という巨大軍事組織の最高責任者であった嶋田繁太郎の罪は決して軽くない。なぜ、嶋田には死刑が科せられなかったのか。これについて重要な証言と史料を集めたのがNHKスペシャル取材班の『日本海軍四〇〇時間の証言　軍令部・参謀たちが語った敗戦』である。ここでは、様々なことが明らかになっており、第二復員省で裁判対策を担った豊田隈雄元大佐の重要な証言が掲載されている。

豊田の所属した第二復員省は、海外に残された海兵の復員作業を行うために、第二次世界大戦の終戦後にGHQの指令によって解体されてしまった旧海軍省の建物を利用して設置された（陸軍の場合は第一復員省）。第二復員省の面々は、ほとんどが旧海軍関係者だった。同省の

「臨時調査部」ではGHQから問い合わせられた戦犯容疑者の軍歴・経歴を照会するという業務を担った。その軍人が戦犯行為を行ったのかどうかをGHQに報告する重要な任務である。この「臨時調査部」に配属されたのが豊田であった。豊田がB、C級戦犯に対する弁護方針として次のことをメモにして弁護人に宛てている。

「陛下に累を及ぼさないために中央に責任がないことを明かにしその責任を高くとも、現地司令官程度で止めるべし」（同書、三三七頁）

「問題は責任の遡上をどこで食いとめるか」（同書）

この方針を元に豊田は任務を遂行し、実際に海軍でB、C級戦犯として死刑の判決を受けた約二〇〇名の内、天皇から直接任命された艦隊司令官以上の天皇親補職では一人も死刑者がいなかった。第二次世界大戦における捕虜の虐殺は今以て様々に論争されているが、例えば極東軍事裁判では「潜水艦事件」が争点となっている。

これは海軍の潜水部隊が連合国側の商船を撃沈させ、引き揚げた総計約八〇〇名の民間人の乗員を虐殺した事件である。事件の起きた時期には嶋田繁太郎が海相・軍令部総長に就いていた。この事件に関して海軍は、昭和一七年三月一日の「大海指第六〇号」により「艦上の人命は出来得る限り救助すべし」と指令を出しており、捕虜の虐殺に関する命令は出していないために、現地の指揮官が勝手にやったことと主張した。また、事件を起こしたトラック島第六艦隊司令部の金岡知二郎大佐が裁判で軍令部の口頭命令を受けたと主張したが、これは事実無根で、軍令部はどんな重要な機密でも口頭命令を出すことはないとしている。そして、「海軍俘虜取扱規則」により捕虜の取り扱いは海相の指示によるもので軍令部は関係ないと主張したため、戦時の軍令部総長、永野修身、嶋田繁太郎、及川古志郎、豊田副武はB、C級戦犯として死刑となることはなかった（及川・豊田は無罪、及川は訴追もされず）。

しかし、「潜水艦事件」の真相がNHKスペシャル取材班の取材により明るみに出ている。「民間の船舶の撃沈に止まらず船舶の要員を徹底的に撃滅」の文言が記された作戦命令書が国立公文書館に保管されているが、この作戦命令書に署名した第一潜水戦隊司令・三戸寿元中将は裁判で軍令部の指示はなく命令書は偽造されたものと主張した。しかし、豊田隈雄は戦後にこの作戦命令書の真偽を三戸元中将に問うたところ、「あれは本物である」と裁判で偽証したことを白状している（『日本海軍四〇〇時間の証言』三〇七頁）。さらに、軍令部が金岡大佐を第六艦隊に派遣して商船の一掃を指示したことも白状している。かつての関係者達が、軍令部から派遣された金岡が昭和一八年二月に民間の商船の殲滅指示を伝えたことを供述した史料も見つかっている（同書、三〇九頁）。この史料によれば、富岡定俊軍令部第一部作戦課長が乗員殲滅作戦を強く主張し、この作戦を文書に残せば敗戦後に問題となるため口頭で伝達するように金岡大佐に厳命していたのである。

これに比して、陸軍は組織防衛が十分ではなかった。フィリピンで起こった「マニラの暴行」は海軍の部隊が起こしたのだが、陸上戦闘の場合には陸軍の指揮下に入るという陸海軍の協定により、現地住民の虐殺・虐待を防ぐ指揮を行わなかったとして陸軍の第十四方面軍司令長官の山下奉文大将がB、C級戦犯として死刑になっている。

海軍の組織防衛が明るみになった現在、嶋田繁太郎は戦時中の海相と軍令部総長の最高責任者としてその罪を厳しく問い直さなければならない。

嶋田は最終的に死刑に次ぐ終身刑という重罪が科せられた。この時、海軍部内では次のような抜け道が考えられていたことを豊田元大佐は証言している。

「これは、戦争裁判というのは普通の裁判と違いまして、どうせ講和条約までだと。講和条約が成立すればその時点で全部解消して水に流す、流されると。従来の慣習でもあるから、そういうふうになるものという期待をもっておったわけでありますから、死刑になりさえしなければ、終身刑でおっても、まあ、講和条約までがんばれば、それで自由の身になれるということが希望的に考えられておったと思います」（『日本海軍四〇〇時間の証言』三一三頁）

死刑さえ免れれば、後は軽い処罰で済むということである。そのため、第二復員省では戦犯の範囲を広げないようにするため、戦犯容疑者や証人がＧＨＱから呼び出しを受けると臨時調査部に立ち寄らせ、口供書を作成し、海軍が不利になると思われる場合には指導を行い、証言の隠蔽工作を図った。

海軍の最高幹部が裁判のための口裏合わせを入念にしていたことを豊田元大佐は次のように証言している。

「政府の要路におった人は大臣、総長、皆ね。答弁がまちまちにならないようにね、みんな話し合って、答案の骨子になるものが、ちゃんとできたものが残ってるよ」（同書、三六一頁）

このようにして嶋田をはじめ多くの海軍軍人が免責された。最も不可思議なのが及川古志郎と豊田副武が一切罪を科せられなかったことである。及川は第二次・第三次近衛内閣で海相を務め、日独伊の三国同盟に賛成し、そして、対アメリカ戦を想定した「帝国国策遂行要領」を昭和一六年九月六日の御前会議で決議させている。そして、昭和一六年一〇月一二日の会議で、対米戦に踏み切られずにいる近衛首相へ及川海相は「今や和戦何れかに決すべきかの関頭に来た。その決定は総理に一任したい。で和でゆくならばどこまでも和でゆく。即ち多少の譲歩はしても交渉を飽までも成立せしめるという建前で進むべきである。交渉半ばにして交渉を二三ヶ月してから、どうもこれぢゃあいかんというので、さあ、これから戦争だ。と言はれては海軍として困る。戦争をやると決すれば、今ここできめなければならん。今がその時機に来ている。やらないということであれば、あくまで交渉を成り立たせるという建前の下に進んでもらいたい」（近衛文麿『平和への努力　近衛文麿手記』九二頁）と言っている。

巨大軍事組織の最高責任者が公爵とはいえ文民の首相にこのような言葉を放つことには問題がある。海軍がアメリカとの戦争に反対しているなら強く反対を言えば、近衛首相もそれに同調できる。アメリカとの戦争には海上戦力を保有する海軍が賛成しないかぎり不可能である。アメリカとの戦争に海軍が反対すれば開戦派の陸軍といえどもこれに従わざるをえない。東条英機陸相が強硬にアメリカとの戦争を主張している中で「総理に一任」では海軍の最高責任者として無責任と言える。「一任」したのならば、近衛首相が開戦を主張したならばそれに賛同したことになり、戦争責任が問われる。及川は海軍最高責任者としてその責任が問われなければならない。

及川はアメリカとの開戦後、軍令部総長として海軍の作戦の最高責任者となった。及川総長は前章で述べたが特攻を実施したが、自ら特攻隊員の後を追うこともなければ裁判でも裁かれず、真相も秘したまま余生を全うした。しかし、及川の罪は処刑されたA級戦犯の面々と比較して決して軽くはない。海軍の組織防衛に最も恩恵を受けた人物である。

豊田副武の醜い言い訳

豊田副武は戦後に出版した『最後の帝国海軍』で自己の戦争責任の弁明を行っているが、この言い分が極東軍事裁判で受け入れられ無罪となった。A級戦犯としては訴追もされなかった。その理由は、第三次近衛内閣で海相であった及川古志郎が東条新内閣の発足に伴って豊田副武を後任に指名したところ、陸相として対米交渉に反対してアメリカと戦争することを主張した東条英機の下では開戦は必至となるので、豊田が海相就任を拒否したことによる。

豊田はアメリカとの開戦時には呉鎮守府司令長官で直接開戦には関係していない。豊田は米内海相によって昭和二〇年五月に軍令部総長に命じられた。その時、豊田は「米内海相から私に、これで終戦に導いて軍令部の者は騒がずに済むかという質問を受けた。［中略］私は自分では、米内海相が考えるところがあって、終戦工作の相棒として私を引張ったのだろうと解釈していたから、なすべきことは何であるかはよくわかっていたので、この質問には即座に、責任を以て引受けると確約したのである」（『最後の帝国海軍』二二三頁）という対応を取ったことを裁判で主張した。そして、和平を主張した米内と同じ行動を取らなかったのは、徹底抗戦を主張する陸軍が追いつめられて暴発するのを防ぐためであり、軍部内における抗戦派によって米内が殺されるのを防ぐためであったと主張している。豊田は次のように言う。

「米内海相の期待に背き、他方部下の者には、一億特攻で戦備をやれと言って大いに激励し

ながら、陰では密かに終戦工作をやっていた」（同書、二二五頁）

「戦後私に、最後まで戦争継続を主張して下さったそうですが、大いに意を強くしました、というようなことを言った人が相当あった。しかし、それは私の本意ではない。私は黙って苦笑いしていた」（同書、二二七頁）

豊田は最後まで命を懸けて戦い続けた兵士達及び和平に命を懸けた平和主義者達双方を愚弄した。この主張は豊田の現実に行った行動を見れば全くの嘘としか言いようがない。

豊田副武は昭和一〇年から一二年まで軍務局長の要職に就いていた時、最終章で言及するが海軍の真崎勝次の追い出しに関わっている。真崎勝次は中国と戦争をすると中国に権益を持つアメリカ・イギリスとの戦争に繋がるために中国との戦争に反対していた。豊田は海軍部内において中国・アメリカとの戦争に反対する者を追いやったのだ。海軍が何と言い訳しようとも中国との戦争を拡大させていったのは事実である。豊田はその後第四艦隊司令長官として中国との戦争に従事した。豊田が東条に強く反発したからといって、本当にアメリカとの戦争に反対していたと言えるのであろうか。アメリカと戦争をすれば敗けることは最初から分かっていた。平和主義ではなく、単に戦争責任を取りたくなかったから東条内閣に入閣することを反対したとも言える。

豊田副武

豊田自らが主張する「終戦工作」は多くの戦史史料・証言と矛盾している。昭和二〇年八月一〇日から一五日までの終戦が決定された会議などの様子は半藤一利の

『日本のいちばん長い日　決定版』に詳細に記されている。

昭和二〇年七月二七日にポツダム宣言が日本に通達された。これに対して、①天皇の地位の保障、②連合軍による占領は最小限にすること、③武装解除すること、④戦犯の処分は日本自身で行うこと、以上の四つの条件が認められなければ反対であると、阿南陸相、梅津参謀総長、豊田軍令部総長は強硬に主張した。この時、河邉参謀次長は徹底抗戦を行うために全国に戒厳令を敷き、内閣を倒して軍政権を樹立するクーデター案を阿南陸相に提出している。

八月九日の深夜に開かれた御前会議では、ポツダム宣言の受諾に平沼騏一郎枢密院議長、東郷茂徳外相、米内光政海相が賛成、阿南・梅津・豊田の三人が反対した。日本の最高責任者の意見は三対三で分かれていたが、一〇日に、裕仁天皇がポツダム宣言諾の御聖断を下した。しかし、反対派の三人と元首相の小磯国昭、東条英機も反対したために即受諾とはならず、その後も会議が続けられた。そのために再度、八月一四日に御前会議が開かれた。この時も阿南・梅津・豊田の三人が反対して徹底抗戦を行うことを主張したが、天皇は二度目の御聖断を下した。これによって終戦となった。

豊田の言い分では、これは芝居だったことになるが、第4章で述べたように第一回目の御聖断が下って後の一二日には、豊田は梅津総長と共に裕仁天皇へ和平に反対するように奏上したために、米内海相に叱責されている。ここで、裕仁天皇が両総長の言い分を受け入れてポツダム宣言受諾を拒否した場合には日本はどうなったか。本土決戦が行われ、前の章で述べてきたように「全軍特攻」の悲劇が起こっていたであろう。また、天皇陛下の前で芝居をするような真似は不敬極まりなく、軍人として許されざることであった。

豊田が本当に和平派ならば裕仁天皇が第一回目の御聖断を下した時にこれに賛成すべきであった。そうすれば賛成派は四人になり、反対派は二人で即受諾となっていたであろう。そうなれば阿南陸相の後ろ盾は梅津であり、梅津は裕仁天皇に信任されていたのだから即時終戦となったはずだ。

阿南陸相は終戦直後、「一死以て大罪を謝し奉る」と遺書を残し、切腹して自決するほどの武人であり、二回目の御聖断後には「不服のものは自分の屍を越えてゆけ」と言っているのだから、八月一〇日には命を懸けて陸軍部内を収束させていただろう。豊田の下手な芝居によって日本は破滅させられるところであった。

豊田は軍令部総長に就く時、米内海相から「軍令部の者は騒がすに済むか」と問われた。これに対して快諾したにもかかわらず、直属の部下である大西瀧治郎軍令部次長ですら抑えつけることができなかった。それどころか豊田は大西次長に「君達は今まで通り作戦計画によって戦備の促進と作戦指導の一途に精進してもらいたいということを、ほとんど一方的に申渡して全然口を入れさせなかった」（『最後の帝国海軍』二二四頁）と言ったのは芝居だったと回想している。これでは火に油を注ぐようなものであり、大西は特攻を際限なく続け、最後まで抗戦を主張し続けてしまう。

豊田がどのように弁明しようとも、実際の行動は徹底抗戦であった。少なくとも八月一一日から八月一五日までの国内外における戦災の責任が豊田副武にある。豊田はこのことから言ってもA級戦犯に値する。

豊田の最も許しがたい罪は、自分の罪を免れるために本当は和平派であったが徹底抗戦の芝居を行ったと言って裁判でその罪を問われなかったことである。それでは、この芝居によって、敵軍を撃滅させることを信じて散華していった特攻隊員があまりにも気の毒ではないか。昭和二〇年八月一一日から一五日の間に海軍では「第四御盾隊」と「第七御盾隊」が特攻を行っており、同じく第二神雷爆戦隊の星野實一飛曹と岡嶋四郎中尉、「回天」に乗った成瀬謙二中尉、上西徳英・佐野元・林義明一飛曹が特攻を行っている（陸軍では、神鷲隊とその直掩機による七名が特攻を行った）。

豊田の芝居に騙された特攻隊員に対して豊田は謝罪していない。豊田は最高指令官としてせめてこの時に特攻攻撃を控えさせることぐらいはできたはずである。

豊田は特攻の実施と計画を行ったことを認めているが（同書、一八三頁）、それは「上からの指令ではなくて、部隊の下の方から盛り上って来た」（同書、一五四頁）ことを主張している。また、特攻に関しては飛行機の一ケ月分の消耗率が一〇〇％であったために、「特攻をやらなくとも死ぬ。それならむしろ、命中確実の特攻の方が余程得じゃないかという考えに、全部が全部かは知らないが、なっていた」（同書、一五六頁）と考えられていたことを回想している。兵の貴重な命を数字の上でしか考えていなかったのである。

その上、前章で述べた昭和二〇年一月二〇日に発布された「帝国陸海軍作戦大綱」を「作文」であったとしているが（同書、一九四～一九五頁）、この「作文」によって多くの者が殺されたのである。

このような指揮官に日本人の命が委ねられていたのだ。しかし、豊田副武はなぜかA級戦犯では訴追されず、B、C級戦犯の罪で訴追されたが、前述した海軍の組織防衛により無罪となった。したがって、豊田副武は戦争に関して、この地上においては何ら罰を受けなかった。これが私達の現実社会である。

責任を追及できなかった戦後

こうして、海軍は組織防衛に成功し、本来重罪が科せられなければならない多くの将校達が免責された。多くの旧軍人の証言を集めたＮＨＫスペシャル取材班の内山拓は次のように記している。

「いま私たちの社会を覆う停滞感が、何が起きても、誰も責任を取らない「無責任」の連鎖の末にあるのだとしたら、その起点は一体どこにあるのか。その一つは、あの戦争に、私たち日本人がしっかりと決着をつけていないことなのではないか。誰も本当の歴史を語らず、敗戦の責任を取るべき人たちが、そうすることのなかった戦後日本の出発点にこそ、現代の閉塞感の起点があるのではないか」（『日本海軍四〇〇時間の証言』三七〇頁）

しかし、現在ではこういった意見に反し、戦争そのものを肯定することでこれらのことをうやむやにしようとする論説がしばしば見られる。第二次世界大戦においては、①なぜ日本は負ける戦争を始めたのか、②終戦をもっと早く行うことができなかったのか、という観点で戦犯を追及した多くの優れた書があるが、これに対して戦争を肯定することで①と②の批判を免れようとするのである。この戦争が「聖戦」であれば、日本人の誰もが悪くないという構図である。しかし、「聖戦」であったならば中身が伴っていなければならない。いかに大義が立派であっても行動が伴わなければ、それに巻き込まれた多くの死傷者から批判されても仕方のないことである。ましてや総力戦においては国家に逆らえない民衆には常に国家の責任を問う権利がある。

昭和一六年一二月八日、東条政権の下で発布された「米英両国に対する宣戦の詔書」に徳富蘇峰は関わっている。この詔書の中身自体は勇ましい。しかし、徳富蘇峰は戦後、「東条に騙された」と嘆いた。真崎甚三郎はこのことを山口富永に話している。これは筆者が山口富永から直接伺った逸話である。東条は美辞麗句を並べて戦争を行ったが実態はこれと遠くかけ離れていた。

東条は「生きて虜囚の辱を受けず」という戦陣訓を発布した。これによって戦場では悲惨な自決が多発した。しかし、自身は米軍に捕えられても自決しきれなかった。東条の自決未遂は生への執着があったからである。軍人ならば潔く自決する仕方はいくらでも心得ている。さらに、東条は極東軍事裁判においても自身の罪を少しでも軽くするために偽証を行った。例えば昭和一六年一一月二六日（日本時間では二七日）に通達された「ハル・ノート」によって対米交渉を打ち切り、開戦に踏み切ったという主張である。

「ハル・ノート」は、アメリカ国務長官（日本でいう外相）のハルが日米交渉において、日本がドイツ・イタリアとの三国同盟を廃棄し、中国・仏印から兵を撤退させ、満州政府を否認することを求めた通達である。確かに、この条件だけ見れば帝国主義が当たり前であった戦前においては苛酷極まりない要求であった。しかし最も重要なことは、「ハル・ノート」によって対米交渉を諦めたのではなく、東条は首相になった時からアメリカとの戦争に向けて動いていたということである。なぜなら、一一月二六日に既に山本五十六連合艦隊司令長官率いる機動部隊が真珠湾攻撃を目指して北海道の千島を出発していたからである。「ハル・ノート」が初めて東条政府・統帥部に通達されたのは一一月二七日の連絡会議であるから、「ハル・ノート」の中身が審議されてから会議で開戦が決定したのではない。この時、東条政府は既にアメリカとの戦争を決定していたのだ。

東条にとって日米交渉は自身の罪を軽くするための口実作りにしか過ぎなかった。もし「ハル・ノート」が日本にとって有利な条件であったならばと仮定してみよう。山本五十六長官は出発前に日米交渉が成立したならば引き返すと言ったが、一一月二七日以降に政府が会議を開いて交渉の目途を付けてから真珠湾攻撃部隊に引き返すように指示を出し、これを受けた部隊が本土に帰港するまでには少なくとも数日間を要する。状況によっては長期に渡ろう。真珠湾攻撃部隊は、大型空母の赤城・加賀・蒼龍・飛龍・翔鶴・瑞鶴、戦艦の比叡・霧島・重巡の利根・筑摩、多数の駆逐艦、大型タンカーを含む大部隊であり、この間だけでも莫大な石油を浪費する。ましてや、アメリカは日本への石油輸出を禁止しており、石油の輸入をアメリカに依存していた日本にとって一滴たりとも石油を無駄に使える状況ではなかった。これだけの大部隊が見切り発車で出発し、引き返して莫大な石油を無駄に使うということは通常の軍政ではありえない。もし、万一仮に引き返したとしても開戦派から石油を浪費した失政を糾弾されることは周りの軍人も分かっていたはずである。東条が本当に日米交渉を成立させようとしたのなら、これだけの大部隊を出撃させるのは「ハル・ノート」が通達された後に日米交渉を打ち切ってからでなければならない。

結論をいうと、東条は初めからアメリカと戦争をするために一一月二六日に出撃させたのである。「ハル・ノート」が通達された後では一二月八日に真珠湾攻撃を行うことが間に合わなかったのだ。

東条は自身の野心と野望を実現するために首相兼陸相に就いた時から開戦に動いていた。アメリカとの戦争を避けようとしたという言い訳は国内外の批判と憎悪から免れようとしたからである。これは第12章を読んでもらえれば一層理解していただけるであろう。東条は最後の最後まで人々を欺き醜態を晒した。国民に強いた「生きて虜囚の辱を受けず　死して罪過の汚名を残すことなかれ」を遵守しなかったのはこれを制定した当人であった。このような最高責任者の命によって戦死した国民は不幸であった。

東条の下に腹心として仕えA級戦犯として処刑された木村兵太郎も同じである。特攻を命令した東条の腹心の富永恭次もソ連に捕虜となって日本に帰ってきた。東条の下で高級参謀次長を務め、航空総監兼本部長として特攻を推進した後宮淳、東条・梅津の下で二年にわたり参謀次長を務めた秦彦三郎もまた富永と同じくソ連に抑留され、昭和三一年一二月二六日に同じ船で帰国した。東条と同じく、徹底抗戦と特攻を行った梅津美治郎はA級戦犯の終身刑となり「虜囚」の中で没した。ただし、陸相として特攻を止めず、東条の軍略を改めようとしなかった杉山元、阿南惟幾は自決して責任を取った。

後宮淳高級参謀次長兼航空総監兼本部長の下で航空総監部次長兼本部次長として仕えて特攻を主張し、その後第六航空軍司令官として特攻を指揮した菅原道大は戦犯とならず、戦後養鶏場を営み余生を過ごした。菅原は戦後特攻のことを聞かれると、上からの命令ではなかったことを主張し続け、真相を闇に葬った。梅津の下に仕え、「全軍特攻」を行わせようとした河邉虎四郎と兄の正三は共に戦犯の責任を負わず余生を長く過ごした。

河邉虎四郎は、GHQの資金で「河邉機関」を編成し、反共工作を行っていたことが近年判明している（二〇〇六年八月一三日付『神戸新聞』の記事参照）。二〇〇六年八月一二日に機密指定を解除されたアメリカ公文書によれば、一九四八年にGHQの参謀二部（G2）（情報担当）のウィロビー少将の求めにより、河邉虎四郎元中将と有末精三元中将、辰巳栄一元中将、下村定元大将らによって「河邉機関」が設立された。河邉はソ連の駐在武官を長期にわたって務めており、陸軍部内きってのロシア通として知られた親ソ派の中心人物であった。G2の反共工作の要望により河邉は「タケマツ作戦」を立案した。「タケ」は海外情報収集活動、「マツ」は国内情報を意味している。河邉は北海道を拠点にした対ソ工作と対馬を拠点にした対北朝鮮工作を提唱し、ウィロビーはこれを了承している。河邉をはじめ河邉機関の面々はGHQの反共工作に協力するかわりに戦犯の訴追は免責されたのである。その上、河邉はこの「タケマツ」作戦のために初期活動費に八万七千円をGHQに要求し、支給されている。活動は少なくとも一九五二年まで行われており、その間随時GHQから資金提供を受けていたと考えられる。戦後、河邉は身も心もかつての敵国アメリカに売ったのである。河邉が推進した特攻により死んだ英霊達は何と思うであろうか。

戦時中に美辞麗句を並べて多くの兵を戦場に駆り立てたかつての軍首脳部達は自らの罪を他人になすりつけることで、その罰から逃れ続けようとした。特攻の例を見てもそれは顕著である。権力者には深い闇がある。そしてそれは人に決して知らされることはない。ここに一つの大きな例がある。航空本部教育部長、第四航空軍参謀長として東条・梅津体制の下で特攻を推進した隈部正美は戦後、壮絶な自決をした。隈部は、母親と夫人、長女と次女と共に一家心中をした。しかも愛人の南花子と身体障害者の弟とも一緒に心中したのである。総数七名というのは壮絶極まりないものがある。隈部の遺書は『世紀の自決　改訂版』にも掲載されておらず、自決の理由は定かでない。特攻や敵前逃亡の責任を取るのならば、大西瀧治郎のように一人で自決すればよいのだが、特攻と関係のない者を多く含んでいることから特攻よりももっと重い責任を取ったものと考えられる。高木俊朗はこのことを調査し、花子の母親ツヤから次の証言を伺っている。

「隈部さんはソ連でスパイのようなことをしていたって、花子がいっていましたよ。それで、戦争に負けて、ソ連軍が日本にきたら、つかまえられる。だから死ぬんだといったそうです」（『陸軍特別攻撃隊』第三巻、四四六頁）

さらに高木は、生前の隈部と親交があり、隈部の死体検案書を書いた清水富士夫元軍医に隈部の自決原因を尋ねたところ、清水は「隈部さんは中佐のころ、ソ連の駐在武官をしていて、ロシア革命に…」（同書）と言って口をつぐんでいる。

上述のツヤの証言と合わせるとロシア革命の謀略活動に参加していたと考えられる。ロシアを弱体化させる謀略活動を陸軍の明石元二郎が行っていたことは知られており、これ以降もソ連と親密な日本の軍人がいても不思議ではない。隈部がロシア革命にソ連の駐在武官前から関わり、駐在時にはロシア革命を起こしたソ連・共産主義勢力と関わっていても驚くことではない。ここから自決した理由がソ連のスパイ活動であった可能性が出てくるのである。筆者は隈部は日本の最も深い闇を背負って心中をしたのではないかと考える。

皇道派は統制派を「赤色ファッショ」（共産主義ファシズム）を行おうとしていると警戒していた。例えば、原田熊雄の『西園寺公と政局』第八巻の昭和一五年一〇月四日の口述には、荒木貞夫が近衛文麿首相に次の話をしたことが記されている。

「建川とか小磯とか［筆者注：建川美次・小磯国昭といった統制派の軍人達］いったような、つまり自分と違った系統の連中は、やはり大使になったり、大臣になったりして行くのであるから、自分は真崎大将［筆者注：真崎甚三郎、荒木と同じ皇道派］でも参議にしてくれたらどうかと思う。部内の状況は、貴下は御存じないかもしれないけれども、大体において赤化運動にやられている。若い軍人といい役人といい、みんなこの赤の手が入っているように思われる、で、陸軍の中もちゃんとするには、やはり自分達の系統［筆者注：皇道派］の者でなければ駄目だ」

この発言はまだ日本がアメリカと戦争をする前であったことが重要である。また、近衛文麿は昭和二〇年二月一四日に「近衛上奏文」により「共産革命」を行おうとしている「軍部内一味の革命運動」を警戒するように上奏している。確かに日本がソ連と戦わず、中国やアメリカと戦って得をするのはソ連であった。陸軍は旧来からロシア（ソ連）を仮想敵国としてきたのに、なぜ中国やアメリカと戦うようになったのかを考えることは真の歴史を知る上で重要である。山口富永の『近衛上奏文と皇道派─告発　コミンテルンの戦争責任』では、これを共産主義のコミンテルンの陰謀であるとしている。実際に、陸軍の軍務局長の要職に就いて太平洋戦争に導いた統制派の中心人物・武藤章のブレーンは左翼・共産主義者からの転向右翼であった。また、昭和一六年にはソ連側に日本の重要な機密資料が渡された「ゾルゲ事件」が起きている。

戦後、皇道派がソ連を警戒したことに対して、あたかも偏見と妄想であるかのように批判されることがあった。しかし、近年、アメリカ国家安全保障局が公開した機密文書「ヴェノナ」では、アメリカ政府関係者の二〇〇人以上がソ連のスパイであったことを明かにしている。しかもこの中には、ルーズヴェルト大統領の側近であるアルジャー・ヒスが含まれている。この「ヴェノナ」文書の衝撃は大きく、資本主義の超大国アメリカですら政権の中枢部にソ連のスパイが入り込んでいたことが発覚した。このような歴史的事実を考えると、かつて軍の中枢部にいた皇道派がソ連を警戒していたことは賢明な対応であったということが言える。

当時の関係者は口を堅く閉ざしたまま亡くなったために真相は闇の中ではあるが、大義を唱える言葉とは裏腹に私達の想像を遥かに超えた人間のどす黒い巨大な欲望が当時の最高権力者達に渦巻いていたことを私達は知らなければならない。多くの真相が未だに闇の中であり、そしてそれらは今も尾を引いている。戦争はまだ終わっていない。現在にまで危機は至っている

……

第11章　皇族による責任

伏見宮の責任

戦争を回想する時、誰しもその当時の置かれた人間関係から客観的に物事を考察することは困難である。しかし、現在第二次世界大戦に関係した人たちはほとんどいなくなりつつある。だからこそ、残された私達は、罪を憎んで人を憎まず、全ての柵から離れて戦史を冷静に分析することで後世に血でできた教訓を生かすことができる。

人間は誰しも過ちを犯す。人間である限り過ちを犯さずに生きるということはほとんど不可能である。皇族もまたその例外ではない。大日本帝国憲法の第三条では「天皇は神聖にして侵すべからず」、第十一条では「天皇は陸海軍を統帥す」と規定されており、戦前の皇族の地位は日本人にとって絶大的なものであった。戦前では各学校に天皇の写真である御真影を奉安殿に飾って、学生と教職員は皆礼拝を欠かさずにしなければならなかった。「教育勅語」により天皇制を中心とした教育が行われ、歴史教科書は皇紀を中心とした。「軍人勅諭」では冒頭に、「我国の軍隊は、世々天皇の統率し給う所にぞある」と記され、軍人に天皇への忠誠を説き、軍人になる者はこの「軍人勅諭」を一字一句間違うことなく暗記せねばならなかった。天皇か

伏見宮博恭王

ら下賜された物品を無くせば不敬として上官から殴られ、戦場で戦艦が撃沈された時には陛下の船を沈めた責任から艦長もろとも沈まなければならなかった。統帥権の最高責任者として、裕仁天皇の弟である秩父宮、高松宮、三笠宮をはじめ皇族の男子たちは軍隊を勤務しなければならなかった。たとえ皇族が軍部に操られていたとしても、その日本に与える影響の大きさは否定できない。

伏見宮博恭王元帥の海軍における影響力は絶大であった。このことは戦史を考える上では外すことのできない問題である。当時の高級将校であった野元為輝元少将は次のように証言している。

「つらつら考えるに、開戦一年前の永野、嶋田両大将のことを批判するだけでは、それははなはだ範囲が狭いのであって、〔中略〕アメリカとは必ず戦争をするんだというような風に、私どもは教育されておったのであります。〔中略〕こうならしめたさらにその原因は何であるかというと、もうこういう下地ができていると。それが海軍の空気をつくっておったということ。もう少し具体的に言いますならば、人事のことについて、（皇族の）博恭王が九年間も軍令部総長をやっている。ああいうのはどうも妙な人事である。殿下がひとこと言われると、もうそれは〝はい〟と。（略）言い過ぎかも知らんけど、もう少しその、皇族に対する考えということは、もう少し、あるブレーキをかけるような空気がなかったのを、はなはだ遺憾に思うのであります、これは、海軍としては大きな意味の反省のひとつにしなければな

らないことである」（NHKスペシャル取材班『日本海軍四〇〇時間の証言　軍令部・参謀たちが語った敗戦』七四〜七五頁）

同じく野元元少将は生前、家族に伏見宮元帥について、「宮様ということだけで、何も言えなくなってしまう。何も批判ができなくなってしまうということでですね、一種のタブーみたいになってしまっていると。そのために、本当のことが分からなくなってしまうんだ」（同書、七八頁）と語っている。一般人からは決して窺い知ることのできない軍上層部の内情を知る元高級将校の証言は重要である。

政府公刊の『戦史叢書』には、特攻における伏見宮の関わりが次のように記されている。

「サイパン奪回作戦の断念を承認した去る〔筆者注：昭和19年〕六月二十五日の元帥会議が終了したとき、伏見宮博恭王は両総長、両大臣に対して、対米戦には特殊の兵器の使用を考慮しなければならないと述べた。これに答えて東條大将は、風船爆弾の使用予定等について説明し、嶋田大将は、新兵器を二、三考究中である旨答えた。〔中略〕伏見宮が敵の意表をつく兵器を求められたことは確実であるが、嶋田大将の頭には当然、当時試作中であった必死必殺の特攻兵器のことが頭をかすめたであろう」（『戦史叢書　大本営海軍部・聯合艦隊〈6〉』三二一頁）

伏見宮が「特殊の兵器の使用」を訴えたことにより特殊兵器の開発と実行が促進されたことが記されている。第6章では、この元帥会議後すぐさま嶋田軍令部総長が「奇襲兵器の促進掛」（後の「特攻部」）を設置したことを述べた。特攻が誕生するのに、海軍で長く軍令部総長を務め、人事権を持つ元帥の伏見宮は関係していた。

西川吉光は、「[筆者注：嶋田総長の元帥会議での発言による]「考究中」どころか、特殊兵器は実用化の直前にあったのである。陸軍も状況は同じで、春には航空機による艦船体当たり実施の方針を軍最高首脳は固めていた。伏見宮がこうした動きに不知のまま、思い付きの発言をしたとは思えない。宮の発言は軍内部の状況を見据えたうえで、特攻作戦を正当化し、その実施を後押しせんとの意図から出たものであろう。マリアナの失陥とこの伏見宮発言が、準備段階にあった特攻を実施へと押し出す決定的契機となった」(『特攻と日本人の戦争』四一頁)と分析する。

侍従武官・城英一郎による提唱

特攻を強力に推進した人物として、海軍の城英一郎大佐が知られている。城英一郎は昭和一五年から侍従武官に就いていた。

侍従武官とは天皇の軍事に関する相談役であり、天皇を統帥部の頂点に抱く帝国陸海軍にとってこれは最高に名誉ある職である。城大佐は高級軍人であるが、将官ではなく最重要決定権を持っていない。階級がものを言う軍においては将官から一喝されれば黙って従うしかない。しかし、侍従武官という要職に就いていたならば、その威光から発言権の大きさは全く異なる。『戦史叢書』には、「同大佐[筆者注：城英一郎]は開戦の一年前から侍従武官として天皇の側近に奉仕していたが、戦況が不利になると十八年六月末、『敵艦船を飛行機の肉弾攻撃に依り撃滅する』ため、『特殊航空隊』を編成し、さしあたり城大佐自身がその指揮官に任命されることを望んだ」（『戦史叢書　大本営海軍部・聯合艦隊〈1〉』三三二頁）と記している。

特攻を初めて実行した大西瀧治郎中将はこの時航空本部総務部長の要職に就いていたため、城大佐に特攻を進言されたのだが同意はしていない。しかし、大西中将に多大な影響を及ぼしている。そして、昭和一九年二月に城大佐は侍従武官から千代田艦長となり、現場から軍令部に働きかけ特攻を推進させている。その要職における地位から、城大佐の発言が一大佐の発言を超えて多大な影響を軍部に及ぼしたことは自ずと分かる。城大佐は軍中央の要職にいた時から特攻を主張したのであって現地軍による自発的な要望とは言えない。流れとしてはまえがきの②→①である。

このような人事配置を行ったのは嶋田海相であった。城大佐は昭和一九年一〇月二五日にレイテ沖決戦で囮部隊である小沢治三郎艦隊に参加し、空母「千代田」と共に沈んだ。特攻が初めて戦果を挙げた日に戦死したのであった。

裕仁天皇の意向

戦前において日本の元首であり、大日本帝国憲法に規定された陸海軍の最高責任者であった裕仁天皇の特攻における反応はどうであったか。昭和一九年一〇月末に特攻を行った二〇一空に及川古志郎軍令部総長が届けた天皇の言葉は、「そのようにまでせねばならなかったか。しかしよくやった」（猪口力平・中島正『神風特別攻撃隊の記録』九〇頁）であり、これを二〇一空隊員に伝えた中島正は「このお言葉を拝して、拝察するのは、おそれながら、われわれはまだまだ宸襟をなやましたてまつっているということである。われわれはここにおいてますます奮励し、大御心を安んじたてまつらねばならないと思うのである」（同書、九〇〜九一頁）と隊員に訓示している。この時、大西瀧治郎長官は、「作戦指導に対して、むしろお叱りを受けた」（同書）と感じたそうである。

天皇が特攻に賛成していたのか反対していたのかは両論ある。高木俊朗の『特攻基地　知覧』（三一八頁）では、当時フィリピンにいた毎日新聞記者の新名丈夫によれば及川軍令部総長は天皇の言葉に恐懼したと証言している。また、軍令部員であった奥宮正武によれば、「まことによくやった。攻撃隊員に関しては、まことに愛惜に堪えない」（『海軍特別攻撃隊　特攻と日本人』一七頁）と及川総長に言っており、「千金の重みがあった」（同書）ようである。

根本正良海軍予備少尉らは、昭和一九年一一月三日に総員集合をかけられ、米内海相に伝えられた天皇の言葉として、「かくまでさせねばならぬとは、まことに遺憾である」「神風特別攻撃隊はよくやった。隊員諸子には、愛惜の情にたえぬ」（『陸軍特別攻撃隊』第一巻、三三五頁）が総員に伝えられた。根本は、米内海相は恐懼したのであり裕仁天皇は特攻に反対していたのだと考える。しかし、最後の一機まで特攻に出した現場の指揮官の中島正二〇一空飛行長は、特攻隊員に「『よくやったとは仰せられたが、特攻を止めろとは仰せられなかった。陛下の大御心を安んじ奉ることができないのだから、飛行機のある限り最後の一機まで特攻は続けなければならぬ。飛行機がなくなったら、最後の一兵まで斬って斬って斬りまくるのだ』と、顔面蒼白、狂気のごとく軍刀を振り上げて訓示」（角田和男『修羅の翼』四六二頁）している。

一方で、昭和一九年一一月一六日、陸軍の特攻隊である万朶隊について、梅津美治郎総長が裕仁天皇から「万朶隊はそんなにたくさんの弾丸を受けながら、低空攻撃をやって、非常な戦果をあげたことは結構であった」（高木俊朗『陸軍特別攻撃隊』第二巻、三八頁）という言葉を賜ったということを鉾田教導飛行師団の総員に伝えている。著者の高木俊朗は、梅津総長が勝手に天皇の言葉を捻じ曲げたと主張するが、梅津は米内と同様に天皇から信任されており、勝手に自分で作った天皇の言葉を総員に伝えるという大罪を犯すとは思えない。

残存兵力のほぼ全てを特攻に注ぎ込んだ沖縄防衛の天号作戦では、及川総長が天皇から「連合艦隊指揮下の航空部隊が天号作戦に逐次戦果を挙げつつあるを満足に思う。今後益々しっかりやる様に」という言葉を賜ったことを宇垣纏は『戦藻録』の昭和二〇年四月三〇日の項に記している。

裕仁天皇自身は特攻に対して、「特攻作戦というものは、実に情において忍びないものがある。敢て之をせざるを得ざる処に無理があった」（『昭和天皇独白録』一三三頁）と独白しており、特攻を「統率の外道」であると考えていた。しかし、最も重要なことは、「そのようにまでせねばならなかったか」「かくまでせねばならぬ」「之をせざるを得ざる」が何を意味しているのかということである。この意味を知るためには、この時の戦況について裕仁天皇がどのように考えていたのかを知る必要がある。

特攻が初めて行われたレイテ決戦では、裕仁天皇は「一度『レイテ』で叩いて、米がひるんだならば、妥協の余地を発見出来るのではないかと思い、『レイテ』決戦に賛成した」（同書、一一八頁）と独白している。即ち、敵に一大打撃を加えた後に有利な条件で講和をするという考えである。ただし、レイテ沖海戦での「捷一号作戦」に対しては「海軍は無謀に艦隊を出し、非科学的に戦をして失敗した」（同書）と批判している。これは、前述の現地部隊に賜った言葉と一致している。

捷一号作戦は失敗し、もはや特攻によって戦局を挽回するのも難しくなった昭和二〇年二月一四日、近衛文麿は早期終戦を唱えた「近衛上奏文」を裕仁天皇に上奏した。この時、天皇は近衛に「陸海軍共敵を台湾沖に誘導するを得ば是に大損害を与え得るを以て、その後終結に向うもよしと思う」（『細川日記』下巻、三六四頁）と述べている。「捷一号作戦」が失敗に終わった後も、やはり敵に一大打撃を加えて有利に講和を結ぶことを考えていたのである。したがって、天皇が梅津総長に賜った前述の言葉はこれに合致しているのである。もちろん、天皇は陸海軍が「統率の外道」である特攻を実行していることを快くは思っていない。しかし、否定はしていない。この時の帝国陸海軍の首脳部は裕仁天皇の意向を実現させるために奇襲戦法の特攻に頼ったということが言える。

この時の軍首脳部は天皇に偽りを報告していたと言われるが、大本営の嘘で塗り固めた情報ばかりではなく、天皇には近衛文麿や高松宮から確かな情報が提供されていた。また、特攻が実施された時の海相は米内光政、陸軍参謀総長は梅津美治郎であり、二人は天皇に信任されていた。

かつて裕仁天皇は、平沼騏一郎の後継内閣について、「［筆者注：裕仁天皇は］極めて厳粛な御態度で、『どうしても梅津か畑［筆者注：俊六］を［筆者注：陸軍］大臣にするようにしろ。たとえ陸軍の三長官が議を決して自分の所に持って来ても、自分にはこれを許す意思はない」（『西園寺公と政局』第八巻、六二頁）と首相任命権を持つ湯浅内大臣に命じている。そして、阿部信行が首相として大命降下された後、天皇は、「当時政治的に策動していた板垣系の有末［筆者注：精三］軍務課長を追払う必要があったので、私は梅津または侍従武官長の畑を陸軍に据える事を阿部に命じた」（『昭和天皇独白録』五三頁）と語っている。

また、米内に関しては、「当時私の味方として頼みにしていたのは前には［筆者注：第一次近衛内閣にあっては］米内、池田（成彬・蔵相）の二人、後では［筆者注：平沼内閣では］有田（八郎・外相）、石渡（壮太郎・蔵相）、米内（海相）の三人であった」（『昭和天皇独白録』五一頁）と全幅の信頼を寄せている。阿川弘之の『米内光政』では、戦争末期に、しばしば米内が御文庫で裕仁天皇と長時間密談していたことが記されている（五〇頁）。

米内海相は第9章で述べたように特攻を戦術として認める「勅令第五百二十八号　海軍特修兵令中改正」を上奏し、天皇はこれを裁可している。梅津・及川両総長からも特攻の報告を直接受けていた。

裕仁天皇は立憲君主制の立場から政治には口を出さなかったと言われている。しかし、日本を左右するような事件の時にははっきりと政治に介入をした例がある。その一つが張鼓峰事件である。

張鼓峰事件は昭和一三年七月に、ソ連と満洲との国境で起こった紛争事件で、日本側はすぐさま朝鮮軍一個大隊を派遣しており、一触即発の状況となっていた。日本とソ連が今にも戦争をしようかという状況の最中、裕仁天皇は板垣征四郎陸相に対して、「もし万一武力行使を許せというようなことで来るのならば、自分はどこまでも許す意思はない。そういうことで来るのならば、来なくてもよろしい」（『西園寺公と政局』第七巻、五〇頁）と強く拒絶している。しかし、板垣陸相が「どうしても拝謁を願いたい」(同書)と懇請して拝謁した時、裕仁天皇は板垣陸相へ、「多少御興奮の面持で、『元来陸軍のやり方はけしからん。満州事変の柳条溝の場合といい、今回の事件の最初の盧溝橋のやり方といい、中央の命令には全く服しないで、ただ出先の独断で、朕の軍隊としてはあるまじきような卑劣な方法を用いるようなこともしばしばある。まことにけしからん話であると思う。このたびはそんなようなことがあってはならんが……』ということをたしなめられ、そうして陸軍大臣に向って、『今後は朕の命令なくして一兵でも動かすことはならん』と、非常に語気強く仰せられたので、陸軍大臣は恐懼措くところを知らずして、退出した」(同書、五一頁)。

板垣陸相はこのために一旦辞意を申し出るが、裕仁天皇は態度を改めた板垣陸相を許している。この天皇の強い意志により日本軍は一気に停戦に向ったのである。裕仁天皇はソ連との戦争という大問題を回避させた。

ある特攻戦死者の実弟は、「天皇はそれを言える立場になかったことも事実でしょうが、それでも特攻を止められる人はほかにいなかったのだから、陛下には、『もうやめろ』と、ぜひとも強く言ってほしかった」(太田尚樹『天皇と特攻隊』二〇六頁)と発言している。特攻について上奏された時、裕仁天皇が「これを止めよ」とはっきり言われなかったことが誠に残念である。

第12章
忘れ去られた皇道派

戦没学生・上原良司の軍首脳部批判

日本戦没学生記念会編の『きけ　わだつみのこえ　日本戦没学生の手記』（新版）には学徒出陣し、二二歳の若さで特攻を行って散華した上原良司の遺書が掲載されている。これは若き特攻隊員の当時の軍首脳部に対する痛烈な批判である。

「愛する祖国日本をして、かつての大英帝国のごとき大帝国たらしめんとする私の野望は遂に空しくなりました。真に日本を愛する者をして立たしめたなら、日本は現在のごとき状態にはあるいは追い込まれなかったと思います。世界どこにおいても肩で風を切って歩く日本人、これが私の夢見た理想でした」（一八～一九頁）

「二・二六以来、日本はその進むべき道を誤った。急転直下、自由を無視せんとする運動（結局は利己主義であったのだが、表面上はそう見えた）が起こり、これに対抗せんとした真の愛国者は、冷たい剣の先にかかりて相果てた。権力主義者は己の勝利を駈って、日本をば永久に救われぬ道に突き進ませた。彼等は真に日本を愛せざるのみならず利己に走って、偉き言辞を以て、無知な大衆をだまし、敢て戦争によって自己の地位をますます固くせんとした。

勿論、そは国民の犠牲においてであるが」（三七三頁）

「統率の外道」である特攻に頼り、その後特攻狂となっていった当時の軍首脳部は非道であった。しかし、特攻に関する多くの本では、行き詰った戦局の中では他に対策がないため特攻を行わざるを得なかったと記されている。作戦を練るのは末端の兵士ではなく、統帥部の首脳陣たちであり、主たる者は東条派、梅津派（いわゆる統制派）であった。現在でも言えることだが、日本人は真に優れた人物をいつも重要局面で見落としている。これは、日本人が反省しなければならない点だが、日本には真崎甚三郎をはじめ荒木貞夫、小畑敏四郎、山岡重厚ら、いわゆる皇道派といわれた軍人たちがいた。優れた人物たちは並の人間が思いつかない解決策を見つけることができる。筆者は、軍首脳部が皇道派であったならば「統率の外道」である特攻を作戦計画し、命令することはなかったのではないかと考える。

真崎甚三郎は二・二六事件に関与していない—血なまぐさい陰謀事件を抑え続けた皇道派

世間一般で認知されている皇道派の印象は頗る悪い。これは二・二六事件に起因する。二・二六事件当時、統制派と皇道派は争っており、二・二六事件を起こした青年将校たちは荒木貞夫や真崎甚三郎を慕っていた。そのために、軍閥争いから追いつめられた皇道派が軍で主導権を握ろうとしてクーデターを起こして重臣らを殺害したために軍国化が進んだのだと頻りに喧伝されたからである。

二・二六事件で何の根拠もなく真崎甚三郎を批判している代表的な書はベストセラーになっ

ている高橋正衛の『二・二六事件「昭和維新」の思想と行動』（増補版）である。高橋は同著で、真崎は二・二六事件により「軍事政権の首班を狙っていた」「宮廷クーデターを企図していた」（同書、一六二頁）と真崎黒幕説を主張している。そして、一般にこれが広く流布されている。しかし、真崎黒幕説を裏付ける決定的史料を示していない。また、高橋自身が山口富永の真崎黒幕説の問い質しに対して、「真崎組閣説は推察で事実ではない、あやまります」（『二・二六事件の偽史を撃つ』三六頁）と謝罪している。豊富な一級資料を用いて著作した高橋正衛が自説の真崎黒幕説を裏付ける史料がなく謝罪しているのだからこの歴史観自体捏造以外何物でもないのだ。そして、多くの人たちがこの捏造された歴史観を信じているかぎり問題の解決策を見つけることなどできるはずもない。悪人でない者を、罪のない者を悪と言ってその国に未来があろうはずはない。

皇道派が批判される狂信的で野心的という軍人像は果たして正しいのであろうか。確かに真崎甚三郎を慕った皇道派の相沢三郎は統制派の中心人物の永田鉄山を殺した。しかし、皇道派の軍人達は相沢に指示・命令をしたのではない。相沢は自己の判断により荒木・真崎に相談することなく、統制派軍人達の悪行に危機感を持って単独で事件を起こしたのである。この頃に起こった三月事件、十月事件、十一月事件（士官学校事件）、五・一五事件といった一連の陰謀的なクーデター事件に皇道派の軍人達は一切関わっていない。むしろ、これらの事件のほとんどに統制派の軍人達が関わっている。

五・一五事件にいたっては海軍の青年将校が起こした事件であるのにもかかわらず、陸軍の真崎が裏で画策していたという言論がある。この時、荒木・真崎ら皇道派の軍首脳部は非合法クーデターを戒めていた。だからこそ、五・一五事件に陸軍の軍人は関与しなかった。当時から一連のクーデター事件の首謀者が荒木・真崎であるというデマが飛び交い、特に真崎は悪の親玉であるとしてその罪をなすりつけられていた。しかし、実際にはどの事件も皇道派の軍人達の見事な活躍によって鎮圧させていたのだ。

例えば、武力クーデター未遂事件である「三月事件」では、永田鉄山がクーデターを起こすために麹町の飛行会館で課長級の中央将校を集めていた時、教育総監部課長の山岡重厚は『陸軍の首脳部が左様な陰謀を計画するとは怪しからぬ…』と、永田にむかって、『永田ッ、貴様から俺が縛ってやる』と呶鳴った」(岩淵辰雄「軍閥の系譜」『岩淵辰雄選集』第二巻、三七頁)と非合法武力クーデターに猛烈に反対した。第一師団長であった真崎甚三郎もまた警備司令官に対して、「[筆者注:クーデターが起こった時には]大臣でも次官でも、逆に自分が征伐するかも知れんから、左様御了承を…」(同書、三八頁)と通告して、クーデターに反対している。統制派の軍人達が絶えず仕掛ける数々の血なまぐさいクーデター事件を抑え込んできたことは荒木・真崎ら皇道派の誉れであろう。

二・二六事件の蹶起将校が「陸軍大臣要望事項」で真崎を首班に指名したのは、この蹶起将校が連絡を取った北一輝の霊告によるもので、真崎の指示を受けたものではない。事件の中心人物である磯部浅一は真崎と数回しか会っていないと獄中での手記に記している。真崎は北一輝を警戒して近づけておらず、北一輝の国家社会主義思想を否定している。そして、蹶起将校達は真崎よりも北一輝を崇拝し、直接連絡を取り合っていた。したがって、この蹶起将校たちを皇道派とするのは明確な誤りである。ところが、現在に至っても二・二六事件に関する多くのメディアで皇道派の青年将校がクーデターを起こしたという誤った歴史観が流布されている。そのため、ここでいくつか例を挙げておこう。二・二六事件で処刑された青年将校の坂井直は新井勲と共に昭和八年五月に荒木陸相と会談して至急に国家改造を行うことを要求した。荒木陸相は、「わたしは目的のためには手段を択ばずという、北一輝流の思想には賛成できない」（新井勲『日本を震撼させた四日間』七五頁）と言って諫めている。同書では、国家改造を焦る青年将校達が荒木・真崎ら将校達をあてにできないと愛想を尽かしている様子が描かれている。

戦後、かつての統制派で国会議員となった辻政信は、二・二六事件の蹶起将校達は真崎甚三郎に煽られたのだということを主張したが、蹶起将校達と親交のあった三角友幾は、次のように直接抗議している。

「事件直前において、青年将校は真崎氏とは直接の関係は有りません。その前に真崎氏（もちろん外の将星も）には期待しないと言うことを私は、はっきり聞いています。なおまた『煽動』で起ったという断定は、大丈夫を侮辱する言ではありますまいか」（末松太平『私の昭和史　二・二六事件異聞』上巻、二五〇頁）

これは、当時の青年将校達の率直な気持であった。嘘・偽りのない三角の抗議文に辻は何も反論していない。今現在においても、真崎が青年将校を扇動して裏切ったのだと主張されているることにはあきれ果ててしまう。もし、真崎が本当に扇動して裏切ったのならば、なぜこれらのかつての青年将校達が真崎を罵らないのか考えてみればよい。二・二六事件後に失脚し、特に戦後は一介の老人となった真崎に気兼ねすることなど何もない。青年将校達が何を問題にしていたのかを考えれば、その問題とされた人物が自身の罪を真崎に擦り付けようとしているることが分かる。

二・二六事件において真崎が黒幕ではないことは、著名な伊藤隆東京大学名誉教授によっても学術的に検証されている。伊藤教授は次のように言い切る。

「彼［筆者注：真崎甚三郎］が事件の黒幕であったと見るのは飛躍が過ぎるというものだろう。真崎を二・二六事件の黒幕と見るのはまるでお門違いというべきである」（伊藤隆・北博昭「真崎大将は黒幕ではない　二・二六事件裁判記録を読む」『月刊　Ａｓａｈｉ』一九九三年九月号、一九九頁）

真崎甚三郎は西郷隆盛になれなかったという無理な批判が何度もされてきた。この批判は真崎は蹶起将校達と行動を共にして最後は責任を取って自決せよという意味である。西郷隆盛と一緒に戦乱を駆け抜けた西郷の腹心中の腹心である桐野利秋、篠原国幹、村田新八、別府晋介らは西郷先生の命が狙われていると言って蹶起した。だからこそ、西郷は諫め切れず担がれたのである。処刑された二・二六事件の蹶起将校達には一人も真崎の腹心はいなかった。西郷の時とは全く状況が違うのである。真崎は軍人の道に背く非合法クーデターを起こさなくとも合法的改革を行える力量と自信があったのだ。何を好んで自身が最も嫌った逆賊となって命を捧げる必要があったであろうか。

誇り高き軍人・真崎甚三郎—真崎を慕った山口富永の述懐

真崎甚三郎は軍人として正しかったので、統制派の軍人達とその関係者はその人物・人格を

真崎甚三郎

批判する。真崎も完璧な人格者や聖人というわけではない。欠点もある。しかし、軍国主義者、精神主義者との批判は果たして正しいのであろうか。これは現代の視点から見てのことである。大日本帝国憲法、軍人勅諭が支配的であった戦前の観点からすれば、真崎は軍人として実直な道を歩んだのである。大日本帝国憲法、軍人勅諭そのものが軍国主義的、精神主義的なのであって、その法を遵守した真崎がこのように批判される謂れはない。真崎は軍人の鑑であった。だからこそ、多くの統制派の軍人のように賄賂を取ったり、非合法クーデターを画策したりするようなことは一切しなかった。真崎は軍人の道に外れることを誰よりも嫌った。

真崎は日露戦争時、陸大生の尉官でありながら中隊長として出征して殊勲を立て、金鵄勲章を授かっている。真崎はこのような武勲を立てた一方、日露戦争で部下を亡くすなど実際の戦争の悲惨さを目の当たりにし、無暗やたらに戦争を行ってはいけないことをこの時から肝に銘じていた。だからこそ、真崎は中央の要職に就いていた時も徒らに戦争を拡大させるような言動を一切していない。真崎の実際の戦争経験に基づく戦争観が、机上で戦争を計画して引き起こしていった東条世代の空疎な戦争観と違うゆえんである。そのため、大陸政策が吹き荒れていた当時の観点からすれば、真崎は軍人としてよりも教育者として高い評価を得ていたかもしれない。真崎は赴任する先々で部下から非常に慕われていた。士官学校校長時代の真崎の評価は高かった。

筆者も真崎甚三郎と親交の深かった山口富永から真崎の人柄・人望を直接伺った。山口富永は一介の青年に過ぎなかったが真崎の人望を慕って訪ねたところ、真崎はまるで慈父の如く接した。上からものを言うことはなく、一青年の話にじっくり耳を傾けた後、諭すように助言したのである。真崎は金銭や権力などの損得勘定では動かない、人徳の人であった。階級が絶対にものを言い、苛酷な世界であった軍の中において真崎は大将という最高位であったにもかかわらず、末端にいたるまで兵を労わって大事にした。階級ではなく人を大事にしたのだ。だからこそ、軍において虐げられる存在である青年将校に慕われたのである。山口富永は高齢にもかかわらず、「真崎閣下のことなら一晩中でも語れる」と筆者の前でその深い思慕の念を表した。

真崎は日露戦争時、尉官ではない兵卒と寝起きしたが、尉官の部下が自分達だけ兵卒と異なった美食をしたことを知ると将校の道に反するとしてぶん殴ったという逸話がある。二・二六事件以降の統制派全盛時代、兵の尊厳を軽んじた軍隊のあり方に憤った山口富永に、真崎甚三郎は「俺はそのような教育をしなかった」と嘆いている。

邪魔者・真崎甚三郎を処刑せよ

しかし、多くの歴史家が真崎甚三郎に対してこれと反対のことを、特に根拠もなく二・二六事件の首魁にして太平洋戦争の原因を作ったのだと批判している。筆者は高橋正衛の前掲書を徹底的に論破できる。しかし、本書の本題ではないのでここでは割愛させていただく。重要なことは真崎は二・二六事件の暗黒裁判において昭和一二年九月二五日、日中戦争の起因となる盧溝橋事件の直後に無罪を言い渡されたことである。この一審即決・弁護人なしの暗黒裁判で身の潔白を証明されたことは重要である。

そもそも、統制派の軍人達は二・二六事件に託けて真崎甚三郎を処刑するつもりであった。二・二六事件の特別軍事裁判を指揮したのは統制派の中心人物である寺内寿一陸相であった。陸相の管轄下の東京憲兵隊長は、原田熊雄に「結局真崎大将は陸軍刑法三十条にいわゆる『反乱者または内乱者を利する為…』という罪に当り、死刑、無期もしくは三年以上の懲役または禁錮ということになる」（『西園寺公と政局』第五巻、一五五頁）と語っている。また、荒木貞夫が近衛文麿に会った時には、「結局寺内が真崎を有罪にしたいんで、寺内が非常に強くやっている」（同書、第六巻、二三頁）と語っている。岩渕辰雄が山口富永へ直接語ったところによると、二・二六事件後の広田弘毅内閣で寺内寿一が陸軍大臣に就任した時に、岩渕が近衛文麿の側近・志賀直方と会ったところ、寺内が志賀に向かって「近衛内閣には、真崎は絶対いかん、真崎は死刑にするんだ」（『二・二六事件の偽史を撃つ』一〇三頁）と言ったことを岩渕は志賀から聞いている。このような状況での無罪であったのだ。

有名な推理小説家の松本清張は『昭和史発掘』で、判決文が真崎の有罪を主張するような調子で述べられ、最後の四二字で無罪を言い渡していることに対して、「九割九分までの黒［筆者注：有罪］に一部の白［筆者注：無罪］をもって、全体を『白』といいくるめたようなものである」（『昭和史発掘』第一三巻、一六八頁）と述べている。真崎が有罪であると何としても主張したいのである。二・二六事件における真崎の容疑は「叛乱者を利す」であり、叛乱幇助・利敵の罪であって二・二六事件の指示・指揮ではない。高橋正衛が主張するような真崎が黒幕にいて指揮しているというようなことでは決してない。しかも、この叛乱幇助は、事件の中心人物である磯部が金に困っているという求めに応じてたった五〇〇円（当時の金額。現代に直しても小額である）を与えたことと、事件当日に「君達の精神はよく判っておる」と蹶起将校に言ったことだけである。二・二六事件に関する容疑はたったこの二点のみである。法律の専門家でなくとも、一般にこれで有罪になる方がおかしいと思うであろう。蹶起将校達が絶対的に信奉していた北一輝は三井財閥から真崎が磯部に渡した数十倍から数百倍の金をもらっていた。だからこそ、三井財閥の者は誰も狙われなかった。磯部ら大勢の将校がたった五〇〇円（当時）の金をもらったことで命を懸けてまでもクーデターを起こすことなどありえない。しかも、真崎の「君達の精神はよく判っておる」という有名な発言に対して、事件当時、真崎を始終護衛していた金子桂憲兵はこれを否定し、「馬鹿者！　何んということをやったか」と大喝したことを証言している（田崎末松『評伝真崎甚三郎』二〇三〜二〇四頁）。この金子憲兵は真崎を取り調べた大谷敬二郎の尋問も受けており、後になって作為的な証言をしているのではない。したがって、二・二六事件のクーデターに真崎は関わっていない。

山口富永は次のように主張する。

「二・二六事件の真因と、日本のやったあの戦争の仕掛人ら、すなわち、「永田（統制派）［筆者注：東条英機は永田鉄山の有力な後継者である］→二・二六後の粛軍人事→戦争」のこの図式から必死に逃れて、「真崎（皇道派）→二・二六事件→戦争」の図式を、この昭和史の上に定着させ決定づけようとしてもがいている一団、乃至、その亜流が、いまも潜在力をもってこの世にいる。これらのものにとっては、どうしても、皇道派の真崎甚三郎をすべての元兇巨魁として叩きつづけなければ、自らを正当化するための辻褄が合わぬ」（『二・二六事

件の偽史を撃つ』まえがき）

日本の英傑・真崎甚三郎

戦争は軍閥争いから起きたと思われる読者の方がいるかもしれない。昭和六年一二月に荒木貞夫が陸相に就き、その後参謀次長に真崎甚三郎が就いて（参謀総長は閑院宮であるために実質真崎が参謀総長として軍を指揮した）、荒木が陸相を昭和九年に辞めるまでの皇道派全盛時代に起こった第一次上海事変と熱河作戦を見ていただきたい。両事件とも日中戦争になりうる危機であったにもかかわらず見事に喰い止めている。それに比して統制派全盛時代の昭和一二年以降はどうであろうか。盧溝橋事件、第二次上海事変では事件を解決させるどころか中国との全面戦争へと雪崩れ込んでいった。真崎甚三郎は、参謀次長の時、関東軍の暴走に対して自ら万里の長城に行って関東軍の暴走を身を以て防ぐとまで言い張った。統制派の軍人達に一人でもこのような言動を取った人物がいたであろうか。皇道派には日本が誇るべき実績がある。一方で、東条を中心とした統制派の軍人達が日本をどのように導いたのかを私達はよく知っている。

ちなみに、満州事変を皇道派が起こしたかのように一般に勘違いされることが多いが、満州事変を起こしたのは現地では石原莞爾関東軍参謀、板垣征四郎関東軍高級参謀（いわゆる満洲組）、中央では南次郎陸相、金谷範三参謀総長であり、皆反皇道派の軍人達である。満州事変は度々現地軍が勝手に起こしたことで、中央ではこれに反対していたということが言われている。しかし、南次郎と金谷範三は同じ大分閥であり、大分閥には他に梅津美治郎、池田純久、中島今朝吾らがおり、彼らは皆皇道派に敵対し、そして皇道派が反対した中国との戦線を拡大させていった。特に南次郎大将は皇道派体制の切り崩しを猛烈に行った統制派の中心人物である。彼らが事変を起こす気はなかったのだとどれだけ言い張っても、最高責任者の地位にいて、それが全くといっていいほど喰い止めることができなかった責任は重く、その能力も疑われる。皇道派全盛時代の実績とは雲泥の差がある。満州事変時の陸軍省は杉山元次官、小磯国昭軍務局長、永田鉄山軍事課長、参謀本部は二宮治重次長、建川美次第一部長（作戦担当）、東条英機総務部第一課長、河邊虎四郎第一部第二課作戦班長と統制派の軍人達で固められていたのだ。満州事変が拡大していく中で若槻礼次郎内閣が崩壊し、犬養毅内閣発足の下、荒木貞夫が陸相に就いたのである。したがって、皇道派の軍人は、いわば反皇道派軍人によって引き起こされた満州事変の後始末をしたということが言えるのである。

蒋介石が和平交渉を唯一頼りにした人物

中国の最高権力者・蒋介石が最も信頼した人物が真崎甚三郎であった。真崎の下には密使によって蒋介石の意向が伝えられており、昭和一八年一〇月一五日には、「蒋は東京現政府［筆者注：東条・嶋田政府］を信頼せず［筆者注：和平への］交渉開始は不可能なるべく、予［筆者注：真崎甚三郎］および荒木等の出現に大に期待しありと云う」（『真崎甚三郎日記』第六巻、八四頁）、昭和二〇年四月二九日には「蒋介石は予［筆者注：真崎甚三郎］が立たば直に［筆者注：和平交渉の］話を進め得る状にあり、予のことは日本人以上に研究しありと云う。軍［筆者注：阿南陸相、梅津参謀総長、米内海相、井上次官、及川軍令部総長の体制のこと」は追い追い生存にも窮するに至るべしと云う」（同書、三七七頁）と伝えられている。皇道派があたかも中国を侵略したかのように書かれることがある。皇道派が本当に中国に対して侵略的なら蒋介石がこれほど信頼することはない。逆に、東条、梅津、阿南、嶋田、米内、井上、及川らの面々を蒋介石は信じていなかったのだ。肝心な日本人自体がこのことを戦後になっても知らないのだ。

真崎甚三郎は戦後次のように回想している。

「支那事変はいかなる形においても結局世界大戦にまで持って行って、揚句の果は日本は孤立して袋叩きに会うことは極っているから、それをやらせまいと思へばこそ、憎まれ者になっても抑へ付けて来たのであるが、とうとうやってしまった。大東亜戦争にしても負けるに極っている。私は敗戦の結果から言うのではない。初めからそう言っていたのだ。それに自分としては色々と天聴に達すべく努力もしたが、私の誠意は通じなかった。満州事変や前の上海事件にしても、あの時既にこの恐れがあったればこそ私は躍起となって拡大防止に努力したのである」（「軍閥の暗躍」『世界文化』創刊号、五六頁）

真崎の言葉に嘘や偽りはない。本当に世界に誇る人物は誰なのか。私は日本人全員に問う。

真崎甚三郎

救国の皇道派内閣案――特攻を止めることができる可能性があった

このことを戦時中に理解していたのが近衛文麿と細川護貞であり、後に裕仁天皇の弟である高松宮が動くことになる。

近衛文麿は、皇道派と統制派の争いについて「皇道派の荒木、真崎などが追放されずに、当時表面に出ていたら、支那事変は、或は起らずに済んだかも知れない」（『平和への努力　近衛文麿手記』一〇頁）と述べている。

名家の出である細川護立侯爵の子息である細川護貞が近衛文麿の秘書として、政局を打開するために皇道派内閣を擁立しようとしたのは、細川が様々な要人に会って政治情勢を伺った結果であり、疚しい点は何一つない。国家の危急の時における純粋な愛国心から近衛に東条の後継内閣に皇道派の起用を進言し、そして、高松宮に直接会って、「陸軍には、統制派と皇道派と呼ばれし党派ありて、現政府［筆者注：東条内閣］は前者に属するものがこれを支配し居る有様にて、彼らが行きづまりたるわけなれば、これに替わるに皇道派を以てせば可ならんかと存じます」（『細川日記』上巻、一〇二頁）と進言している。しかし、高松宮は従来の皇道派への偏見から一旦これに反対した。これに対して細川は、「皇道派は対ソ派とも云わるる通り、共産主義に対抗せんとするものにて、今の統制派が、暗にソヴィエットを模倣するのとは、相当の距離ある様に存じます。かつ仰せの如く、仮にプログラムに大差なかりしとするも、一つは政権を把りて心驕り、他は失意の中にありて、よく人情を心得居るかとも存じます。この点、人物の上において、相当の距離がある様に存じます」（同書、一〇二～一〇三頁）と反論している。

　肝心な皇道派の軍人達自身は東条の後継内閣についてどのように考えていたのか。近衛は「吉田茂の処で、若槻、幣原と会見し、また別に小林躋造［筆者注：海軍大将、貴族院議員］とも逢ったが、小林と小畑［筆者注：敏四郎］との間には、充分了解が出来上っておって、今の処、小林を総理兼海軍［筆者注：大臣］に、真崎を参謀総長、小畑陸軍大臣、吉田外務［筆者注：大臣］の陣容で話を進めており、真崎、小畑は充分陸軍を押える自信があると云っている、［中略］この陣容で、高松宮殿下が総理に出られてもよいと自分は思っている」（同書、一五二～一五三頁）と細川に語っている。小林躋造は大将にして連合艦隊司令長官を歴任した大物軍人で、予備役後には議員として翼賛会の議長、翼政会総裁に就いている。翼政会はファッショ政治をもたらした結社ではあるが、この時の翼政会は東条政権に反発しており、東条内閣更迭の意見が出ていたために和平派が小林を担ごうとしたのである。

　昭和一八年五月に小畑は真崎と小林内閣の構想を練っている。この時、真崎は陸相に鈴木率道を推した。鈴木率道は二・二六事件による粛清を免れた数少ない皇道派である。鈴木は陸軍大学校を首席で出た秀才であり、石原莞爾や菅原道大の一期下である。やや年若いが陸軍の要職を歴任してきており、中将にして第二航空軍司令官に就いていることから陸相に就く資格は十分にある。しかし、この動きを察知した東条英機首相兼陸相は直ちに鈴木を罷免した。この東条の独裁政治に対して、真崎は「吶無恥漢らこの最大有為の士を罷免す」（『真崎甚三郎日記』第六巻、一六頁）と憤怒している。この三ヵ月後に鈴木は急死する。鈴木は邪魔者を徹底的に容赦なく排除する東条に対して憤死したと言われている。国家の役に立つ優秀な人材を悉く潰したのが東条政権であった。鈴木は航空分野の専門家であり、鈴木が陸相となっていれば特攻とは違う戦法が採られていたのではないだろうか。

鈴木率道を失ってはしまったが和平派は東条の後継内閣案を練っている。近衛と細川は、第一案として高松宮を首班に皇道派で内閣を固めることを提案しており、当の小畑や予備役に就いている真崎はこのような統制派天下の状況においても自信を見せている。特に、皇道派の中心人物である小畑と柳川平助は、富田健治貴族院議員に「柳川将軍も粛軍はさしたる難事にてはなく、本省の者十名位を動かせば大丈夫ならんと云われおり、かつ小畑中将はむしろ粛軍のことを心配し居たることすら気附かざる程にて、それは極めて容易なることなりと。〔中略〕故に極論せば今の東条の布陣（人事の）中、富永〔筆者注：恭次中将、陸軍次官兼人事局長、東条の有力な後継者〕次官を一人変えても大なる変化起るべしと」（同書、一八七頁）と粛軍は容易いと自信を見せている。同じく柳川は、細川に「〔筆者注：細川が〕粛軍のことを尋ねたるも、それは極く少数の本省で政治に関係しおる者を左遷するだけで充分なり、別に処罰の必要なかるべしと」（同書、一八八頁）と語っている。柳川自身も昭和二〇年一月に没してしまうが、誰もが暗黒の独裁政治に苦悶していた絶望的な昭和一九年頃に実は大きな打開策が存在していた。

当の真崎甚三郎は、東条英機に対してどのように思っていたのか。真崎は生前、山口富永に、「東条は少将どまりの男だ。あんな馬車曳きの様な男に印綬（総理）を与えた重臣の気持が分らない」（『二・二六事件の偽史を撃つ』二二七頁）、「東条ごときものの数ではなかった」（同上）と語っている。二・二六事件の誤ったイメージが真崎という真に優れた軍人を潰してしまったのである。

統制派の軍人達が始めた太平洋戦争による戦死者の訃報を真崎甚三郎が沈痛な面持ちで聞いていた様子を筆者は山口富永から聞いている。真崎は大本営が壮大に発表する名誉の戦死の報道を苦渋に満ちて聞いていたのだ。

真崎甚三郎には海軍に弟の勝次がいた。真崎勝次は少将となり将来を嘱望されていた。いずれ海相や軍令部総長となってもよいような逸材であった。しかし、二・二六事件によって濡れ衣を着せられて予備役の処分を受け、海軍軍人として未来を断たれてしまった。真崎勝次は大湊要港部の司令官に就いていた時に二・二六事件の蹶起部隊に激励の電報を打ったという罪で首にされたのだが、身の覚えのないことを海軍次官の長谷川清中将に問い質すと「あれは嘘だった」（真崎勝次『隠された真相—暗い日本に光明—』二一〇～二一二頁）と長谷川次官は罪を捏ち上げたことを認めている。真崎勝次は、「陛下に直属する司令官をそんな評判だけで馘首しておいてあれは嘘ですむと思うか。ほんとにそうだったら俺を監獄にやれ、そうでなかったらお前達は責任をとれ」（同書）と抗議し、永野修身海相や伏見宮軍令部総長にも無実を訴えたが聞き入れられなかった。これは海軍内における有力な皇道派の軍人を追い出すための謀略であったのだ。

豊田副武は次のことを回想している。

「二・二六事件の時には、事件に関連性があるか乃至は同情を持っているかのように見られる人が数名あった。私は当時軍務局長だったので、誰々と指名したわけではないが、とにかく疑惑の眼でみられる人が部内にいるのは有害だから、何とかなさる必要があるでしょう、と大臣や次官に進言したものだが、大臣も次官も同じ意見で、その結果数名が間もなく予備

役になったものだ」（『最後の帝国海軍』二七頁）

豊田軍務局長、永野海相は中国・アメリカとの戦争に反対する真崎勝次少将を二・二六事件に託けて罪を捏造して追いやった。両者は太平洋戦争時に軍令部総長に登り詰めている。両者のアメリカとの戦争を望んでいなかった、和平を考えていたという言い分は、このことから信用できない。

真崎勝次は海軍を辞めた後、国会議員となって東条政権と対立した。そのため、二・二六事件後絶大な権力を握った東条英機は邪魔者の真崎勝次を殺せと憲兵や警察に言いつけている（『隠された真相』一六七頁）。真崎勝次が議員であった時に、

「「このごろ特攻隊には死んで来いという命令を出すそうだ」

と、云う人があったから

「そんな命令権を持ったものが一人でも日本国におりますか。この任務を遂行してこい、という事は発令出来るが死んでこいという命令を出すものがどこにあるか。唯その任務を遂行せんとすれば必然的に死なにゃならんことはあるが、始めから死んで来いなんていう命令を下すことが出来るか」（同書、一七三〜一七四頁）と発言して無慈悲な特攻命令に反対している。

統制派の軍人達が特攻を行うようになってから、航空隊では真崎甚三郎待望論が起こっている。真崎甚三郎は航空の専門ではないが、現場のパイロット達は統制派軍人達の無謀な特攻に反発して兵をいたわる真崎甚三郎を待望したのだ。

昭和二〇年八月一一日、『真崎甚三郎日記』（第六巻、四三六頁）では、荒木貞夫が前日の和平への御聖断が梅津美治郎・阿南惟幾・豊田副武の三人の反対で決定しなかったことを真崎甚

三郎に報告している様子が次のように描かれている。

「重臣等は久しき以前よりの考通り初は海軍を以て陸軍を制し来りしが今回は外国軍を以て日本軍を制するに至り［中略］荒木はこれでは特攻隊はとて泣かん計りなりし」

荒木は陸軍を掌握した統制派軍人達の無策とこれを制圧できない海軍首脳を嘆いているのである。そして、これら首脳の犠牲となった特攻隊に胸を痛めたのだ。

もし、太平洋戦争後の東条内閣、統制派の軍人達の政権が真崎内閣あるいは荒木内閣に代わっていたならば、アメリカとの戦争には勝てないにしても特攻という「統率の外道」に依存して将来有望な若者達をむざむざ死なせることは決してしなかったと筆者は考える。歴史にｉｆは禁句である。しかし、絶望的と思われた当時の日本においてこのような可能性があったことは特攻で死んでいった英霊達とその遺族関係者、後世の人間にとって一条の希望の光ではなかろうか。本章ではこれをもって特攻で死んでいった英霊達の慰霊とする。

あとがき

　ドストエフスキーの小説『罪と罰』では、ラスコーリニコフは自身の崇高な目的のために老婆を殺害した。ラスコーリニコフは罪に苛んで、自らの罪を認め自白する。小説の最後では福音書を手に取り、神を信じて罪を償おうとすることで、ラザロが復活したように暗闇の中から再生する。

　しかしながら、現代の日本はこれと比較して未だ暗闇の中である。これは、特攻の問題一つを取っても言えることで、特攻の命令者が誰か隠蔽され続けている。特攻が「民族古来の伝統」に発したものならば、なぜ本書で追及した特攻の命令者達は自らの所業を明らかにしなかったのか。自身の行動が正しいのならば、堂々と自ら命令を下したことを公にすればよかったはずだ。実際に彼らが行ったことは、特攻は「上からの命令」ではなかったといって自身の行いを隠した。公にできないことを拒否権の無い兵達に課すのは罪悪である。自身の行いを認めないことはなお罪である。そして、彼らは戦後このことに関して罰を受けなかったどころか、戦後の社会を形成していった。これが本書の題の由来である。

　多くの特攻関係者及び取材を重ねた歴史家が労を厭わず著作した特攻に関する書物はどれも貴重な価値がある。そのような著作物と比べて、筆者の浅学を憂慮するも、特攻兵器「回天」の乗組員であった神津直次氏が筆者に送った「本当の意味で、あの悲惨な戦争を知っている世代が次々と世を去り、数少なくなりました。これからは歴史としての戦争を学んだ人たちがどう平和を護ってゆくのかの時代です」という文面を励みにして、かつての戦争体験が風化していく中、戦後世代の筆者がある種の危機感を持って本書を記した。その危機感を読了してくださった読者の方々に理解していただけたものと思う。

　本書の最終章では、内外に惨禍を招いたあの絶望的な戦争状態の打開策として皇道派の軍人を取り上げた。当時の軍国主義時代において誇り高き軍人達がいたことを山口富永氏から教えられ、大きく視界を広げることができた。皇道派は聖人君子でもなければ完全無欠な救世主でもなく、非武装を主張する平和主義者でもない。したがって、人権を尊重し、平和と民主主義を重んじる現代の日本社会から見れば皇道派の軍国主義的側面は受け入れられないかもしれない。しかし、当時の軍国主義的な側面のある大日本帝国憲法及び軍人勅諭に帝国主義が当たり前であった国際情勢など、当時の日本の置かれた状況においては最有力な人物達であり、根も葉もない風評によって私達は見過ごしてきてしまったのである。

　現在でも、優秀で有力な政治家がスキャンダルやバッシングを受けて失脚していく場面をよく見かける。イエス・キリストやブッタのような完全な人物は何千年に一人しか現れない。私達は角を矯めて牛を殺すという真似を止めて、その時の状況にあった最善の選択をしていくしか仕方がないのである。この選択肢を誤った時に私達はどうなるのか、私達は身をもって知っている。真崎甚三郎は謂れなき批判を長年受け続けた。その真崎甚三郎の名誉回復を長年行ってきた山口富永氏には敬服する。筆者との面会にも快く応じてくれ、御高齢にもかかわらずこころゆくまで話して下さったことに謝辞を述べさせていただく。

また、筆者の多くの資料請求に快く答えてくださった防衛省防衛研究所の方々、無理を言って取材に応じて下さった元特攻隊員や関係者の方々にこの場でお礼を述べさせていただく。

本書の上梓にあたっては、芙蓉書房出版社長の平澤公裕氏から格別の御高配を賜った。無名で新人の筆者を見出していただいたことに深謝の意を表させていただく。

本書の研究は未熟な点が多々あるが、まえがきでも述べたように、本書が急速に減りつつある特攻関係者に真相を伝えることで現在でも抱える苦悩を慰安できれば幸いである。

筆者は本書を特攻で戦死した英霊達に捧げる。真相が究明されることこそが最良の慰霊行為であると固く信じている。

【主要参考文献】

■特攻関係者の回想録・記録

青木邦弘『中島戦闘機設計者の回想　戦闘機から「剣」へ―航空技術の闘い』光人社NF文庫、二〇〇五年
岩井忠正・岩井忠熊『特攻　自殺兵器となった学徒兵兄弟の証言』新日本出版社、二〇〇二年
岩本徹三『零戦撃墜王　空戦八年の記録』光人社NF文庫、二〇〇四年
宇垣纏『戦藻録』第八版、原書房、一九七八年
大貫健一郎・渡辺考『特攻隊振武寮　証言　帰還兵は地獄を見た』講談社、二〇〇九年
大村茂良『戦艦大和の最後と金光様の神助』非売品
奥宮正武『海軍特別攻撃隊　特攻と日本人』朝日ソノラマ、一九八〇年
小沢郁郎『つらい真実　虚構の特攻隊神話』同成社、一九八三年
海軍飛行予備学生第十四期会編『あゝ同期の桜　かえらざる青春の手記』光人社、一九九五年
神津直次『人間魚雷回天　水中特攻作戦光基地の青春』図書出版社、一九八九年
甲飛十期会『散る桜　残る桜　甲飛十期の記録』非売品、一九七二年
坂井三郎『零戦の真実』講談社＋α文庫、一九九六年
島尾敏雄・吉田満『特攻体験と戦後』中公文庫、一九八一年
田中耕二・河内山譲・生田惇編『日本陸軍航空秘話』原書房、一九八一年
角田和男『修羅の翼　零戦特攻隊員の真情』光人社NF文庫、二〇〇八年
鳥巣建之助『人間魚雷　特攻兵器「回天」と若人たち』新潮社、一九八三年
永末千里『白菊特攻隊　還らざる若鷲たちへの鎮魂譜』光人社、一九九七年

日本戦没学生記念会編『きけ　わだつみのこえ　日本戦没学生の手記（新版）』岩波文庫、一九九五年
庭月野英樹『蒼空の彼方に　若く散った戦友へ』非売品、二〇〇三年
平木国夫『くれないの翼』泰流社、一九七九年
文藝春秋編、協力・元神雷部隊戦友会有志『人間爆弾と呼ばれて　証言・桜花特攻』文藝春秋、二〇〇五年
毎日新聞社編『人間魚雷　回天特別攻撃隊員の手記』毎日新聞社、一九六七年
升本清『燃ゆる成層圏―陸軍航空の物語―』出版協同社、一九六一年
「丸」編集部編『特攻の記録　「十死零生」非情の作戦』光人社NF文庫、二〇一一年
「丸」編集部編『人間爆弾「桜花」発進　桜花特攻空戦記』光人社NF文庫、二〇一三年
三村文男『神中外史　くすの木の下で』非売品、一九八八年
三村文男『神なき神風　特攻五十年目の鎮魂』テーミス社、二〇〇三年
門奈鷹一郎『海軍伏龍特攻隊　付米海軍技術調査団伏龍極秘レポート』光人社NF文庫、一九九九年
吉田穆『大空に生きる（第二版）』マナハウス、二〇〇四年
吉田満『戦艦大和ノ最期』講談社文芸文庫、一九九四年
横田寛『あゝ回天特攻隊　かえらざる青春の記録』光人社NF文庫、一九九四年
渡辺清『戦艦武蔵の最後』朝日新聞社、一九八二年
渡辺清『海の城　海軍少年兵の手記』朝日新聞社、二〇〇四年
渡辺清『砕かれた神　ある復員兵の手記』岩波書店、二〇〇四年

■特攻に関する戦記

秋永芳郎『海鷲の割腹　海軍中将　大西瀧治郎』光人社、一九八三年

生田惇『陸軍航空特別攻撃隊史』ビジネス社、一九七八年
苗村七郎『陸軍最後の特攻基地　万世特攻隊員の遺書・遺影』東方出版、一九九三年
猪口力平・中島正『神風特別攻撃隊の記録』雪華社、一九八四年
生出寿『特攻長官　大西瀧治郎』徳間書店、一九八四年
太田尚樹『天皇と特攻隊』講談社、二〇〇九年
大野芳『追跡ドキュメント　消された戦史　神風特別攻撃隊「ゼロ号」の男「最初の特攻」が〝正史〟から抹殺された謎を追う』サンケイ出版、一九八〇年
御田重宝『特攻』講談社、一九九一年
門田隆将『太平洋戦争　最後の証言』第一部　零戦・特攻編、第二部　陸軍玉砕編、第三部　大和沈没編、小学館、二〇一一・二〇一二年
金子敏夫『神風特攻の記録』光人社、二〇〇一年
木俣滋郎『桜花特攻隊　知られざる人間爆弾の悲劇』光人社NH文庫、二〇〇一年
草柳大蔵『特攻の思想　大西瀧治郎伝』グラフ社、二〇〇六年
神立尚紀『特攻の真意　大西瀧治郎　和平へのメッセージ』文藝春秋、二〇一一年
故大西瀧治郎海軍中将伝刊行会『大西瀧治郎』非売品、一九五七年
小島光造『回天特攻　人間魚雷の徹底研究』光人社NF文庫、二〇〇六年
小林照幸『父は、特攻を命じた兵士だった。　人間爆弾「桜花」とともに』岩波書店、二〇一〇年
城山三郎『指揮官たちの特攻　幸福は花びらのごとく』新潮文庫、二〇〇四年
高木俊朗『特攻基地　知覧（第五版）』角川文庫、一九七五年
高木俊朗『陸軍特別攻撃隊』（全三巻）、文春文庫、一九八六年
特攻隊戦没者慰霊平和祈念協会『特別攻撃隊全史』非売品、二〇〇八年
内藤初穂『極限の特攻機　桜花』中公文庫、一九九九年

西川吉光『特攻と日本人の戦争　許されざる作戦の実相と遺訓』芙蓉書房出版、二〇〇九年
林えいだい『陸軍特攻・振武寮』東方出版、二〇〇七年
原勝洋『真相・カミカゼ特攻　必死必中の三〇〇日』KKベストセラーズ、二〇〇四年
原勝洋編『鎮魂　特別攻撃隊の遺書』KKベストセラーズ、二〇〇七年
深堀道義『特攻の真実　命令と献身と遺族の心』原書房、二〇〇一年
別冊宝島編集部編『特攻　特別攻撃隊』宝島社、二〇〇八年
毎日新聞社『別冊一億人の昭和史　特別攻撃隊　日本の戦史別巻④』毎日新聞社、一九七九年
三国雄大『特攻　この非情な戦法』東銀座出版社、一九九八年
門司親徳『空と海の涯で　第一航空艦隊副官の回想』光人社NF文庫、二〇一二年
森史朗『敷島隊の五人　海軍大尉関行男の生涯』光人社、一九八六年
森史朗『特攻とは何か』文藝春秋、二〇〇六年
森本忠夫『特攻　外道の統率と人間の条件』光人社NF文庫、二〇〇五年
森山康平『特攻』河出書房新社、二〇〇七年
山田誠『最後の特攻機　剣』大陸書房、一九七四年
渡辺大助『特攻　絶望の海に出撃せよ』新人物往来社、二〇〇九年
渡辺洋二『彗星夜襲隊　特攻拒否の異色集団』光人社NF文庫、二〇〇三年

■戦記・戦史全般

阿川弘之『山本五十六』（上・下巻）、新潮文庫、一九七三年
阿川弘之『米内光政』新潮文庫、一九八二年
阿川弘之『井上成美』新潮文庫、一九九二年

新井勲『日本を震撼させた四日間』文春文庫、一九八六年
荒木貞夫『全日本国民に告ぐ』大道書院、一九三三年
伊藤隆・佐々木隆・季武嘉也・照沼康孝編『真崎甚三郎日記』(全六巻)、山川出版社、一九八一〜一九八七年
伊藤正徳『連合艦隊の最後』光人社、一九八〇年
岩淵辰雄『岩淵辰雄選集』(全3巻)、青友社、一九六七〜一九六八年
生出寿『凡将　山本五十六　烈将　山口多聞』徳間文庫、二〇〇五年
NHKスペシャル取材班『日本海軍四〇〇時間の証言　軍令部・参謀たちが語った敗戦』新潮社、二〇一一年
大岡昇平『レイテ戦記』(全三巻・第九版)、中公文庫、一九八八年
河野司編『二・二六事件　獄中手記・遺書』河出書房新社、一九七二年
河邊虎四郎『市ヶ谷台から市ヶ谷台へ―最後の参謀次長の回想録―』時事通信社、一九六二年
木戸幸一『木戸幸一日記』(上・下巻)、東京大学出版会、一九六六年
木戸幸一『木戸幸一関係文書』東京大学出版会、一九六六年
小島清文『栗田艦隊　レイテ沖反転は退却だった』図書出版社、一九七九年
近衛文麿『平和への努力　近衛文麿手記』日本電報通信社、一九四六年
近衛文麿『近衛日記』共同通信社、一九六八年
小林久三『連合艦隊作戦参謀　黒島亀人　一国の命運を分けた山本五十六と黒島亀人』光人社NF文庫、一九九六年
実松譲『米内光政』光人社、一九六六年
澤地久枝『雪はよごれていた昭和史の謎二・二六事件最後の秘録』日本放送出版協会、一九八八年
末松太平『私の昭和史　二・二六事件異聞』(上・下巻)、中公文庫、二〇一三年

菅原節雄『傑将　真崎甚三郎』今日の問題社、一九三六年
高木惣吉『山本五十六と米内光政（新訂）』文藝春秋、一九六七年
高橋正衛『二・二六事件　「昭和維新」の思想と行動（増補改版）』中公新書、一九九四年
高宮太平『軍国太平記』中公文庫、二〇一〇年
田崎末松『評伝真崎甚三郎』芙蓉書房、一九九九年
田々宮英太郎『裁かれた陸軍大将』山手書房、一九七九年
田中隆吉『日本軍閥暗闘史』中公文庫、一九八八年
角田房子『一死、大罪を謝す　陸軍大臣阿南惟幾』新潮社、一九八〇年
寺崎英成編『昭和天皇独白録』文春文庫、一九九五年
東郷茂徳『東郷茂徳手記　時代の一面』原書房、一九八九年
東條由布子編『大東亜戦争の真実　東條英機宣誓供述書』ワック、二〇〇五年
豊田副武『最後の帝国海軍』世界の日本社、一九五〇年
西浦進『昭和戦争史の証言　日本陸軍終焉の真実』日経ビジネス文庫、二〇一三年
額田坦編『世紀の自決　改訂版』芙蓉書房、一九七五年
秦郁彦『昭和史の謎を追う』（上・下巻）、文春文庫、一九九九年
服部卓四郎『大東亜戦争全史』原書房、一九六五年
林茂編『二・二六事件秘録』（全四巻）、小学館、一九七一～一九七二年
原田熊雄『西園寺公と政局』（全八巻・別巻）、岩波書店、一九五〇～一九五六年
半藤一利『指揮官と参謀　コンビの研究』文春文庫、一九九二年
半藤一利『日本のいちばん長い日　決定版』文春文庫、二〇〇六年
防衛庁防衛研修所戦史室『戦史叢書』（全一〇二巻）、朝雲新聞社、一九六六～一九八〇年
細川護貞『細川日記』（上・下巻）、中公文庫、二〇〇二年

本庄繁『本庄日記』原書房、二〇〇五年
真崎勝次『亡國の回想』國華堂、一九五〇年
真崎勝次『隠された真相―暗い日本に光明―』思想問題研究会、一九六九年
松本清張『昭和史発掘』（全一三巻）、文春文庫、一九七八～一九七九年
三村文男『米内光政と山本五十六は愚将だった　「海軍善玉論」の虚妄を糺す』テーミス社、二〇〇二年
三村文男『痛恨昭和の反省と鎮魂　友よやすらかにもうすぐゆくよ』テーミス社、二〇一〇年
矢次一夫『昭和動乱私史』（全三巻）、経済往来社、一九七一～一九七三年
山口富永『昭和史の証言　真崎甚三郎人その思想』政界公論社、一九七〇年
山口富永『二・二六事件の偽史を撃つ』国民新聞社、一九九〇年
山口富永『近衛上奏文と皇道派―告発　コミンテルンの戦争責任』国民新聞社、二〇一〇年
渡辺清『私の天皇観』辺境社、一九八一年

■海外の戦記

サミュエル・E・モリソン『モリソンの太平洋海戦史』光人社、二〇〇三年
C・W・ニミッツ、E・B・ポッター共著『ニミッツの太平洋海戦史（第4版）』恒文社、一九七五年
ジョン・アール・ヘインズ&ハーヴェイ・クレア『ヴェノナ　解読されたソ連の暗号とスパイ活動』PHP研究所、二〇一〇年
デニス・ウォーナー、ペギー・ウォーナー『ドキュメント　神風』（上・下巻）、時事通信社、一九八二年
ベルナール・ミロー『神風』早川書房、一九七二年

■雑誌・記事

伊藤隆「彼は果たして黒幕だったか…『真崎大将遺書』」『THIS IS 読売』一九九二年三月号、読売新聞社

伊藤隆・北博昭「ついに閲覧できた 二・二六事件裁判記録」『月刊 Asahi』一九九三年五月号、朝日新聞社

伊藤隆・北博昭「真崎大将は黒幕ではない 二・二六事件裁判記録を読む」『月刊 Asahi』一九九三年九月号、朝日新聞社

小野田政「神風特攻第一号・敷島隊長」『人物往来』一九五六年四月号、人物往来社

妹尾作太男「神風特攻の『神話』への疑惑」『丸』昭和五七年九月号、潮書房

高島亮一「旧陸軍少佐の証言［第一～一〇回］回想―キ115剣」『航空ファン』一九九三年一～一〇月号、文林堂

真崎甚三郎「軍閥の暗躍」『世界文化 創刊号』日本電報通信社、一九四六年

村松喬「〝魂〟の抜けた参謀たち 富永元中将比島脱出の真相」『サンデー毎日』昭和三〇年五月一五日号

『文藝春秋』一九七七年九月号、文藝春秋

『文藝春秋』二〇〇五年一一月号、文藝春秋

『文芸春秋』二〇一四年一月号、文藝春秋

■辞典類

外山操編『陸海軍将官人事総覧・陸軍編』芙蓉書房、一九八一年

外山操編『陸海軍将官人事総覧・海軍編』芙蓉書房、一九八一年
秦郁彦編『日本陸海軍総合辞典（第二版）』東京大学出版会、二〇〇五年
福川秀樹『日本海軍将官辞典』芙蓉書房出版、二〇〇〇年
福川秀樹『日本陸軍将官辞典』芙蓉書房出版、二〇〇一年

■Webページ

アジア歴史資料センター　http://www.jacar.go.jp/　（二〇一四年三月三一日アクセス）
海軍砲術学校ホームページ　http://navgunschl.sakura.ne.jp　（二〇一四年三月三一日アクセス）

■防衛省防衛研究所蔵資料

「富永恭次回想録」（その一〜その三）
「大本営陸軍部第二課長服部大佐口述書」
「特攻研究会速記録」
「陸軍航空特攻資料収集要領研究会」
「大本営の本土決戦準備」
「国民義勇隊組織」
「座談会　神雷部隊桜花隊について」
「昭和二十・二　時局に関する重臣奉答録」
「比島方面作戦に関する南方軍命令（威作命甲第一七八号）　昭19.8.24」
「比島に於ける陸軍特攻隊に就て」

「特攻作戦の指揮に任じたる軍司令官としての回想」
「陸軍航空特攻の胎動」
「比島方面作戦に関する南方軍命令」
「昭和一九年後期に於ける南方軍作戦指導大綱 19.8.5」
「特攻隊に対する所見」
「航空特攻」
「特攻隊に対する所見」
「水中特攻思想の起源及びその経過」
「陸軍航空関係聴取資料」
「松田中佐鹿子島中佐聴取」
「航空座談会速記録」（第一回～第五回）
「最近における比島事情　S19.3.31」
「第四航空軍　山口軍医中佐従軍日誌」（其の一～其の五）
「一九四〇年～終戦　航空兵器審査研究状況」
「特殊考案に関する懇談計画　昭 18.1 ～ 19」
「遠藤三郎中将の意見」
「宮崎周一中将口述書」
「第四航空軍参謀　松前未曽雄大佐供述書」
「戦闘隊戦法に対する回想」（1）～（3）
「神参謀聴取記録」

「第二四振武隊　前田中尉回想」
「内令兵第八号」
「航空特攻関係布告類綴」
「特攻戦関係綴」
「昭和二十年度五月～六月　搭乗員戦死者名簿（上）」
「第一三一海軍航空隊戦闘詳報　第十三～十五号」
「第九三一部隊戦闘詳報　第四号」
「大本営陸軍部」大陸命・大陸指総集成　第8巻～第10巻

著者略歴

畑中 丁奎（はたなか ちょうけい）
1980年兵庫県生まれ。日本大学大学院法学研究科政治学専攻博士後期課程修了。現在、兵庫県の教員。

戦争《せんそう》の罪《つみ》と罰《ばつ》
——特攻の真相——

2015年 8月10日　第1刷発行

著 者
畑中《はたなか》 丁奎《ちょうけい》

発行所
㈱芙蓉書房出版
（代表 平澤公裕）
〒113-0033東京都文京区本郷3-3-13
TEL 03-3813-4466　FAX 03-3813-4615
http://www.fuyoshobo.co.jp

印刷・製本／モリモト印刷

ISBN978-4-8295-0656-1